無能助監督日記

金子修介

目次

第3章　1980

第4章　1981

第5章　1982

第6章 1983

第7章 監督デビュー

第 1 章

1978

8ミリ映写機を自転車に積んで助監督試験へ
日活入社後に那須博之さんと運命の出会い

1978年2月21日の朝、22歳の僕＝金子修介は、東京は三鷹上連雀の自宅から調布染地の日活撮影所に向かって自転車をかっとばしている。

ハラハラしてる。ドキドキしてる。朝10時から助監督試験の2次試験、面接だ。「三鷹通り」南下30分。1次の筆記試験も自転車で前日に下見したのにちょっと迷ったから3度目の道だ。深大寺の下り急坂でスピードアップして、冷たい風を顔に受けるのが気持ちいい。

荷台に8ミリ映写機の最高機種、SH10をゴム紐で二重に巻きつけている。30センチ×20センチ×50センチの箱形で、2つに開くと片方がスピーカーになり、かなり重いから荷台が揺れて走行不安定になっている自転車は、三鷹高校入学祝で通学用に買ってもらったもの。小金井の学芸大にも通学で7年間乗っている頑丈な軽快車だ。冷風を受け、ハラハラドキドキも多少おさまる。

計画では、面接会場に映写機を持ち込んで、自作の8ミリ映画を上映しようと考えていた。

3分間の短編で、タイトルは『変身』。

ある朝、目が覚めたら女になっていた……安アパートの一室で起き上がってフレームインするブカブカのパジャマを着た可愛らしい20歳女子に、男性のナレーションがカブる。「朝起きたら、いつも立っているものが立っていなかった。立っていないどころか、それは無かった！」と、驚き顔で下半身をまさぐる動きの女の子（下部はフレームで切っている）。

前年の大学文化祭で発表して笑いを取った。日活の試験官に、この水準の映画が作れる僕の技術を見せたら、感心されて合格するのではないか。そんな受験生は他にいるはずないだろう。

高校1年の文化祭で、クラスに８ミリ映画作りを提案して脚本も書いて監督して、出来たものは自分で見ても「上手い」と思い、それから毎年1本８ミリ劇映画を文化祭で出すのが大学４年まで続いた。つまりこの7年毎年1本８ミリ劇映画を作ってきて、自分で見てもＴＶドラマと大して変わらない技術があると感じて、「映画監督になりたい」「才能があるはずだ」「オレは映画会社が欲しがる人材だ」と思い込み、〝7年間監督をやっている〟という思い上がった意識があった。

『目立てば勝つ！』という本を読んでいた。今から思うと、とにかく人より目立って勝ちたい時代だった。何かが常に成長して、未来に向かっている時代……。目立つと思って、今日着ているジャンパーは赤。試験官の目に留まるはずだ（スーツは持っていなかった）。

合格は2人くらいらしい。2次の受験者は20人。僕の番号は8。1月21日に２６０人が受けた1次試験の点数順だ。1次は〝社会常識〟が意外に簡単で、英作文や連立2次方程式が出て、中学2年レベルじゃん。学芸大は教育学部・小学校教員養成課程だったこともあり、簡単に解けた。

採点のメインは作文。課題は「口紅」で、60分で４００字詰め2枚を書いた。

「口紅を塗る女が、鏡に向かうとき、男の目は気にしていない、挑戦的な顔をしている」という書き出しだ。その先は思い出せないが、センスよく書けたと思い、自信はあった。

子供のときからマンガを描き、小説も書き、母や友達に読ませ、画才文才どっちもあると信じていた。映画監督に向いているはずだ（マンガはCOMの公募に呆気なく落ちたけど）。

1977年秋に入社試験を受けた松竹の方が問題は難しく、千人が受けたと報道された。「未来の**山田洋次**を目指して」と、新聞に見出し。1次通過出来ず。東宝には、日比谷本社に会社訪問に行くと7、8人で集団討論させられ、**三浦友和**主演の東宝映画『星と嵐』について話した奴がいた。さほど話題作ではなかったのでスルーしていた映画だった。帰り際に「金子さんの大学は指定校ではありませんので、どなたか推薦者が必要です」と言われた。つまり、コネのない人は門前払い。先に言ってくれよ。日活1次試験のとき、東宝で『星と嵐』を話した奴を見かけた。人生で2回しか見ていないが、顔つきが忘れられない。すがるような顔つきというか……面接には来なかった。

東映には電話をかけたが、新規採用は無いと言われた。

他にも「プロダクション鷹」を電話帳で調べて電話したら、そんなこと（採用）はやってないと。「プロダクション鷹」がピンク映画専門だとは、かなり後に、日活内でポスターを見て知った。

映画監督になりたい。

当時、学芸大学の卒業生は、ほとんどが教員になっていた。教員免許を取らないと卒業が出来ない仕組みで、普通の学生は、大学4年の夏に都道府県の教員採用試験を受けており、春先に任地が決まる。だから、この時期、ほとんどのクラスメートたち（僕以外は全員女子）は卒業後のことは決まっている。僕は、その教員採用試験を受けなかった。教師になる気がなかったから。

映画監督になりたかったから。父、**徳好**は呆れていた。教師になるもんだと思っていたので、「お前、教員採用試験てあるんだろ」と聞いてきたときに、受けなかったよと返したら絶句した。都立高校から国立大学で浪人留年なしなのだから親孝行だろ、という自負があって、卒業後の進路は自分の意思だけで決めても文句は言われないと思っていた。

だが父が、「教師にならないのなら4月になったら家を出てもらう」と言ったと母に聞いて、暗い気持ちになっていたから、なんとしてでも日活に受かりたかった。

父は息子が並で無い映画狂だとは知っていた。「オタク」という言葉はまだ無い。

27歳の**スティーヴン・スピルバーグ**が『ジョーズ』を撮って世界的大ヒットになったのは３年前の１９７５年だ。アメリカン・ニューシネマの後、ハリウッド大作が復活して若い監督が次々生まれ、「ハリウッド第9世代」とか言われていた。だが、日本映画はずっと〝斜陽〟で、映画館に行ってまで見る人は少ない。幼児の頃からＴＶばかり見て育った僕がＴＶに飽きて映画に目覚めたとき、映画は斜陽産業になって久しいと知った。映画人口１・６億人、１年で２回は映画を見ない国民に対して「もっと映画を見ろよ」と思った。

30歳の**長谷川和彦**が『青春の殺人者』で監督デビューしたのは１９７６年。

日本映画で30代の新人監督がデビューするのは70年代ではロマンポルノ以来だった。

僕は学生時代には年に１４０本は見て、半数は邦画だが、ロマンポルノはそれまで３本しか見たことが無かった。**神代《くましろ》辰巳《たつみ》**監督の『四畳半襖の裏張り』、**林功**監督の『禁断・制服の悶え』を'77年に池袋文芸地下の2本立てで、**田中登**監督の『女教師』を今は閉館した三鷹文化で見たのみだった。だいたいセックス自体、去年の夏に1回しか経験したことがない……て、バラしてしまって、まぁ、いいか。ほぼ半世紀前。思春期の頃から、凄イ～ものだという情報は頭の中に溢れまくって欲望もパンパンになっていたのに、実際には想像のようにはいかず焦りながら「なんか日活ロマンポルノみたいだ、これは」と思った去年の夏。

その日活が助監督を募集している、というのを年明けて聞いた。監督になれるのも、低予算だから他の映画会社より早いということも分かっていた。ピンクやポルノ映画への偏見は、自分にも確かにあったが、日活ロマンポルノは「反権力的」なイメージと共にマスコミでもよく取り上げられ、この時代はエロチシズムを「性商品」としてだけではなく、「人間の赤裸々な生き様」として目を背けてはならない、きちんと描くべきもの、裸も、という肯定的な見方が、現在より強かった。

それでも1月21日なんて時期に入社試験をやる会社は、この時代でも極めて珍しい。秋には皆、就職先が決まるのが普通。日活くらいのものだったのではないか。一部上場の株式会社なのに。

だが、受かれば映画監督への道筋が見えてくる。当時の常識で、監督になるには助監督の修業から、と考えると日活しか選択肢は無い。日活に入れなかったら、車の免許でも取って、アルバイトでどこかのプロダクションに潜り込むしか無いだろう。

'77年、**大林宣彦**が『HOUSE ハウス』で監督デビュー、作品は面白いが、助監督経験は無くてCM監督から映画への道だったので、この人は自分の参考にはならない。ぴあフィルムフェスティバルなどで、自主制作から商業映画の監督になる、という〝道筋〟が言われ出したのもこの当時だったが、具体的にイメージ出来ない。そんななかで1月21日に日活助監督試験を受けたら2月8日に1次合格の通知が来たのだ。ラッキー！　だが、2月16日に学芸大の学生課から電話が……。つめた〜い声で、「経済学がDなので、あなた卒業出来ませんよ」

Dは失格の意味。ギリギリで単位を取っていたので卒業単位が足りない。卒業出来ないと日活に受かっても採用にならない。一般教養の経済学は1年で取れず、2年でも取れず、4年生時が3度目。すぐに、経済学の先生に電話して「叱られて泣いた」とビジネスダイアリーに書いてある。

恥ずかしいが、泣いたんだな……あのときオレは泣いたんだ、メソメソと……。

焦って、どこか気持ちが通じていると思って好きだった全共闘世代の担任教官、30代の近代文学・**山田有策**先生の自宅に行った。山田先生からは「とにかくレポートを書け」と言われた。

2月18日は1学年下のカノジョに経済学のノートを調達してもらった（カノジョとはそういうことはしていない）（そういうことはさせない）（つまり1回の人というのは、カノジョの前のべつな1回だけの人）。2月20日は、バイトの家庭教師を断って、1日レポートを書いていた。

そして、2月21日、この日の面接となる。やはり、他の奴らは全員スーツだ。

廊下で8番の僕が呼ばれた。SH10を持って会場に入る。7、8人の面接官が並んでいる。中央に小柄な**村上覚**社長。右の端まで行かないところに田中登監督がいたのをよく覚えている。

それとは別に、アッと思って焦った！　会場に日差しが入っていて明るく、暗幕も無い！　これでは映写しても映像は見えない。だいたい、スクリーンになるようなものも、持って来てない。どこに映すつもりだったんだ……どうするんだ……ダンドリ悪い！

「じょ、上映しようと思って来たんですけど、ここでは無理のようです」と言って、おろおろ焦ったが、試験官たちは、珍しいので好感を持ってくれているように感じた。別に映さなくてもいいけど、それはどんな映画なのか、説明してもらおうか聞いてあげるよ、という雰囲気を感じた。

3分間の『変身』は、もちろんフランツ・カフカの「ある朝、目が覚めたら毒虫になっていた」のパロディだ。出演者は2人。慌てて、ストーリーを喋った。

女になっちゃった「俺」は友達を電話で呼ぶ。友達役は金子修介。アパートにやって来て、「それは大変だな、同情するよ、俺がついてる。ところで俺は女を知らん。親友のよしみでイッパツやらしてくれないか」「分かったよ」と、2人は重なりつつ画面の下に消える。

そして、ラスト、公園で幸せそうにスローモーションで歩く女子に男声ナレーションがかぶる。「俺は、女の喜びに目覚めた。男よりずっと気持ちいい。これから女として生きてゆくことに決めた。いい友達を持って、俺は幸せだ」終わり。

田中登監督が「それは何カット？」と聞いた。

「30カットです」「君は、どういうものを撮りたいの？」「日本の現実を撮りたいです」

この「日本の現実」というフレーズは、高校で夏目漱石を研究発表したときに、江藤淳が漱石を「常に日本の現実を描いている」と評論していた文に感銘して、以降なんでもかんでも「日本の現実」と言えばいい、と思っていたフシがある。

この頃の自分のバイブル＝**深作欣二**監督の**『仁義なき戦い』**も日本の現実を撮っている。田中監督の『女教師』も、というふうに思って尊敬していた。田中監督は笑ってはいなかったが、他の重役たちは冷笑……ではなく、好意的に笑ってくれているのだろう、と思いたかった。

翌2月22日には、経済学の先生が顧問を務めている浜松町の会社に行って面談して必死になってレポートを提出。

「社会へ出たらこんなことは通用しないよ、反省しなさい」と、怖くて苦い顔で言われて恐縮した。だから本来は面接のときには「大学卒業見込み」という受験資格は、無かったのである。

この後、どうにかこうにか2月25日に卒業が学内会議で決まり、卒業者名簿には、追加で名前がボールペンで書かれた。ギリギリセーフは、山田先生のおかげに違いない。

2月26日に、山田先生の自宅にお礼に伺った。山田先生は年配の経済学の先生に強い言葉で言ってくれたらしい。「学芸大から、日活の助監督に合格するなんて前代未聞だ。あんた、この若者の将来を潰す気か」と……経済学教授の苦い顔の意味が分かった。

2月27日に日活から健康診断の通知。一応合格という意味だが、健康診断の結果で最終決定。

父は、日活面接の2月21日にベトナムに向かい、グエン・ズイ・チン副首相と面談し、「反戦ゼッケン運動」によりベトナムから勲章を授与され、3月12日に帰国した。ベトナムが南北統一してから2年経った記念。アメリカが北ベトナム爆撃を開始した1965年から、父は「アメリカはベトナムから手をひけ」というゼッケンを胸に、僕が小学校4年生時から高校2年のアメリカ撤退に至るまでの8年間、都心にある職場へ毎日通勤していた。

帰国翌日の3月13日に、日活から正式採用通知が来た。試験を受ける前は、卒業も危うかった訳だが。

隣の家に調査が来て、僕について聞かれ「良いお子さんよ」と奥さんが答えてくれたそうだ。日活が最も警戒していたのは、いわゆる〝過激派〟で、ウチ＝金子家は〝穏健派〟左翼の家柄だから、逆に良かった。当時の言葉で〝代々木系〟。日活の労働組合も代々木系なので、過激派が入ってくると労働者の団結が乱れるのを恐れていた。日活は、旧経営者を追い出した労働組合が握っていた。相当な大昔なら「親が左翼だと就職に不利」という話もあったようだが、このときは、ウチみたいな家柄は、逆に有利に働いた。あのゼッケンの金子さんの息子か、とか……。

ちょっと困ったのは、中学生だった7歳下の弟の**二郎**が「お兄ちゃん、日活行くのやめてくんないかな」と言ったことだ。「お前のお兄ちゃん、ポルノかよ」と友達から、からかわれるのが目に見えている、と。「なんてことを言うの」と母、**静枝**が怒った。滅多に怒らない人だった。

二郎も、すぐに素直に「ごめん」と、泣きそうな顔で謝った。

一家4人の食卓は四畳半の居間のコタツ式。そこで、就職祝いとなった。

父は、在宅のときは和服。とりあえずビール。そして日本酒。熱燗。上機嫌で政治の話を漫談ふうにして、皆を飽かせず喋り、楽しい食卓を演出する。「美人（母）を前にして、飲めるってえのはいいね」なんて、しゃあしゃあと言う父。金は無いが、豊かな気持ちの家族だ。

初任給は10万くらいだろうと僕が言うと、家には5万入れるべきだ、と父は言ったが、ちょっと高いんじゃないか、勘弁してよ、と3万にして貰った。厳しい原則論を先ず言うが、本当は人情家なので、結構、甘えた。それまで最も甘えたのは、学芸大受験合格がほぼ間違いない感触ながら発表がまだのとき、日大芸術学部映画学科監督コースが先に合格していたので、入学金30万円を払ってもらったことであった。相当嫌な顔してたな……結局、学芸大に行ったから無駄な30万。

日大に行けば金がかかるからバイトしなきゃならない。映画を見る時間もなくなり、監督になれる保証は無い。監督になれないときは教師になるか。教師は子供の能力を引き出すから俳優を演出する監督にも通じるというのが、映画監督になりたいが学芸大を目指す18歳の理屈だった。

そんな話を振り返って喋る食卓のＴＶで洋画をやっていて、「カッティングが上手いな〜これ」と言ったら、母が、「なあに監督みたいなこと言ってんのよ（まだ助監督でも無いくせに）」と、もう監督気分でのぼせてる僕に冷や水をかけた。母にはそういうところがある。

切り絵作家で、武蔵野美術大学が「武蔵野美術学校」だったときに油画科に自分のお金で行き、友達に貧乏画家が多い。母の母親も共産党員で活動的で、夫が早死にしてその顔も知らない少女時代の母を連れ、中国の天津で3年間２人で暮らした。戦後、代々木の大杉栄の妹の家に下宿して美術学校に通った母は、初台の共産党細胞（組織の単位名）で、父と知り合った。

高校3年で「映画監督になりたいんだ」と言ったとき、「〝作家〟になりたいの？　〝職人〟になりたいの？」と、聞いてきた。これは、多分、美術家仲間を思い出しながら言ったことだろう。息子も貧乏な芸術家になりたいのかと。僕は「職人かなあ」と答えた。その方がカッコつけてないぶんカッコいいと思えた。「カッコつけることがカッコ悪い」と思っていた。カッコつけて煙草を吸う友達をバッカじゃなかろうか、と思って煙草を吸ったことがなかった。両親は吸っていた。

日活合格は、友達に電話しまくった。嬉しかったのだ。自慢はカッコつけてるのとは違うのか？ダイアリーに電話した相手のリストが書いてある。毎日10件くらい。相当嬉しかったのね。小学生のときまで住んでいた初台の幡代小学校の同級生、**野田秀樹**にも電話したら「オマエ、日活受かって偉そうだぞ」と言われた低い声の響きを覚えている。その前に野田に会ったのは、去年の12月の「夢の遊眠社」5回目公演『愛の嵐（親不知篇）』を上智小劇場まで観に行ったときだった。演劇好きには名前が広まっていた頃だ。

3月20日学芸大の卒業式では、日活に受かったことを告げると、クラスメートの女子がみな驚いて、スーツの袖を摑んで、「私たちのこと、わすれないでね！」と言われた。目が潤んでいた。ちょっとしたスター気分だった。5日前に母のプレゼントで吉祥寺でスーツを新調し、「卒業式にバリっとすることばかり考えているのである」とダイアリーに書いている。

4月1日から1週間、当時撮影所の中にあった「日活芸術学院」の教室で、新人研修が行なわれた。新入社員は10人。助監督は、僕と**瀬川正仁**の2人で、後は営業職の8人。

瀬川は面接のとき、僕の前にいたから試験成績は僕より上。早稲田大学出身。爪を嚙むのが癖らしく、声も細く繊細な感じで、某会社の内定を蹴って来たが、全然、ガツガツしていないので、ライバル的な焦燥感は全く感じなかった。現在は、ノンフィクションライター。

面接のとき、3番で呼ばれたトレンチコートの男が気になっていたが、その彼もいる。営業で入った**山田耕大《こうた》**で東京大学出身、なんと2年続けて助監督試験を受けながら、2回とも「オマエは助監督には向いてないので企画か宣伝に行くなら入れてやる」と言われ、去年は就職浪人したが、今年は観念して営業部門で入社したそうだ。大人っぽい屈折した表情を見せるが、半年後、企画部員になって優秀な企画者となり、脚本も書き、その後プロデューサーになる。今にして思うと「君って監督になれるの？　才能あんの？　助監督になれて羨ましいな」と見られていたのだった。

研修の1週間で計27人の〇〇長から訓示があったが、誰がこの会社の実権を握っているのか極めて分かりやすい。1年後に社長になる**根本悌二**副社長。恰幅良いとはこのことか。太鼓持ちみたいな秘書が傍にいてニコニコ&ウンウンしながら話を聞いておりキモチ悪いよ。これが「実社会」ってやつですね。東大出て助監督になって、監督にならずに労働組合の委員長になって今、副社長、来年社長、その後、日活株を増資→減資→増資というトリックを使い倒産を免れる（結局、1993年に倒産する）（日活を「にっかつ」と改名したのはこの人）（倒産して日活に戻る）。

根本副社長が言っていたのは、「助監督の諸君は、3年経ったら監督にしてやる」だったが……そのときは本気にして、3年後か、ヨシ!!　でもちょっと長い、と思った。実際は6年半かかったが。

昼は食券をもらい、撮影所内の食堂「松喜」で定食を食べたが、「そのまずいことまずいこと」と、山田耕大は著書『昼下りの青春』に書いているがその通りまずい。後から鉄板焼きなどの美味いものもあると分かるが、それらはチョイ高で、定食の食券は50円なので、その値段の味。

日活には、この時期、角川映画や石原プロ制作のTVドラマなどの撮影が入っていたので、食堂には顔を見知った俳優も出入りして、活気があった。TVスタジオも13ステージというモダンなステージがあって、キャンディーズの番組が入っていたが3月に解散した直後で、見られず残念だった。13ステージだけコンクリートの床で、後は土の床で、常に埃が舞っている。

このとき一番びっくりして興奮したのは食事中の**森次晃嗣**で、瞬時、目の前の世界がフリーズした。「ウルトラセブンがラーメン食べてる!」と声に出して言ってしまった……訳無いが、自分のその声が頭の中で響いたのだった。

研修最終日は街に出て、池袋北口日活、蒲田日活、横浜日活などの直営劇場を電車で回って、今はペニンシュラホテルになっている有楽町の旧「日活国際会館」へ。大理石の床がつるつるのビルだった。こんな一等地に自社ビルあるのかよ、と驚いたが、そのときは、すでに持ち主は別で、日活はワンフロアを借りている身分に落ちていた。夜は、ビル地下のレストラン「ローレル」で、根本副社長を交えて食事会となった。

山田は僕が「助監督の金子修介です」と自己紹介するのが妬《ねた》ましかった、と著書で書いているが、それを読むと、確かにあの日は晴れがましい気持ちがあったよなあ、と思い出すが、翌週から撮影現場に入り、そんな気持ちはブッ飛んでしまった。

また、厚生課の役人みたいな黒縁メガネの人から年金手帳を手渡され「41年後から支給になります」と言われた後、一拍おいてニヤッと笑い「なあに、すぐですよ」だって……この人、誰にでもこれ言うのが人生の楽しみなんだな、と思った。でも、結局7年で退社したから、年金も退職金も大した額になっていない。退職金はたしか70万。10人の新入社員は、数年で半分以下になった。

最初の現場は4月10日。**白井伸明**《しらいしんめい》監督の『㊙肉体調教師』のセットに行かされ、ほとんど見学者状態だが、カチンコを渡され、監督の「ヨーイ、ハイ」があったらカチン！　と叩け、と言われるままに叩く。知っていたけど、何故、カチンコ必要なの？　同時録音じゃないのに、と思った。ついこの間までは学生映画の監督だったので、降格した気分になっていた。

スタッフの年齢はちょっと高いが、若い人も混ざって、全部で20人くらい。

「**中島葵**さんは色っぽくて美しかった」とダイアリーに書いている。

初めて間近に見た女優であった。大スター、**森雅之**の娘か……とは、このときは知らなかった。

その日、ポルノシーンは撮られてなかった。それに近いシーンは、スタッフの後ろに回って、ちゃんと見ておらず、前に出て良いのか、迷っているうちに終わった。

夕方5時に撮影が終わり、お疲れ様～となり、スタスタと門に歩いてゆくと誰かに「おい、新人。監督は帰ったのか？」と聞かれたので、「いえ、まだ……いらっしゃると思いますが」「ばかやろう、監督が帰らないのに、助監督が先に帰るやつがあるか」って、誰も言ってくれないじゃない、と思ったけど、「あっ、すいません！」とUターンして走って制作部に戻る。そういうもんなのか、と理解しようとした。白井監督は、僕が謝ると笑って「ハハ、そういうもんなんだよ」と仰った。

中1で卓球部に入ったが、先輩が嫌で1学期で辞めてしまって以来、運動部は経験していないから、縦社会というものを全く知らない。

翌朝は、僕の上に就いていた2期先輩の**堀内靖博**（明治大学、秋田出身）さんから食堂内にあるマイクで、9時になったら「白井組、白井組、撮影を開始します。関係者の方は第6ステージへお入りください」とアナウンスしなさいと教わった。

これ、日活独自のスタイルだと、かなり後になって分かる。

東宝は、9時になったら「テスト（リハーサルのこと）がスタート」なので、スタッフは1時間前の8時にはセットに入ってセッティング開始する。監督も30分前にはセットに入っている。

日活は「9時開始」なら9時ぴったりに助監督がアナウンスし、スタッフは席を立ってコーヒーを下げセットに向かう。たまに助監督がアナウンスを忘れると、ひねたスタッフが席を立たないで「おい、助監督さん、放送したのかよ」と睨む。それで、放送を確認してから、おもむろに立ち上がる。放送されるまで碁をやっている監督もいる。

堀内さんは、いろいろ細かく教えてくれたが、3日目の朝、

「金子、今日から根岸組だってよ。いいなあ、お前ついてるよ」と言った。

4期上、27歳の新人監督、**根岸吉太郎《きちたろう》**のことは、オリエンテーションでも副社長が語っていた。日活のエリートだ！

「昼休み、食堂でさ、チーフの上垣《うえがき》さんとセカンドの那須《なす》が来るから、それまでここ（白井組セット）にいていいから、午後から、根岸組だから。いいなあ金子。俺もやりたかったなあ、根岸組」

と、本当に羨ましがっている。

それで、昼に食堂で**那須博之《ひろゆき》**さんと出会った。堀内さんと同じ、2期上の先輩だ。

「おお、金子くんかぁ」

那須さんの、温かくて優しそうだが、少し怖いところもある野性的で威圧的な笑顔を思い出す。

何百回も思い出している。あの瞬間を生涯忘れることは無いだろう。

「君のことは聞かなくても分かるぜ、面白い奴だってな、面白そうだな、君はさ」という、とても嬉しそうな顔だった。この瞬間に、僕は那須さんに魅入られていた。

亡くなったのは２００５年だし、53歳という那須さんの亡くなった歳もずっと超えてしまったが、今でも生きているように感じる。先輩の権威などを認めたことの無い僕が、この瞬間から、もう舎弟の気分になっていた。「金子くんは、監督では誰が好きなの」と聞かれた。即座に「深作欣二です」と答えると、ニヤッとして、

「そうだよな、フカサクしかいねえよな」と那須さんはうなずきながら言った。

「ですよね、フカサクしかいないですよね」と僕もまた繰り返した……。

僕は、那須さんと会ったときに、日活に入って、初めてワクワクしたのだ。研修でも、セットに行っても、別にワクワクしなかった。那須さんは先ず、人をワクワクさせる人だった。

いろんなことを教わった。たくさん飲んで食べて遊んだ。

この人も東大卒。東大のワンダーフォーゲル部。「那須いきっぱな氏」というあだ名もあった。

1週間後の4月19日、『オリオンの殺意より 情事の方程式』がクランクインする。

『オリオンの殺意より 情事の方程式』
撮影中の助監督の殺意とは？

僕は、「根岸組」サード助監督に編入され、台本を貰った。

何故タイトルの『オリオンの殺意より 情事の方程式』じゃなくて、監督の名字に「組」を付けるのか？ ヤクザかよ、と思ったが……制作デスクの背後にある大黒板には日程ラインが引かれ、ゴム製プレート「根岸組」、その右側には、スタッフ名プレートが15枚くらいペタペタ貼られ、真新しい「金子」プレートは助監督の一番下に貼られている。

監督名のプレートは20枚くらいが右端に集められている。この人たち＝契約監督たちは、今は企画中、或いは遊んでいる状態だ。黒板上では稼働している監督とスタッフ4、5組の今月来月のスケジュールが一目瞭然。それぞれ「イン」（撮影は2週間）で「アップ」の後AR（アフレコ）2日間、仕上げの音入れ工程10日間、現像所での0号試写、撮影所での初号試写まで書かれてあり、遊んでいる社員はいないことが分かる。売れている監督は年に4、5本撮るから、いちいち違うタイトルは邪魔になる。なるほど、それで「組」なのか（映画の上映用フィルムはネガから現像された最初のプリントが0号と呼ばれ、色彩を調整打ち合わせ後、廃棄される。次の2本目が初号で、これがOKであれば量産になる。しかし、当時の日活は0号プリントも地方の劇場へ発送していた）。

チーフの**上垣保朗**《やすろう》さんは根岸監督より先輩。無愛想だが貫禄がある。

「上垣さんは醒めた人で、ボソボソと聞き取りにくい喋り方で面倒臭そうに話す」とダイアリーに描写している。入り口を見ると、プリンス根岸吉太郎監督が現れたので緊張。まだ、チーフ助監督を『危険な関係』（日活エースの**藤田敏八**《としや》監督作品）1本しか担当していない。ネームプレートもまだ助監督。浅草木馬館を運営していた根岸興行部の息子だとか聞いても、よく分からない。

「血筋がいいから出世が早いんだよ」と言ってるスタッフもいた。

「根岸監督もやはり醒めていて、銀座の洋服屋の兄ちゃんのような感じの人である。やる気があるのか無いのか疑いたくなってくる」って、また、そんなこと書いている（汗）。

実はみんな熱く、懸命にやってるのだけれど、それを敢えて表には出さないようにしているのが入ったばかりの僕には分からず、那須さんだけが熱く、他の人は、醒めてたり疲れてたりしているように見えたのだ。もちろん疲れている人もいただろうが、日常の仕事にわざわざ熱気を発散したくない。だが、那須さんはいつも熱を発して、「俺たちはすげー面白いことをやってるんだよ」という顔をしていた。実際、そう言っていた。

撮影所制作棟2階には衣装部があり、主演の**山口美也子**さんの衣装合わせでは、セカンドの那須さんが、衣装係と相談して、倉庫の奥深い所から掘り出して来た服を山口さんに着てもらい、根岸監督にプレゼンするが、なかなかハッキリ「うん」とは言わない監督。僕は、衣装が決まれば自分の台本に「〇シーンから〇シーンは、赤のワンピース」と書くだけだが、那須さんは必死に考えている。衣装部にあるものだけではイメージに合う服が足りないようだ。

翌日、新宿の伊勢丹で買うことになり、那須さんと山口さんに付いて行った。伊勢丹の店員に「映画の撮影用衣装なんだぜ」と自慢したかったが、べつに何も聞かれない。

山口さんは**曽根中生**《ちゅうせい》監督の『新宿みだれ街 いくまで待って』で日活デビューした演技派。自由劇場出身。ふわっとした髪を首の動きでゆする仕草が色っぽい。このような女性と今までの人生で会ったことは無い。台本の決定稿を届けて、お寿司をご馳走になって舞い上がった宵は忘れられない。

大島渚監督の映画やＴＶの悪役でよく見ていた**戸浦六宏**《ろっこう》さんの衣装合わせでは、腹から出るバリトンの声の迫力が凄い、と感じた。

「初めてなんだって？　フフ」

と優しく声をかけられた。そのフフはなんですか……頑張れ、ですか？　いろいろ聞きたかったが、心の余裕が無い。宝石商の役で、山口さんは若い後妻、麻子役だが、麻子には愛人がいて、財産目当てで戸浦さん扮する夫を殺そうとする設定だ。

息子、敏彦役の**加納省吾**くんは、これから売れそうな感じがするハンサムガイ。

那須さんに連れられて、撮影所の奥の装飾部に行くと、**倉ちゃん**というオッさんかアンちゃんか、まさに裏方という感じの人に紹介されて、那須さんは「じゃあ、後は倉ちゃんと打ち合わせするように」と去って行き、僕らは小道具倉庫に調達に行く。サードは小道具を担当する。

敏彦が友達のバイクに乗るシーンがあるので、バイク用の風防グラスが必要になる。それを倉庫から見つけ、倉さんとこれが良いだろうと選び、「根岸組」と書かれた棚に置く。

後から、那須さんに「倉ちゃんが、あいつ初めてじゃないだろ、って言ってたぜ」と言われて、嬉しくなった。そう、映画は初めてじゃないんだ、僕は。8ミリの監督を7年もやってるんだから。「優秀な助監督」という言葉が脳裏をよぎっていた……。

クランクインは4月19日。7時撮影所出発、渋谷の道頓堀劇場であった。

その前日、那須さんから「明日は初めてのロケーションだからな。忘れ物をしないように」と言われ、「はいっ！」と良い返事をした。だが……バイクの風防グラスを忘れた。

何故忘れたのか……予定しているシーン数は3シーンくらいのもので、全く多くなかったが、シーンナンバーを見落としていたようだ「優秀な助監督」は。

ストリップショウを見に来た敏彦が、トイレで奇妙な女、紋子（**亜湖**）に出会う。トイレの一部は、撮影所でセットを組んで別日に撮影になる。

亜湖さんは、『星空のマリオネット』で、鮮烈なイメージを放っていた。大ヒット中の『桃尻娘』はまだ見ていなかったが、「奇妙な女」が似合う。エヘヘー！　とおどけて笑ったり、不可思議なポーズをとったりする。朝のロケバスで隣の席に座った最初の女優さんで、緊張したが、少しは会話も出来て嬉しかった。肌が輝くように真っ白だったのを覚えている。

道頓堀劇場では、歌謡曲に合わせて本物のストリッパーさんが着物を脱いでゆくシーンを撮っている。僕は突っ立ってボーッと見ているだけ。ストリップショウも今までの人生では……。

カメラを切り返してショウを見ている敏彦、というカットのときは、何かしなくちゃと思い、加納くんにこのシーンのシチュエーションを説明していると（台本をそのまま説明しただけだが）、根岸監督が来たので、譲って後ろに下がった。その瞬間、次のシーンがバイクの走りのシーンだと思い出し、ドキっとなり、蒼ざめた。風防グラスはどうしたんだっけ？

ドキドキして倉さんに聞いたら、「（装飾トラックには）のせてねえよ、お前から聞いてないからよ」と言われ、ゾッとなったまま、那須さんに報告したら、

「だから言ったじゃねえか。自分でなんとかしろよ」

とガツンと言われ、これはチーフに報告すべき重大事なのかと思ったが、上垣さんが怖かったので、根岸監督の方が優しいと思い、加納くんに指導している隙を狙って、「あの、監督、すみません。次のバイクのシーンで、友達のバイクの風防グラスを忘れてしまいました。すみません」

根岸さんは黙っている。僕の方を見ようとはしない。

これは、言う相手とタイミングを間違えたんだな、とさすがに分かった。

「すみません」と、再度倉さんに謝ったら、「買ってこい」と5000円を渡された。

劇場の表にいる制作の**山本勉**さんに売っているところが無いか聞いて、焦って渋谷の街を探し回ると、すぐ近くの眼鏡店で見つかり、道頓堀劇場からの移動時間には間に合って、ホッとした。

バイクの走りのシーンは、撮影車での「引っ張り」で撮るのでサードは必要ないから、僕は現場には行かず、スタッフと一緒に待っていた。2時間くらい、ドライバーと芸能界の噂話をチンタラ喋っているのみで、「助監督って意外と楽かな」なんて思ったが、それはこの2時間だけだった。

この他のどの撮影でも、カメラの隣にいてカチンコでカットナンバーを入れなければならない。

「そこじゃない！　もっと中」「すいません」（〝中〟の意味が分からないけど）。

「入ってない」「すいません」「まだ早い！」「すいません」

それまでの人生で「すいません」と言った回数を、1週間で超えた気がする（「すみません」は早く言うと「すいません」にリエゾンする）。カチンコ入れは、周りから目線が注がれ、「早い」とか「ノロい」とかいちいちチェックされて評価されているという自意識が強くなり、失敗すると瞬間的自己嫌悪に襲われ、立ち直る前に、次の失敗をしてしまう。

「餅つき」の、合いの手みたいな感じで、サッと出してスッと引っ込めるのが美しいイメージだと分かっているのだが、早く引っ込め過ぎて、「まだ回ってないぞ」と叱られること度々。

カットナンバーを入れるときはカチンコの小さな黒板の部分に白チョークで書き込み、入れ終わるとウエスと呼ばれるボロ雑巾で消して次を書く。チョークはズボンのポケットに入れ、ウエスはベルトに突っ込んで垂らしておき、床を拭いたりするときにも使えるようにしておく。だから、次のナンバーが何かということが常に気になるが、すぐには決まらないし監督自身が迷うときもあり、僕も「このカットならこのナンバーになるはずだ」と勝手に解釈するのが違うことも多いから、焦ったり間違ったりするのだ。スクリプターさんに聞くタイミングも難しく、常に失敗を恐れている。

でも、カメラマンの**森勝**さんは、恵比寿さまのようにふくよかな人で、いつも落ち着いた笑顔に見え、安心感を与えてくれた。癒される方だった。

「金子、のぞいてみいよ」

親切にも、据え置いたカメラのファインダーをのぞかせてくれた。

が、のぞきながら〝ふんふん、8ミリと同じようなもんだが、ちょっと違うかな〟と批評的に分析してしまうところが「体で覚えない」原因だったのね。

「金子よ、1年間はバカになって働けよ。みんなそうしてきたんだ」と、ニコニコして言われ、「はい」と返し、でも、バカになりたくない、と心では思っている。なれよ！　森さんは、新人へのサービス心で、カメラをのぞかせてくれたのだった。

　森さんが席を外しているとき、助手さんに「ちょっと、見させてください」と言ったら、「仕事、覚えてからね～」と、さりげなく冷たい笑顔で優しく断られてしまった。嫌な感じでは無かったが、大いに恥ずかしく感じた。鳥肌立つ瞬間的自己嫌悪。47年経っても思い出す。

　この映画のプロデューサー、**岡田裕《ゆたか》**さんが、カチンコを3年間やっていた、と聞いて「そんなのヤダー」と恐怖した。もう、時代は変わってるだろう、こんなカチンコを3年もやってられるか、3年経ったら監督だと、根本副社長も言ってたろ。それに、50ミリ、75ミリ、１００ミリと、レンズの焦点距離によってフレームが違ってくるのも厄介だ。8ミリみたいに「簡単ズーム」は無い。ズームレンズはまた別だが、それを使うときは、光量を上げないとならない。

　ライトが当たって無いところにカチンコを出したら数字が読めないから、せっかくピッタリな位置に出せてもダメなときがある。逆光とかだったら、どうするの？　親切な照明部さんが、手持ちのライトを当ててくれた。ありがとうございます、泣けます。

　セット初日、若妻の麻子が敏彦の部屋に入って来て色っぽく挑発するシーンで、根岸監督は、2人に丁寧に芝居をつけてゆく。俳優をコントロールするって、こういうことか。敏彦が根岸さんみたいに見える。乗り移ってる。本番でカットをかけるとき、根岸さんは芝居とは別な方向を向いて、目を瞑《つむ》り、2秒くらいしてから「ハイッ！」と言う。なんか、カッコいいが、編集のときに、カット尻に余裕を持たせるためだ（今でも、監督の僕は、編集さんから「カットをかけるのが早過ぎます」と叱られることが多い。進歩ない）。

しかしそれにしても、セットの照明は時間がかかる。なんで、こんなに時間がかかるのか。8ミリの方が早い……なんて思ってる新人助監督、困りますね。

初日は定時である夕方5時に終わっていたが、次第に5時を過ぎるようになり、「ツナギ」という名のオニギリが出て小休止。オニギリの中身は梅干しやおかか。ゆで卵もある。セット内で皆で食べる。その後、だいたい夜7時か8時か9時くらいまで撮影は続く。正式に食事を入れたら残業で10時過ぎることもある。夜11時を過ぎるとスタッフをタクシーで自宅まで送らなくてはならない労働規定があるから、制作側は10時半くらいに終わらせようとする。それでも助手さんたちは後片付けや翌日の準備があるから深夜まで作業することになる。僅《わず》かしか眠れない若いスタッフもいる。

その日は夜7時に終わってスタッフはバレた後、那須さんが「明日の勉強しようぜ」と言って、暗くなったセットに戻って、常夜灯の他に一台照明を点けて薄明るくする。勉強って？

明日もこのセットで、台本には、敏彦がリビングでひとりでいる場面が書かれているが、特に何をするとも書かれていない。そこで、那須さんは、

「敏彦にどんな動きをさせるかっちゅうことだよ、金子くーん」

と台本を読みながら、手を宙で回したりして、敏彦の動きを推理している。僕にはさっぱり分か

らない。それは根岸さんが決めることで、助監督が予測しても無駄なんじゃないか。

「俺は、クマシロさんみたいなことをさせるんじゃないかって思うんだけどね、でんぐり返りとかさ、やるだろ、な」

神代辰巳監督の『青春の蹉跌』では、ショーケン（**萩原健一**）が、鉄柵を手でバラバラと触りながら歩いている、それが途中で邪魔されると、前に戻って、同じところから触り直して歩いてゆく、というシーンがある。他にも、意味不明の不可思議な動きをするシーンがあって、それが「青春の彷徨」を表現していて面白かった。そういう神代作品の演出は批評家から「神代体操」と呼ばれることもあったが、俳優から「演技してる」自意識を飛ばして「映画のなかにいる人」にする効果があった。でも、これまでのところ、根岸監督が神代監督に影響されているようなフシはなかった。「根岸さんは、藤田敏八さんの弟子なんじゃないんですか?」「まあ、パキさん（藤田監督のあだ名）一派だな。上垣さんも」「那須さんは、誰一派なんです?」「俺は、曽根さんだな」

曽根中生監督は、『嗚呼!!花の応援団』のヒットで有名監督になっていた。那須さんが、2年前に入社してすぐの現場が、『応援団』だった。


翌朝9時開始のセットでは……。

敏彦は、リビングでひとりで佇むうち、ストリッパーの真似をする動きをしながら、ソファを拠り所として、ゴロゴロと転がった。やはり、不思議な動き。

腕組みしていた那須さんは、僕にアイコンタクトして「どうだい、やったろ」という感じで、ニヤっと不敵に笑った。

人生初のポルノシーン撮影は省略します。というかあまり覚えていない。大した衝撃では無かったらしい。その後、ヤマのように撮ったし。ベッドのシーツ直しながら「因果な商売だな」と言おうとしたのは覚えている。別に思っていないのに、言おうとしてみた、という心理。

４月29日から５月７日までのＧＷは休み、明けから撮影は再開したが、予定よりオーバーしているようだった。撮影実日数を数えると、15日だったので、オーバーなのだろう。スタッフ全体も、少し焦っている空気があった。スクリプターの**白鳥あかね**さんと監督で、台本から、切れるところを探して相談していた。制作デスクの黒板の前に立った上垣さんが、座っている制作次長とスケジュールのことを話し合っている背後に、何故か僕はいた。

撮影を１日延ばす、いや延ばせない、という話をしていて、そのとき上垣さんが、「あんた、新人殺す気か？」と次長に迫った。この言葉は、正確に覚えている。言われた次長の固まった表情も。つまり、１日だけ延ばさないと撮りきれないから、新人監督としての評価が落ちる、それを「殺す」という言葉にしている、その責任をアンタ、取れるのか、と言って脅している。

先輩である上垣さんが、後輩の根岸さんのデビューのために、自分の保身を考えず、上司に意見しているという姿だった。男前。あとで助監督で一番女優にモテるのは上垣さん、だと聞いた。

５月12日に無事クランクアップして、翌日アフレコの日に、吉祥寺で根岸さん、上垣さん、那須さんらと洒落たバーで飲んだ。人生で初めてのバー。

「初日さ、俺が最初のカットを考えてるときさ、金子が、バイクの風防グラス忘れました、って言いに来てさ」と、根岸さんが言い出した。言われるまで、そのこと自体を忘れていた。

「なんだっつうんだよ、俺がコンテ（映像の繋ぎ方、順番）真剣に考えてるときにさ。だから、こいつ殴ってやろうと思ったんだけどさ」

え、え、え、……汗汗汗……。

「新人監督が、撮影初日に、新人の助監督殴った、って広まったら、それでもうお終《しま》いじゃん、この組はさ、だからやめたんだよ」

背筋がゾォーっとなりました。

上垣さんが「分かったろ」と微かに笑って言い、那須さんは「そういうもんなんだよ、な」とニヤッとしたのだった。根岸さんの顔は見られなかった。

「な」というのが優しいので……とゆうか、皆さん全員、優しいです（涙）。


予告編は1分くらいのものをセカンド助監督が作るのが習わしとなっていて、ここでは当然、那須さんが作っている。映画に使われなかった場面や、NGになったカット、また、予告用に、現場で助監督がスタッフにお願いして撮ってもらったものを繋ぎ合わせ、自分で考えた惹句《じゃっく》（画面にスーパーインポーズするタイトル）を載せる。那須さんは、予告作りが上手い、という評判であった。

監督昇進の決め手となるものは、（1）脚本が書ける（2）予告編が上手い（3）現場処理能力が高い、という噂であった。

那須さんから、惹句を「何か考えてみ」と言われて、何個も書いて渡した。その中から、一個だけ採用されたものが「新人監督（27歳）・根岸吉太郎の殺意は？」であった。

コンテは僕が考えたものとは違うが、ほぼ最後の方で、戸浦パパがマンション屋上でゴルフクラブをバックスイングするカットにこのスーパーが入り、スイングで打つ瞬間にカットを変えて〝バキューン！〟と銃撃音が入り、『情事の方程式』とタイトルが出るという予告だ。ウウム。那須さんのセンスに脱帽した。

5月26日、『情事の方程式』0号試写が五反田の東洋現像所（後のイマジカ）であるので、撮影所から出ている「現像所便」という車に乗って行き、帰りもその車で撮影所に戻った。このとき、録音部門（日活スタジオセンター）の責任者で、ベートーベンというあだ名の**長橋**さんが同乗していた。白髪が似合う、見るからにベートーベンのような深刻なしかめ面をしている。僕は後部席に座っていた。長橋さんは助手席で、ベテランの運転手さんに、

「いい監督、出て来たね。後2、3人欲しいね、こういう監督」と言っていた。

僕がいますよ、僕が……と思っていたが……言わなかった。

その日は新宿グラバー亭での打ち上げで遅くなり撮影所の寮に泊まり、翌5月27日朝6時出発、千住大橋土手で、田中登監督の『人妻集団暴行致死事件』のロケがスタートした。

ムッシュ田中登監督作
『人妻集団暴行致死事件』にサード助監督で就く

田中登監督は〝ムッシュ〟と呼ばれていた。このとき、41歳。カメラマンは『情事の方程式』に続く森勝さんで、「ムッシュはせっかちやからな、注意しろよ」と教えてくれた。

プロデューサーは、刑事役でも似合いそうな、渋く危うい雰囲気を漂わせる**三浦朗**《あきら》さんで、押しが強い。オールスタッフ打ち合わせ（クランクインの前日、会議室に集まる）で、「この作品は、キネマ旬報ベストワンを目指すから。頼むぜ、ムッシュ」と挨拶。

実際に埼玉で起きた人妻暴行致死事件を作家の長部日出雄がルポにまとめ、それを土台に**佐治乾**《すすむ》氏と田中さんが、新たに現場で取材もして脚本にした。

田中監督は、自分ひとりで現場ロケハンに行き、写真をスクラップにして、スタッフに説明した。事件が実際に起きた家の表周りをロケし、ドアを外して撮影所に運び、家の内部は、そのドアを付けたセットに再現するプランだ。その物語とは……。

20歳、20歳、18歳の3人の悪ガキが、女友達とセックス出来なかった鬱憤ばらしで、トラック荷台の卵を箱ごと盗んで川へ放り投げる。トラックは、投網を観光客に見せて生計を立てている男、泰造のものだった。悪ガキの親が弁償金を払ったので泰造は警察沙汰にはせず「俺も若い頃は悪さをしたもんよ」と、貰った金で焼肉を奢って3人を可愛がる……という関係から始まる悲劇だ。

この泰造を、東映作品『仁義なき戦い』等で強烈な個性を振りまいていた実録ヤクザ俳優、**室田**

日出男が演じる。東映の看板俳優が日活ロマンポルノに出るって、これは事件だ！　と興奮した。

泰造には、少し頭の弱い妻、枝美子がいて、あいまい宿で客を取っていたのを引き取って可愛がっていた。枝美子役は、**増村保造**《ますむらやすぞう》監督の『音楽』でヌードを披露して注目を集めた**黒沢のり子**。TVにも出ていたので知っていた。こんなキャスティングがロマンポルノで出来るのか、と驚いた。

ガキのボス格、昭三を演じるのは**古尾谷雅人**（当時は康雅）で、**永島暎子**と共演した『女教師』で'77年にデビューし、売り出し中のオーラを発する野性的な少年。田中監督が、オーディションで起用。礼儀正しく、サードの僕にも正面から「力いっぱい、やらせて頂きます」と言って、台本のセリフを早口で練習していた。人懐こい彼をずっと「古尾谷くん」と呼んでいたので、『ヒポクラテスたち』で有名になった頃まではときどき日活に顔を出していた彼と会うと、「古尾谷くん」と呼んで立ち話したが、さらに有名になってしまうと遠くで会釈くらいになり、現場での再会は無いままだった。死ぬなよな、ホント……。


ロケ初日、悪ガキ3人がミニスカ女子2人のお尻を追いかけて遊ぶ土手のシーンで、計5人出ているから動きがすぐには決まらず、田中監督の細かい指示を、**中川好久**チーフと**児玉高志**セカンドとで、5人それぞれに繰り返し伝えているとステレオ状態になり、監督は「うるさい！」と一喝。俳優への指示は、自分ひとりでいい、ということである。先輩が叱られるのはちょっと愉快だ。

中川さんは「ムッシュは、助監督いらん人かも知れんな」と呟いた。翌1979年『むちむちネオン街　私たべごろ』を監督、その1本だけ撮ってプロデューサーに転身、日大芸術学部出身で人あたりよく、エネルギッシュに現場をきっちりと仕切る人だ。

児玉さんは3期上で、有名映画評論家、**児玉数夫**氏を父に持つ千葉大学出身。'82年『受験慰安婦』で監督デビューした。学者肌で、真面目な人。のちに大学教授となった。

工事現場で働く20歳の善作（**酒井昭**）は、靴工場に勤める八重子（**志方亜紀子**＝『サード』で**森下愛子**と同級の女子高生役）と3回目のデート。同僚から「今日やらないと、やらせてもらえなくなるぞ」と言われ、やる気まんまんで「映画おごってやるよ」と公衆電話。スーツ着て一緒に『ロッキー』を見た帰り、日比谷公園に行ったらカップルがキスしているのに刺激され、次のシーンでは、暗いとはいえ車も通る陸橋の上で、善作は八重子にキスしてスカートをまくりあげ、パンティを脱がそうとして逃げられ、その場で転んで射精。これは、いくら何でも誇張し過ぎではないか、と思った。パンティの上から性器を押し付けられた八重子は一瞬うっとりするが、次の瞬間にはハッとなって彼をどつく。それまでのリアルな描写が大無しになってしまうような気がしたが、「ロマンポルノでは必要なこと」として撮られていた。

もうひとりの18歳、農家の息子、礼次（**深見博**＝『嗚呼!!花の応援団』でデビュー）は部屋ではピンク・レディーのレコードをかけて、「UFO！」と踊る。「やりたい」「やりたい」が口癖の童貞キャラだ。女友達、尚子（**日夏たより**）のアパートで、昭三は礼次の目の前で行為した後「お前もやれ」と礼次を尚子に乗せる。「2人はいやよ」と抵抗するが、すぐに「そこじゃないべ」と言って礼次は童貞喪失。これも、最初は抵抗していた尚子が「その途端に快感を感じる」というふうに撮っているから、今では許容されない描写かも知れない。

「挿入即快感」描写はロマンポルノには多い……というか、世界観？　作品の欠陥にも見えてしまうが、若い「性欲」は、3人が酔った泰造の寝ている隙に妻を強姦しようと犯罪への境界線を越える瞬間の、彼らと、ロマンポルノに対するエクスキューズになっている。

また、少し以前は農村だったが急速に都市化する風景の変化、というのは70年代~80年代初頭の日本映画には執拗に登場するが、この映画でも、造成中の工事現場やネギ畑をしっかり撮り、電車が通るときは、時刻表を調べて、必ず画面に入れている。

田中監督は、長野白馬出身で家は農家だったとのことで、ネギ畑の撮影には拘《こだわ》りがあった。降水車で大雨を降らせて、その雨を浴びながら、レインコートで「ヨーイ、ハイッ!!」と叫んでいた姿が目に焼き付いている。

ずっと後に読んだ田中さんのインタビュー記事では、「長谷川和彦や**相米慎二**、金子修介も僕が助監督で入れたやつだからね」と語り、「**中原俊**は田舎育ちのシティ感覚派、那須博之は東京育ちの野性派、と批評し、金子は、とっちゃん坊やみたいだった」と言っていた。

★以降ネタバレあり・映画の結末に触れています

泰造と枝美子の〝布団シーン〟は、丁寧に撮られた。

優しく愛撫し、セックスになると、枝美子の爪が泰造の背中を引っ掻く。終わっても、汗だくでハーハー言う枝美子の胸に耳をあてた泰造は「おまえ、よっぽど好きなんじゃのぉ」と言うが、これは、後から彼女の心臓が悪い、ということが分かる伏線だ。

ベロベロに酔った演技のため、室田さんは本当に酒を飲み、酔っ払っていた。その酒の匂いにスタッフは顔をしかめたが、室田さんは上機嫌であった。家の近くの道で酔いつぶれ、「かあちゃんが待ってるのに」という礼次の言葉に反応した昭三が、「やっちまおう、あのかあちゃん」と悪魔の言葉を放つ。するりと犯罪者の顔になる古尾谷雅人の芝居は、ちょっと怖くて以後の彼の〝芸風〟が出た瞬間だ。「後で指つめればいい」という勝手な理屈を言って家に向かう3人。そして、強姦から枝美子の死に至るまではセットで2日がかり。

黒沢のり子の全身は見えないが、脚をじたばたさせ、3人の男の間から恐怖の目が見え隠れして大きく開く。アップは無く、動きはすべてフルショット。頭を押さえられて息が出来ないように見え、目をむいたまま……この後、黒沢のり子は、ずっと目を開けたまま死んでる芝居になる。

びっくりした3人が、枝美子から後ずさりして離れたときに、泰造がご機嫌で帰って来て、惨状を見て、倒れている妻のもとに駆け寄る。息がない……。「すまん」「殺すつもりはなかった」と言う若者たちを、信じられない思いで睨みつける泰造。彼は善作を殴るが、「警察にでもどこへでもいく」と泣き喚く昭三の言葉に、「警察？　そんなもんほっとけ」と襖《ふすま》を蹴り破る。

セット撮影は連日、朝9時開始で夜はヌキ（夕食抜き）で夜8時くらいまで撮った。

3日目は、泰造が枝美子を裸にして自分も全裸になり、抱きかかえて浴場に運び、湯船で亡骸と交わり、そこに黄金色の朝日が当たるというライティングをし、荘厳な美しさを強調した。

黒沢のり子は目を開けたままピクリとも動かず、ただ、〝死〟は殊更には強調せず、メイクもそれほど変えず、肌も綺麗なままにしているので、グロテスクにはならず、エロティックというより、異界にトリップしているかのような、儀式的な演出をしていた。

布団に戻して硬直した指を一本一本広げ、体を拭っているところに枝美子の老母がやって来て、うろたえて泣き、目を閉じてやる、というところまでを丸1日かけて撮った。

実際の事件では、夫が警察に届け出るまで24時間経っており、その24時間に何があったのかをイマジネーションで膨らませ、こうしたドラマを創り出したのであろう。

田中登監督の想いが、裸の室田さんと黒沢のり子に乗り移って、異様で、壮絶なシーンとなった。

毎日遅くまで撮影が続き僕は疲れ、撮影が終わって30分の道のりを自転車を漕いで、深大寺の坂道を上がり、家に帰ったら夕食が無かったので憮然として母に怒ったら、父が「助監督が、そんなことではいけないだろう、夕食が要るなら要ると連絡しろよ」と、至極当然のことを言ったのにカチンときて喧嘩になってしまい、大声を張り上げた。その後「父母の態度がよそよそしくなって、家にいづらい」などと書いている。疲れてやつあたりしたのね……ごめんなさい……遅いか（涙）。

泰造は警察で、妻の死因は心臓麻痺だったと知らされ、「枝美子は自分との行為でよがっていたのでは無く、苦しんでいたのだ」と分かり、絶望する。警察署内の廊下で捕まった昭三から「おやっさん！」と悲痛な声で謝られても、そちらを見ようとはしない。

数ヶ月の時間経過があり、泰造は、家で机に突っ伏して孤独死する。

泰造の手前に、釣り糸の束を目立つところに配置したのをそのまま撮られ、ちょっと嬉しかった。そこだけが、演出に参加出来た気がしたトラックアップ（カメラが移動車で近づく）であった。

この映画は、暴走した愚かな若者を断罪するでもなく、憤死した妻への哀切な情を奏でながら、創作した時間と空間を醒めた目で見つめる〝神＝作家＝田中登〟の、現実社会から遁走した男の肉体に託した「性的な懺悔」みたいなものだった……という作品への批評を今になってしてみる。

『人妻集団暴行致死事件』は興行的には失敗だったが、日本アカデミー賞の監督賞にノミネートされ、キネマ旬報では第9位。批評側から高評価を得たのは、「作家の思い」がゆらいでないから、と思うが、現在はタイトルも内容的にも通常の上映をするには問題と議論があり、難しいと聞く。

石井聰亙＆澤田幸弘監督作
『高校大パニック』パニック

僕の入社2年前に『嗚呼!! 花の応援団』が思わぬ大ヒットになったので、日活はロマンポルノをやりながらも、年に1、2回は（成人では無い）一般映画で勝負する、という方針を決めていた。那須さんから「今年の一般映画は8ミリの『高校大パニック』をリメークするらしいよ」と聞いたのは、結構早い段階だった。なんと、8ミリを作った**石井聰亙**《そうご》（現・岳龍《がくりゅう》）自身が監督として日活に来るという。え〜っ!? まだ日大の学生じゃないか。名前は僕も知っており、深夜のTVにも、まだ子供のような風貌の石井聰亙自身が出てきたのを嫉妬の目で見ていた。僕より2歳年下だ。日大芸術学部映画学科の現役学生。その石井が助監督の経験なしで、日活映画の監督に？

17分の8ミリ版は、各地の自主上映で反響が大きく、お客を集めているという。フーン。

博多の高校生がライフル銃で教師を撃ち殺して学校内を逃走、警察に捕まると「俺は来年受験なんだ、ラジオ講座があるんだ」と早口で呟く。逮捕されても叫んだり喚《わめ》いたりの抵抗はせず、取り憑かれたような表情で日常に戻ろうとするオチが怖い。受験地獄の心理をカリカチュアして、TVで部分的に見ても、確かに才能はあるな、と正直思った。

しかし、学生の身分のまま、日活に乗り込んで来るって、許されるの？　と思っていたら、**澤田幸弘**監督と共同で監督するということらしく、組の名前は「澤田組」になった。

澤田監督は、アクション映画から児童映画、TV『太陽にほえろ！』なども撮っている憧れのスター監督だ。ロマンポルノ以前のニューアクションでデビューしている。45歳。

6月26日に田中組のオールラッシュがあり、その日に澤田組に配属、クランクインは4日後の6月30日だ。サードに就いた那須さんが、僕を引っ張ってくれたらしい。また、那須さんとやれる。

「2人の監督」は、スタッフの前で挨拶した。どういう命令系統になるのだろう？

澤田さんは照れて微苦笑しており、石井聰亙はキャップを目深に被って緊張の顔つきであった。21歳という年齢よりさらに若く見え、人付き合いは下手そうだが、感じは悪くなく、連れて来られた猫が突っ張っているようで、それを見ると嫉妬の感情もスッと消えて協力してあげたくなった。僕も同じ8ミリ出身で、古い撮影所で古い世代と先に出会っている訳だから。

この年は**大森一樹**が松竹で『オレンジロード急行』を撮り、助監督経験なく監督になる自主映画出身者が現れ、日本にもスピルバーグのような天才が現れるのか……それはオレ？　石井？

……にしては脚本が面白く無い。全くワクワクしない。17分を1時間半に伸ばしたから間延びしている。これで日活は勝負しようというの、無理でしょ。ダメだコリャ、と那須さんと話した。

「石井はオブザーバーみたいなもんだろ」と、那須さん。これはガンアクションをリアルにやらなければ何も面白く無い、という那須さんの意見、というより決意の言葉だ。

チーフ助監督は**菅野**《かんの》**隆**さんで初チーフ。根岸さんより1期上の28歳。山男みたいな怒り肩で厳しい目つき。東北大学哲学科出身。1期下の後輩が先に監督になって「焦りませんか？」と聞いた僕には、ちょいと意地悪な感情があり、「焦るよ」と、ギロリとした怒った目つきで答える菅野さんから〝オマエ俺を怒らせせようとしてんのかツマラン奴だな〟という苛立った感情が飛んで刺さった。

「サキニイ（澤田監督）はアクションが撮りたいから、こんなもん受けたんだよ」と、菅野さんは不愉快そう。そこへさらに僕が「朝の所内放送のときって『澤田・石井組、撮影を開始します』と言うんですか？」と聞くと「澤田組に決まってるだろ」と言われた。

セカンドは**鈴木潤一**さん。3期上のストレート東大卒だから25歳。つるんと涼しげな顔つきで、何ごとも〝我関せず〟みたいな雰囲気を持っている。この人、入社試験（1次）の試験官だった。「目立とうとして変わったこと書いても無駄だからね」と言っていたのを思い出して、「鈴木さん、そう言ってたでしょ」と尋ねたら、「でも金子くんは、面接で8ミリ見せて目立って入ったんだってね」と返された。僕のパフォーマンスは結構、知れ渡っていたようだ。

サードは那須さん、フォースが金子、そしてなんと、僕の下にフィフスが就くというではないか。石井聰亙は「狂映舎」という自主制作映画グループを組織していて、そのメンバーが何人かスタッフで入る。フィフスは**松井良彦**。僕より1歳下の学生（'88年に傑作『追悼のざわめき』を撮る）。

「（助監督の）下がついたら、どうすればいいんですか」と那須さんに聞くと、那須さんは一言「奢《おご》ることだよー」と言って、笑った。同期の瀬川からも「3本目にして下がつくのか、凄いな」と驚かれて、ハレな気分に。それで、松井くんに初めて会った日に、食堂で50円の瓶コーラを奢って、打ち合わせすると「すんまへん、おおきに」と京都弁でペコペコされて、ちょっと満足感があった。

狂映舎のメンバー（プロデューサーの**大屋龍二**やカメラマン助手など）には日活芸術学院の一室が充てがわれ、日活からは僕だけが出入りし、自分の8ミリを見せ、自然に「石井くん」と呼ぶようになり、石井くんも「高校のときから撮ってるって分かりますよ。慣れてますね」と言ってくれた。撮影中も、それ以後も友達付き合いを続け、三鷹の実家に泊まって、母の朝ごはんを食べたこともある。『逆噴射家族』の後の、結婚披露パーティーにも駆けつけた。

ストーリーは8ミリ映画とほぼ一緒だが、冒頭、主人公＝城野（**山本茂**）の友達が、工事現場で飛び降り自殺するのを加え、校長が校内放送するのを面倒くさそうに聞いた数学教師が「彼は負けたんだ。君らは受験に打ち勝ち、一題でも多く数学の問題を解くんだ」と言って授業を開始しようとすると、「殺したのはアンタたい」と城野は教師を殴りつけ、学校を飛び出し、商店街の銃砲店でライフルを盗み、学校に戻り「数学出来んが、なんで悪いー！」と叫び、教師をライフルで撃ち殺し、校内を逃げ回る。一応、殺人の動機がオリジナルに加えられている訳だが、納得は出来ない。

カメラマンは**山崎善弘**さん。「ゼンコーさん」と呼ばれていた。180センチはある長身で威厳があり、皆に畏れられている。石原裕次郎が日活の看板だった時代に『太平洋ひとりぼっち』を撮った大ベテランで、三脚をあまり使わず、一脚でカメラを常に少しブラして撮る手法の名手。スタッフの数も、それまでの2本と比べると2倍か。日活にしては大作だ。

ステージには教室のセットが2つ作られ、それぞれ35人以上の生徒を入れているから、初日は70人のエキストラ生徒がステージの中にいて、照明も多く焚いているからとても蒸し暑く、象の鼻のようなエアコンの吹き出し口のところだけが涼しい。映画も博多の夏で暑い設定だが、撮影のときも、延々と暑い日々が続く。当時は、照明機材が重く、発光すると大変熱くなった。

廊下にレールを敷き、2つを4つの教室に見えるように撮り、城野が教師を殴ると、同級生=17歳の**浅野温子**のアップがある。キレイだったな〜。正直、それまでの人生で、生で見た女性のなかでは一番キレイだと思いました。役名は美穂子。

初日の撮影としては、戻って来た城野がライフルで教師を撃つシーンが予定されていたが、そろそろ5時近くになり、やれば7時までかかるだろう、と、僕でも予想しているときに、澤田監督は、タオルで顔を拭きながら、「かんのかんの〜」と菅野チーフを呼ぶ。「はい、なんでしょう」「今日はもうやめようよ、暑いしさ」「この後、ライフル仕込んでますけど」「分かってるけどさ、もうやめようよ。初日だしさ」「……分かりました」となって、本日は撮影終了、お疲れ様でした〜!

どかどかと音をたて、一斉にステージを出る生徒エキストラの大群。

澤田監督は、**結城良熙**《ゆうきよしひろ》プロデューサーと一緒に、松井くんを除く助監督全員で、千歳烏山のカウンターの焼き鳥屋に行った。監督は「俺は、二人三脚こりごりだよ、もう疲れたよ」と笑いながらホッピーを飲んだ。現場では、澤田さんがテキパキとカットを重ねている印象で、それまで見た監督より3倍くらい早く撮って、その分カットも多いが、石井くんは（失礼ながら）チョロチョロあっちこっち動いている感じで、澤田さんが石井くんに気を使っていたようには見えないが、もう一方の監督として尊重して二人三脚でやっている、という気持ちらしかった。撮影部のピントマンで気性の荒い杉やん（**杉本一海**）が、しょっちゅう「石井どけ！　石井！」と怒鳴っていた。澤田さんは、そういう場面を見るたびに胸を痛めていたのだろう。だから、初日から疲れたんだな。

翌日は諸準備で、7月1日に、ライフルでの教師射殺シーンを撮った。

弾着専門のスタッフが来てキャストの体に装着したが、それを那須さんは間近で汗ダラダラで息を荒くして手伝っている。銃とか、高校生の避難パニックとか、機動隊の導入とか、もっぱら、そういうことに興味が尽きないようだった。銃のことを話すと、息が荒くなった那須さん。

別な日の撮影中、澤田監督が現場にいなくて、暫《しばら》く〝待ち〟になっていたとき、石井くんが近くにいたので、「監督いるから、まわしましょうよ」と菅野さんに進言したら、「冗談だろ。おい、冗談だろ」と、マジ切れた目で睨まれながら、二、三歩迫られた。

カチンコは松井くんに渡し、当然初めてカチンコを叩く松井くんは僕の代わりに怒鳴られまくり、だからと言って、先輩としてカチンコを出す位置を教えられるというほどにもなっておらず、那須さんから言わせると、「松井くんは、金子くんのシェルターだな」となって、その通りでした。現場の後ろの方に逃げてました。

また、この組は、終わってビール、焼肉がやたら多かった。澤田さんが撮るのが早いのと、いちおう大作なので予算があった、という理由だろう。「焼肉屋」というものに行くのも、人生初だった。

監督になってから助監督に焼肉をおごって、初めてこんなに高いものだったのかと分かったが、この頃は値段を知らないから、有り難くもなんとも思っていない。早く帰りたいのにまた焼肉屋かよ、というような気分で自転車で行って、そこからまた自転車を重く漕いで家に帰った。

教室内パニックを演出するのは助監督の役割で、35人以上いる生徒たち（児童劇団から主に石井くんがオーディションで選んだ）の動きの、目についたところを修正するために、個々に指示を与え「もっと驚いて」とか「もっと後ずさって」とか単純な指示だが、それが大声で何人もでなされると、撮影部、照明部それぞれの指示の声も混ざって、テスト開始前は、怒号が飛び交うような、とても騒々しい状態になる。そのなかに抜群に可愛らしい子がいた（浅野温子の次に）。

のちに**森村陽子**という芸名で何本もロマンポルノに出演することになるが、それは3年先のこと。浅野温子は、城野が先生を殴って教室から飛び出した後、サボって立ち去ったので、ライフルを持った城野が戻って来た射殺事件のときには、現場にいない。

だから僕は、一番目を引くようになった森村さんばかり見ていて、指示を与えたくなり、生徒が皆、のけぞって逃げ腰の姿勢のなか、彼女だけに這いつくばって前に出るように指示した。他とは逆の動きで目立つようにしてあげたつもりだった。彼女からは「え？　近づくんですか？」という顔をされたが、テストのときには正確にそのように動いてくれたところ、澤田監督が「おいおい、そこの女の子、なんでそういう動きするんだよ」と叱った。

「助監督さんからそう言われて……」と森村さん。「どの助監督が」と澤田監督。

「あちらの……」と森村さんに指をさされ、「すいません！」と、焦って手を上げた。

「近づく理由がないだろ、まだ怖いんだよ」と澤田監督。仰る通り。

33年後の2011年、自分のブログに「高校大パニックの思い出」を書いたところ、森村さんからコメントを頂いて、このことをよく覚えていると……「助監督の金子さんは『しっかりせい』っていう感じでしたね」「金子さんが監督になられて活躍されているのも、嬉しくて応援しています（ちょっと信じられないけど）」とのことです……。


学校の表周りや、校庭のシーンは、目黒の学芸大学附属高校で撮られた。

伝統ある名門校が、よくぞ貸してくれたものだと思うが、内容をきちんと伝えていたかどうか怪しい。すべて夏休みの3日間で撮っているから、教員とは全く会っていない。

校内を走って逃げる約100人の生徒は、雑紙『ぴあ』を通じて応募して来た高校生エキストラたち（その中に、評論家の**樋口尚文**氏や、**三留まゆみ**氏などもいたそうである）。

この年は記録的な猛暑で、バケツで氷を現場に運んでも溶けてしまい、1日で何往復もした。

銃撃戦の最中、ひとりの女生徒が教室の窓からヘリコプターに助けを求め、誤って転落する。

ヘリコプターは多摩川に呼んで、ラストの日に別撮りした。女生徒が落ちるカットは人形を使い、五反田の東洋現像所で撮られた。その撮影を終了して移動するとき、エキストラをバラす（解散させる）など、後片付けをしていた菅野さんと那須さんが戻って来るのを待たずにロケバスを発車させてしまい、現像所に置いてきぼりにして、2人は次の現場に電車とタクシーでやって来て、呆れ顔をされて叱られ、僕はまた自己嫌悪に陥った。携帯電話も無い時代で、10人以上の現場を指揮することに舞い上がってしまい、無理だった。バスを発進させるとき、イヤな予感はしたのだが、エキストラ責任者から「もう揃ってるよ、早く出なよ助監督さん」と言われ、いま出さないとマズいと思ったのだった。その責任者とは、無責任で有名な**きのやん**だと後から教わる。

城野は、遂に美穂子を人質にして屋上にかけ上がり、そこにある化学室にたてこもる。機動隊が別の建物の屋根から城野を狙う。室内の城野が我慢しきれず、扉に向かって小便をすると、美穂子も部屋の隅でしゃがんで用を足すという場面がある。2人は、ささやかな気持ちを共有して、美穂子が煙草を吸って城野に与えたら、城野は咳きこむ。

学芸大学附属高校最後のロケ撮影の7月30日は、事件を知ったヤジ馬がやって来るシーンで、軍艦マーチを奏でる右翼の街宣車も登場。別場所でヤジ馬同士のケンカでは、**泉谷しげる**さんがヤジ馬役で来て、大暴れしてくれて、この映画で最も楽しいシーンになった。

この日は、明日クランクアップという大詰め感がありながら、それまで監督としての存在感が薄かった石井くんが生き生きして見えた。スケジュール終了近くの夕方になっても、まだ日照時間に余裕があって、スタッフも特に急いでいない状態で、〝車中で待機している機動隊員たち〟という最後のカットを撮る際に、澤田監督が、「石井石井、ヨーイスタートかけてみな」と後方にいた石井くんを前方に呼び「監督なんだから、1回くらい、ヨーイスタートかけないとまずいだろ」と、にこやかで優しい感じである。石井くんは、前に出てなんら照れることもなく、堂々と「じゃ、本番いきます」と言うと、我々助監督は、「本番！」「本番！」「本番！」と怒鳴る。

そして石井くんは中腰に構え、一瞬の間を置いて、「ヨーイ、ハイッ！」と言った。監督らしく見えた。ところが、カメラはスタートしなかった。

カメラは重たいバッテリーにコードで繋がれ、バッテリーを肩からかけた撮影助手がコード途中のスタートボタンを押すとカメラ回転音がして助監督がカチンコを叩くのが常だが、このときは、松井くんがカメラ音を確認しないでカチンコを叩いた。撮影部が「ちょっと待って」と言った。カメラは、バッテリーに繋がっておらず、外れて落ちていたのである。

「なんだよ～」「やっぱり石井じゃダメじゃん」の声と笑いも出た。

単に偶然、間違って外れていたとは思えず、故意に誰かが外していた可能性が高いと思うが、現場には寒い風が吹いた。そして、助手の「すいません！」の声があって、すぐさまバッテリーは繋がれ、もう一度、石井くんの「ヨーイ、ハイッ！」で、ことなきを得た。

『高校大パニック』の現場を回想する度、このことを思い出すが、真相はどうだったのか誰とも深く語り合ったことが無いまま40年以上経ったから、今に至るまで分からない。

★以降ネタバレあり・映画の結末に触れています

たてこもった屋上の化学室で、城野が机を立ててバリケードにすると、フラスコが落ちて割れ、火災が発生、煙が巻き起こる。実際の撮影でも、激しい煙となって事故になりかかり、スタッフ全員逃げたくらいだった。炎も大きくなり、消火器を城野ら俳優本人に使わせたが、かなり危険な撮影だった。その煙を見て射撃命令が降《くだ》るが、雨も降り、目標が見えにくく、狙撃手は美穂子を誤射、即死だ。彼女の胸をはだけて血痕を見、耳を近づけ心音を聞いても無音、城野はさらに狂って叫び、ライフルを撃ちまくる。待機していた機動隊に突入命令が降る。大勢の警官に確保された城野は、「離せよー、離してくれよー、来年受験があんだよー、ラジオ講座があんだよー」と叫ぶが、突然〝今更何を言ってんだコイツは〟という感じを受けてしまった。

石井くんオリジナルの8ミリでは、これが〝叫び〟では無く〝呟き〟だから奇妙で面白いのに……と、思ったが、まさか、澤田監督に現場で意見することなど考えられない。ラストはヘリコプターからの俯瞰ショットが学校を遠ざかってゆく画に、城野の「来年、受験があるんだぁぁぁ、ラジオ講座があるんだぁぁぁ」という声が被るのが、僕にはどうも違うという気がしてならなかった。

8月10日に完成してから9日後の8月19日、『高校大パニック』は『帰らざる日々』と2本立て公開され、壮絶にコケる。撮影実数は、数えると26日間。

思い返してみると、石井くんは当時いろいろ悔しい想いは相当あったろうが、愚痴るようなことは全くなく、常に次に作る映画への想いを語っていた。少年のような表情は変わらず。

2年後の'80年、『狂い咲きサンダーロード』を見たとき、ああこれがやりたかったことだったんだろうな、僕もこんなふうにやれるだろうか、という感慨を持って心から興奮し、ちゃんと言わなかったけど「感動したよ、石井くんおめでとう」と思っていた。

西村昭五郎監督『白い肌の狩人 蝶の骨』サード予告編事件

『高校大パニック』の熱い夏の後、4本目に就いたのは**西村昭五郎**監督の『白い肌の狩人 蝶の骨』で、撮影は、8月7日から9月1日のうちの18日間。通常作品は12日間なので、これはエロス大作。

西村監督は「ニシさん」と呼ばれてスタッフから敬愛されており、'71年のロマンポルノ第1作『団地妻 昼下りの情事』を監督して以降、年間4、5本のロマンポルノをコンスタントに撮っている大ベテランで、ロマンポルノの代表監督的な存在。

スタッフから敬愛されるのは、「めんどくさいことを言わない」ほかに、「撮影が早い」というのが大きい。滅多に残業が無く、現場は淡々と進み、ポルノシーンが、それまでより多かった。

ニヒルな人生観を持ち、映画祭に呼ばれてファンから質問されると、「すべて会社の言った通りに撮ってるだけでございます」なんて、言っていたらしい。「(俺の仕事は) ループみたいなもんや」「10本も撮れば、撮りたいものなんて、なくなるわ」と言っていたのを、呑んでいる傍で聞いた。

僕は、この後に**谷ナオミ**主演の『団鬼六 縄化粧』でまた呼ばれる。気に入られたかも。

1本おきくらいに、〝ノっている〟ときと〝ノらない〟ときとがあるという評判で、ノっていれば、連日残業になる傾向があった。『蝶の骨』はノっているとは思えなかった……というか、僕が就いた作品は、どれもそんなにノって無かったから、助監督の仕事は楽だった。

『蝶の骨』は赤江瀑原作、**白坂依志夫**脚本。主演の**野平ゆき**は、〝ロマンポルノの栗原小巻〟と呼ばれていたが、大人しくて地味〜な感じの人。声も小さい。性格も優しくて、おっとりしているので、助監督を緊張させない。撮影中に4日間のお盆休みが入り、2泊3日の京都ロケがあった

カメラマンは『高校大パニック』に続いて山崎善弘さん、チーフ助監督はのちにエクセレントフィルムズを立ち上げ、数々の作品をプロデュースする**伊藤秀裕**《ひでひろ》さん（『プライド』『ポールダンシングボーイ☆ず』などのプロデューサー）、セカンドは、東大卒でのちに僕といろいろあった**白石宏一**さん、金子はサードのカチンコ担当だ。〝いろいろ〟は、僕が白石さんに「予告編を作らせて欲しい」と言ったところから始まる。

白石さんは、1期上だが年齢は4つ上。年齢は実年齢というより4月1日を基準に考える「文部省年齢」で、助監督の先輩たちは何故かこの年が多く、2期上の那須博之、中原俊、**加藤文彦**、堀内靖博の〝4人組〟の文部省年齢は、皆4つ上。白石さんの同期の**村上修**も同じく4つ上。白石さんは営業で合格したのに人手が足らなくて助監督に回されたらしいから、最初から競争相手では無いと甘く見ていた。年齢のことは、しょっちゅう考えた。

今、オレは23歳だろ、助監督3年で監督になったら26歳で根岸さんの27歳より若いぞ、とか、そういうことばかり考えていた。このとき、日活に入ってまだ5ヶ月なのに、すでに〝焦り〟があったのだ。『高校大パニック』を経たこともある。石井くんは21歳で曲がりなりにも「監督」と呼ばれていたし、大森一樹も25歳。とにかく早く監督になるには、上の世代の人たちを抜いていかないとならない。那須さんは無理にしても、中原、加藤、堀内は抜きたい、とか……スイマセン。

1期上の白石さんは、完全に抜く気で、最初から負ける気がしなかった。

『白い肌の狩人 蝶の骨』の物語は……。

流子（野平ゆき）が地味な女子大生時代のこと、大学で人気者の3人の男子（**中原潤**、**山村裕**、**錆堂連**）が、夜の講堂で、ある女子大生を乱暴する。流子はそれを目撃し、自分が被害者だと偽り3人を大学に告発し、彼らは退学になる。数年後、流子は洗練された美女に変身し、3人と初めて知り合ったように装って、次々誘惑して、セックスしては快楽を得てゆく。実際に輪姦されたのは則子（山口美也子）で、彼女と3人は事実を知り、計らって、流子を車に乗せ、事件のあった講堂へ連れてゆき、そこで本当に乱暴された流子は、新たな快楽に浸る……。

ひとりは京都にいたので、流子は京都まで行き、ラブホテルでセックスするうち、繋がった状態で廊下に出て来て、裸のまま階段を登って、快楽をのぼりつめてゆく、というシーンがあった。

そんなことって実際あるんかな～と思ってカチンコを打ったものであるが、撮っている映像より、野平さんのセリフ「裸にして！　まっぱだかにして」に興奮した覚えがある。

ロケで京都に行く新幹線のビュッフェ4人がけの席に、伊藤チーフ、白石セカンド、制作の**服部紹男**さんと僕が座っていて、そこで僕は白石さんに「予告編を作らせてください」と言った。

〝白石と2人だけのときに言ったら簡単に拒否されるが伊藤チーフがいる席で言えば「やらせてやりゃいいじゃん」になり、それでも白石が「予告は渡せない」と言うのは先輩らしく無いと思われるから断れないだろう、ここで（公の席で）決まったら、伊藤と服部の目があるから、途中でその仕事を僕から奪うことは出来ないはずだ〟という目まぐるしい計算をしていた金子。

白石さんは極端な痩せ型長身で、黒ぶちの眼鏡をかけていたが、眼鏡の奥の目が大きく見開かれて、穴の開くほど僕を見つめていた。服部さんは「金子、普通は、予告はセカンドが作るもんなんだよ」と言ったが、伊藤さんは、「白石が面倒みて、教えてやりゃいいじゃん」と言った。ヤッタ！

白石さんは、中原俊さんと並び称されるくらい「優秀な助監督」。現場で、立ち止まることは無く、ハッキリ大声で的確な指示を出すことで、現場が〝まわっている感〟がして、進行が早くなる空気が生まれる。人手が足りないと見るや、疲れも厭わずパッと重い機材を運び、撮影部、照明部から「ありがとー」と言われ、スタッフの〝やる気〟感を見事に演出する。照明コードをまくのも早かった。僕には出来ないと思ったが、だからといって監督として優秀になれるはずはない。でも彼との競争に勝つためには、８ミリ映画で培った編集技術で予告編を見事に作り、鼻を明かすしか無い。

予告編は本編からＮＧフィルムを繋いで作る。だが、西村組はそのＮＧが少ない。ニシさんは、ＮＧが少ないように撮れるベテランだから予告の素材が足りなくなるということまで、僕は考えていなかった。ＮＧフィルムでも僕のようなセンスある者が繋いでいけば、当然面白い予告になるだろう、そこにタイトルを載せて見たい気持ちをあおればいいのであろう、という程度の認識だった。まだまだ経験も考えも浅い助監督。

男優の芝居が妙に不調で残業となり（そういうところはニシさんは妥協しない）、セットが終わって夜も更け、もう早く帰りたいのに白石さんが「金子、予告用の素材、見てみようか」と言った。編集部に僕を連れて行こうとしている。面倒くさい、明日にすりゃいいじゃん、と思った。それも、白石さんとじゃなくて僕がひとりでやればいいことで、と。

この作品の編集はベテランの**鈴木晄**さんだが、予告編は編集助手が繋ぐ。その後、僕の映画をたくさん繋いでくれた**冨田功**さんが助手だった。

編集部は食堂の上にあって、廊下を中央にして両側に6室ほどの部屋があり、メインの広い部屋には立派な編集機「スタインベック」が置かれているが、その他は、〝バタバタ〟と呼ばれる小型の編集機「ムビオラ」で、操作する人にしか映像が見られない。操作のときにバタバタと激しい音がする。そのムビオラで、予告用の素材を何十カットも見て、床がフィルムだらけになった。初めてなので、それが多いか少ないか、分からない。ただ、似たようなスローなカットが多い。

冨田さんが、白い手袋をして、フィルムを押さえながら、ミシンの足踏みのようなものを足で押すと、フィルムが動き出し、奥からライトが当たるから、レンズ窓を通して映像が動いて見える。

「ネコちゃん、見てごらん」

冨田さんは身をそらせて、僕にレンズ窓を見せてくれる。野平ゆきが喘いでいる。声は当然ない。ワンカットは数秒のものから、1分を超えるのもある「見たやつの意味を、ワンカットずつ、香盤表にでも書いておくんだよ。繋げるときに混乱するから」と、白石さんが言う。

はいはい、言われなくてもどこかに書いておきます、分かってますってば、8ミリやってたんだから。全くの初心者じゃないんですって。白石さんこそ1年前は全くの初心者だったから分かってなかったろうが、この僕を同じように何も分かってない初心者という前提で教えてくるのがウザい。分かってるから帰ってください、とも言えず、言われたように、カットの意味をメモしていると、お互いから発する空気が険悪になってきた。結局、作業は夜11時を過ぎ、「自宅送り」規定でタクシーで帰れるから、白石さんはそれを狙っていたのかもしれない、と思った。

翌日は、セット撮影も大詰めだが、セックスシーンばかりなので、助監督の数はいらない。

「白石ひとりいれば現場は進行出来るから、金子は編集部で予告を繋いでいろ」という伊藤さんの判断と指示で、僕は、まる1日、予告の素材を見て考えてメモを書き、冨田さんに繋いでもらって通して見たりしていた。現場サボって編集しているというのは幸福だ。現場より、遥かに楽しい。

ただ、どうも上手く繋がっているように見えない……おかしいな。1分間の最後に「日活ロマンポルノ」→「ご期待下さい」と出せば良い訳だが、その1分間がしっくりこない、面白く無い、とは冨田さんはハッキリとは言わないが、僕自身感じていた。また、スーパーインポーズする惹句もいろいろ考えて書いたが、伊藤さんのOKが出ない。「京都へ……」という惹句を考えたが、「こんな説明いらないよ」と言われた。カットの意味を紙に1行で書いて、ハサミで切って帯のようにして、それを1枚ずつ並べ、頭から流して見て、また並びを変えたりして試行錯誤していた。

そうこうしているうちに撮影が終わった白石さんがやって来て、また小煩《こうるさ》くチェックが始まる。テンポが出てないという指摘だが、それはもとの素材が悪いから仕方無いだろ、僕のせいじゃないもんという気持ちになっている。具体的にどこをどうしたら良いということは言わないし、言われたくも無い。その晩も険悪な状態になってゆき、ついに衝突した。

「いいじゃないすか」「いや、だめだ、これじゃだめだ」

30秒以上の物語性ある映像をテンポよく繋ぐには、素材を客観的冷静に把握している必要がある。場面、場面は前後がないから、カット自体がどれだけの「意味」と「力」を持っているのか、見極めなければならない。8ミリ映画のように自分で撮っていれば分かるが、ニシさんが撮っている映像で、台本上の「意味」は分かっているから「意味」で繋いで「物語」が伝わらなかったとしても、それは僕のせいじゃ無いもんね、という態度になっているから、見る方は「？」となる。これは、指摘されても分からない。本人が自覚しないと。白石さんは、教師では無いから、僕に自覚を促すために疑問と否定を繰り返すしかない。僕は、疑問には答えられず否定には頭に来るから、我がまま坊主の心境となり、うるさい、黙ってろと思うが、そこまで強くは言えないから、奇妙な言い訳をして簡単に論破され、拗《す》ねることになり……「もういい、後やるから、帰っていい」と、言われたのでした。悔し泣きデス……。子供の頃から実は泣き虫。

恥ずかしいが泣きながら編集部を出たときに、冨田さんに慰められた。この予告編のことは、何も触れなかったから、より慰められた。優しい冨田さん。

40年以上経ってるから、こうして多少の反省を伴って語れるが、このときは、ただ悔しい、チクショウ白石、と思っていた……でも、「憎い」とか「敵意」とかまでにはならなかった。

そして、予告編のオールラッシュで驚いた。凄く、面白くなっているので。

特に、僕が使おうと発想もしなかったカット＝野平ゆきが3人の男に引っ張られて大学講堂に入ってゆくカットが、扉をバーンと開けて、そこにメインタイトルが載っているのを見て〝この映画スケールありそう〟と思わされた。全体の繋ぎも僕のものとは全く違うが、テンポが出ている。まだ字幕は入っていないから、惹句は、白石さんがその場で大声で言う。僕より素材を見る時間も繋ぐ時間もずっと少なかったのに、見事に出来ている。負けた……試写室から出てくるスタッフは、みんな納得顔をしていた。得意そうな白石さんの顔……うう、悔しい。

ニシさんなんか、「本編より予告の方が面白かったら困りますな」と言っていた。

白石さんは、照れて頭をかいて笑っていた。

このときは、ニシさんは当然白石さんを褒め、喜んでいるのだろう、と受け取ったが、監督になって40年経ってこのセリフを書いてみると分かる。これはニシさんの本音だ。

そしてこの話には1年後に続きがある……。

長谷部安春監督『暴る！』再び予告編を任される

5本目に就いたのは、**長谷部安春**監督の『暴る！』であった。これは、「やる」と読ませる。台本を貰ったときには、「あばる」と読んだ。「やる」なんて誰が読める？

チーフは、監督デビューしたばかりの根岸吉太郎さんで、台本を手にして「こりゃ、ぼうる、だよ、ぼうる」と笑っていた。ロマンポルノのタイトルは企画部が必死で考えるが、現場に降りて来ると、笑いのネタになった。このとき根岸さんの会社的な身分は「助監督」。日活の慣例で、監督になっても1本か2本は助監督をやらせ、翌年に「契約監督」になるか「社員助監督」のままでいるかを選択させた。現場では、監督の根岸さんより、チーフの根岸さんの方が怖かった。

セカンドは『高校大パニック』に続いて鈴木潤一さん。今度こそ予告編を作りたいと希望を言ったら、あっさり「どうぞやって頂戴」と言われた。クールなタイプで白石さんとは対照的。労働組合の執行委員をやっていた。この会社は組合の委員長が副社長、もうすぐ社長ということで、組合活動も一方の出世コースになっている。

『暴る！』は**八城《やしろ》夏子**主演。八城さんの『女子大生　ひと夏の体験』を三鷹文化のロマンポルノ3本立て学生料金500円で見ていた。小麦色の肌でサーファーぽく、胸も大きく形よく、こういう女子大生とエッチなことしてみたいと思わせるが、本人は極めてさっぱりした性格で、明るかった。

撮影は9月10日から9月28日のうちの11日間。カメラは**前田米造**さん。11月18日公開。

ストーリーは、OLの八城夏子が休日のひとりドライブで富士五湖に出かけ、出会う奴、出会う奴、全員から強姦され、逃げ込んだ診療所の医者も、助けを求めた地方の警察も、みんな彼女を強姦する、という話。不条理アクションドラマ、でしょうか……。スピルバーグの『激突！』が、発想の背景にはあっただろう。脚本は、長谷部監督と**桂千穂**さんの共同。

長谷部さんは、〝最高にカッコいい監督〟として、スタッフからは敬愛されていて、厳しさもあった。「べーさん」という愛称があるが、ちょっと僕にはそう、呼べません。

ポルノシーンをセットで撮るときは、照れに照れて、ヨーイ、スタートをかけた後は、目をそらして時計を見たりして貧乏ゆすりして、スクリプターさんに「何秒？」と聞いて、カットをかけた。

医者役の**八代康二**が、八城夏子をペロペロと舐め回すと、長谷部さんは頭を抱えて「ブルーフィルムじゃねえんだってば」と呟いたが、NGにはしなかった。ロケーションに出ると、人が変わったように、ガンガンと脇目もふらずに進行してゆく。車の走りや、アクションシーンは、目の色を変えて「ボヤボヤすんな〜！」とか、よく通る声で怒鳴られたから、身が引き締まる。「べーさんは、ロケーション中毒だよ」と言った人もいた。随分、叱られたな～。でも、決して嫌な気持ちにはならず、スポーツで監督から叱咤されている感じだ。

ガソリンスタンドのシーンで、八城夏子が財布を出そうとすると持って無い、と分かった瞬間、根岸さんに「金子ぉ」と言われて睨まれた。台本に書かれているから用意しておかねばならない。長谷部監督に「こういうことは先にやっとくもんだ、君は毎回そうじゃないか」と、また叱られた。

診療所のセットで、突然タバコがいることになったので、これは台本にないから傍にいた巨匠の照明技師、**熊谷秀夫**さんに「ライターありませんか」と聞くと、長谷部監督は「カメラ前でそんなことを聞くやつがあるかバカ、探しに行くんだよッ！」。熊谷さんの呆れたような顔が忘れられない。

山中ロケで、道路に車を停車したまま昼食となり、食べ終わったら車は移動していて位置が分からなくなって焦ると、長谷部監督は「こういうことは、助監督がやっておくもんなんだ、マークしておくとか、フツーはな！」と言った。「フツーはな！」という声の響きで、重い責任を感じた。

クランクアップして調布の居酒屋「ふなやど」での打ち上げのとき、八城夏子は長谷部監督に甘えているように見えて、いつもより子供っぽくなり、ご機嫌だった。帰り際に、耳打ちされた。「監督がぁ、あの子（僕）が一番可愛い、って言ってたよ」ニコッ♡。じ～ん……。

★以降ネタバレあり・映画の結末に触れています
……という現場であったが、映像のテンポはよく、予告編も繋ぎやすかった。若き**本田博太郎**さんも出ていて、重油にまみれて夏子と絡むので、迫力が出た。銃を構えた警察官が夏子に迫って、そういう絵も、緊張感を高める。ラストは夏子の車を追いかける警察車が崖から落ちる、という定番的な終わり方であったが、これはNGを出せないカットなので、OKのみで、予告編には使えない。実のところ、白石さんが『白い肌の狩人 蝶の骨』で見せてくれた編集テクニックを真似ていた。こういうカットの次は、このカットを繋ぐとテンポが出る、という手本が脳内にあった。白石さんには多くを教わったことになる……。予告のオールラッシュも評判良かった。

見た後、機嫌良さそうな長谷部監督が言った。

「ねえ、金子くーん、最後の『日活ロマンポルノ』ってスーパーが入るカットだけど、あれと俺の名前のカット、入れ替えてくれないかな?」「はい！」

つまり、その方が、〝監督 長谷部安春〟がカッコよく感じる繋ぎとなるのだ、ということはすぐに分かった。こうして、金子は結構、予告が上手い、という評判は立っていった……と、思う。

長谷部監督とは、数年後にTV『プロハンター』の応援で、2日だけ現場に行ったときも、相変わらずテキパキと撮影を進めていた。その後は、TV『あぶない刑事』の原案に関わったり、メイン監督を引き受けたりして活躍された。リアリズムではない〝虚構性〟に拘《こだわ》った監督だったので、僕の映画とも共通の要素が多くある。もっとお話を聞いておけば良かった。

山口百恵主演『炎の舞』で危機一髪の事件は起きた

『暴る！』は、ダビングと10月12日の撮影所初号試写まで初めて参加した。そして翌10月13日からクランクインの西村昭五郎監督『団鬼六 縄化粧』にサードで配属。撮影はこれまでの最短、10日間。谷ナオミさんが犬に獣姦されるシーンがあって驚く。もちろん本当にされた訳では無く、谷さんは前貼り後貼りして犬が背中に乗り突きまくり、精液射出の瞬間、脱糞！　したのであった。当然、犬の糞と汚れたセットを掃除するのは助監督の仕事だ。

その撮影の休み時間に那須さんから「次のホリキ、一緒にやろうぜ」と言われた。

助監督部幹事、児玉高志さんが那須さんに押し切られて僕の配属を決めた「ホリキ」とは、ホリ企画制作の映画のこと。'74年に**山口百恵**と三浦友和が初共演した『伊豆の踊子』から始まったシリーズで、日活撮影所がホリプロから下請け（セットやスタッフを提供）して完成したら東宝映画として公開されるが、日活の名前はどこにも入っていないから、僕は学生のときは知らなかった。

百恵作品はこのときまでに9本撮られ、うち8本が三浦友和共演だったので、モモトモ映画と（我々には）呼ばれていた。これから入るのは10本目にあたる『炎の舞』である。

以前、衣装部から出て来た小柄な百恵さんと正面で目が合い、全く関係無いのに「お疲れさまでした」と挨拶されたときは驚き得した気分になった。僕が重要で優秀なスタッフに見えたのか？　通り過ぎるときに香りがして「寿命が伸びるくらいの美人だ」と心で呟いた。スタッフらしい人を見たら誰彼構わず挨拶しているとは思えないから、一瞬僕が何か特別な印象を与えたのに違いない。

このときまで僕は、三鷹の実家から調布の撮影所へ自転車で30分かけて通っていたが、深大寺の急坂がしんどくて那須さんから「バイクの方がいいよ、バイクにしろよ。金子くんが免許取ったら俺のを譲って買い換えるからさ」と言われ、10月30日、府中の試験場で原付免許の試験を受けた。実技は無く、交通規則を勉強して筆記だけで満点を取って免許取得したが、まだ乗れない。

当時「30メートル道路」と呼ばれていた東八道路は交通量が少なく、建設反対運動もあって三鷹市役所の辺りで工事が中断して突き当たりになっており、バイクの練習には都合が良い。ここに集合して、那須さんが乗って来たバイク、ホンダCB50を使って教わった。

「乗ってみー」と言われ、走って乗るエンジンのかけ方、走行の仕方などを2時間くらい練習しただろうか、スグに乗れるようになった。夕陽のなかで、少年（自分）が兄貴ぶんにバイクを教えて貰っているという〝懐かしく切なく美しい風景〟の記憶になっている。

5時から目黒のホリプロでスタッフ打ち合わせなので夕陽にはなってないかもだが……そこからバイクで那須さんの後ろに乗って目黒まで走り、スタッフ打ち合わせは深夜0時まで続き、また那須さんに家まで乗せて送ってもらった。そんなに長い打ち合わせは日活に入って初めてだった。日活作品ではないからタクシー自宅送りは無い。11月5日のことである。インの4日前。

『炎の舞』は、旧・日活で**蔵原惟繕**監督が、**浅丘ルリ子、伊丹一三**（現・十三）主演で撮った'64年の『執炎』をリメークするものだ。この作品は〝絶対的名作〟として有名で、浅丘ルリ子の出演100本目記念で、演技に開眼したルリ子が蔵原監督に恋心を抱くに至った、という紹介文を読んだことがある。以前、一度見ていたが、目黒のホリプロで参考試写として良い上映環境で全編見ることが出来た。白黒画面の迫力が圧倒的で、この傑作をリメークするのかい本気かい、そりゃ無理だろと、ひるむものがあった。

助監督編成は、チーフ中川さん、セカンド那須さん、サード白石さん、フォースはフリーの……22年後の2000年に『ゴジラ×メガギラス G消滅作戦』を監督デビュー作で撮る**手塚昌明**さん。彼は日活社員ではないが、旧・日活出身で、数々の名作を撮っている**西川克己**監督（吉永小百合版と山口百恵版『伊豆の踊子』両方の監督）の弟子。僕はまだシンクロ（同時録音）のカチンコを経験してないので、〝序列最下位の象徴〟であるカチンコは手塚さんが叩き、とても上手くて感心した。実態は序列最下位は金子で、小道具担当。

監督は'75年に東宝から『青い山脈』で久々に登場した新人監督で、**河崎義祐**《よしすけ》さん、42歳。このときまでに『挽歌』『あいつと私』『若い人』『残照』と、青春映画ばかり5本撮っている。

那須さんが先に会っていて「東宝の監督はよぉ、ネクタイしてるんだよ」と言った通り、お洒落なスーツでネクタイをしハットを被っていた。現場にもネクタイで来ることがあり、我々からするといかにも「ミスター東宝」という感じに見えた。

世間的には、山口百恵は「プレイバックPart2」を大ヒットさせ「絶体絶命」を歌っていた頃で、三浦友和は本当の恋人なのではないか？　という疑惑……というか、ウワサが広まっていた。

本当の恋人宣言は、この1年後くらい。

撮影は11月9日から12月7日までのうちの20日間。0号完成は、12月13日。

公開は、なんと、その3日後の12月16日だ。『ピンク・レディーの活動大写真』と同時上映。

★『炎の舞』の物語は……。ネタバレあり、スグに映画の結末に触れています
太平洋戦争が始まる以前、漁師の拓治（三浦友和）が山中の村落に迷い込む（越中五箇山ロケ）。そこは平家の落人を祖先としており、能面を着けた舞を皆で集って見るという密かな祭事をやっていた。アゲハチョウの家紋がある家の娘、きよの（山口百恵）は、拓治に茶を淹れ、月夜の山道を案内すると恋に発展、2人は結婚。ほどなくして戦争に取られ怪我して帰って来た拓治を、きよのが山小屋で必死に介護する（僕は拓治の日記を大学ノートにびっしり書いて、友和さんが見て「凄い！　全部書いてあるよ！」と驚いていた）が、また戦争に取られ今度は遂に戦死、御百度参りで無事を祈っていて狂い倒れたきよのが覚醒したら拓治の死を知り、断崖から（伊豆ロケ）、海へと飛び降りる。

きよのが拓治を好きで好きで死ぬほど好きで本当に死んじゃうのを「文芸作品」というオブラートに包んで格調高く見せる作品。その「好き」には嘘が無いので胸に突き刺さり、戦争の悲惨さも改めて思い知る。アイドル映画としては地味な内容だが、友和さんの軍服姿が実にカッコいい。

百恵さんの現場入り時間が不定期で終了が深夜になることもあったが、進行は淡々としており焦って撮るようなことは無かった。歌だけでなくTVドラマでも主役を演じ、この頃は相当に忙しく、

もしかしたら百恵さんにとっては、映画の現場が一番リラックス出来る時間であったかも知れない。

照明が整い、撮影現場に現れた百恵さんは、80％くらい「きよの」に成り切っていて、テスト（リハーサル）が始まると完全にこの世界に溶け込み、難しいセリフでも、ＮＧを出したのは1回だけ。周りに何の緊張を強いること無く、落ち着いて芝居していた。

友和さんにもカッコ良すぎて目がいってしまうが、こっちが緊張するのを穏やかな雰囲気で和らげてくれた。伊豆ロケで、控え場所に待機していた海軍服姿で凛々しい友和さんを「出番です」と呼びに行き、現場へ先導すると、ひと目見たい見物人たちが大勢集まって、後ろの友和さんを見てタメ息を漏らしているのが感じられ、決して僕を見ている訳ではないと分かっていながら自意識が過剰になって、石につまずいただけでドッと笑われ、もの凄く恥ずかしく赤面した。

テストのとき、拓治がきよのに言うセリフをもじって、友和さんが百恵さんのダイコン足をからかったことがあって、それで爆笑して止まらなくなってしまった百恵さんの幸せそうな顔を見て、ホント、この2人仲いいわ、と思った。

大井川鉄道の吊り橋ロケでは1000人の見物人が集まって鈴なり、下の地面から或いは少し高台から、吊り橋を見上げる。百恵、友和が走って来て、蒸気機関車がシュシュシュドドドと真下を通って、2人は蒸気に包まれながらキス。蒸気が散ってもキスは続いている。何十秒してるのかいい加減にしろ、監督の「カット！」の声がスピーカーで響く。照れるように2人は、微笑みながら体を離す。1000人のタメ息が漏れる。オイオイこりゃマジだぜ、いいな、いいな……。

僕は、滅多に百恵さんに話しかけるようなことも無かったが、話しても拒絶され無かったろう。11月26日は日曜、撮影所は休みだがセット撮影中の昼休憩、僕は白石さんと、閉まっている食堂前でキャッチボールをしていた。他には誰の姿も無い。何故キャッチボールしていたのか……労働者にとっては「昼休みと言えばキャッチボール」という〝昭和の画〟だと思いねえ……。僕は運動は得意では無いが、キャッチボールくらいは父としていたし大学でも友人としたが、ときどき暴投するからあまり力を入れないように投げてボールが何往復かすると、食堂とスタジオセンターの間の通路から衣装を着た百恵さん、内藤マネージャー、メイク、衣装係の計4名が現れた。

取材があって衣装部へ戻る動線だったろうか……目の端で「あ、百恵さんだ」と認識して、まさか暴投して当たってはいけないと一瞬思ったのなら投げるべきでは無く、暴投したとしてもかなり離れているから当たるような位置関係では無いのにも拘《かかわ》らず逆に意識したから百恵さんの方へビュッ！　と投げてしまった。何百回も回想して書いたり喋ったりしているが、本当に球筋は一直線に百恵さんに向かっていき、しかも百恵さんは、隣の人と喋っていてボールが接近していることには気づかない。そして僕が「あーっ！」と大声で叫んだ。瞬間で顔をこちらに向けた百恵さんは、そのままだと顔の真正面に当たるはずのところ、50センチくらい手前で首だけの動きでヒョイとボールを避けたのである。ボールは、後ろに飛んでいった。僕の意識は飛びそうになり、息を呑み膝をガクガクさせながら百恵さんの方へと走った。白石さんも「大丈夫ですかっ！」と近づき、僕が近寄ったときは、白石さんからは「金子ぉ」と言われ、内藤マネージャーの真剣に怖い顔に睨まれているのが分かった。当たらないのが不思議なくらいの事態であり、百恵さんのプロ野球選手並みの敏捷さに救われた。「すいませんッ!!」と頭を下げるしか無かったし、そしてさらにこの場をどう繕ったらいいのか、言い訳も思い浮かばない馬鹿な状況が数秒……重たーい空気の数秒間が続き、その閉塞状況を一気に打破するように、百恵さんがひとこと、

「ワン!」

と、だけ、かわいい19歳の笑顔で仰ったのであった。まさに菩薩! 無能助監督、金子は、このワン! に人生を救われた。その後、何十年もの間、もしあのままコリジョンコースで百恵さんの顔面にボールが当たっていたらとシミュレーションしたものであるが……まあ、誰もが、想像する通りに事態は推移していったであったろう。大スターの顔面を野球ボールが直撃ですよ、スピードガンで50キロくらいの速度がついていて恐ろしいよ。それを全部分かって、百恵さんは「ワン!」と言ったのであろう、ありがとうございます、と涙。

12月16日の『炎の舞』公開初日に銀座チボリで打ち上げがあり、僕は百恵さんの前で「絶体絶命」を歌おうとカセットテープを持参したが、そういう展開にはならずに歌えず、百恵さんとはそれきり、これっきりこれっきりだが、友和さんとは監督になった後、ご挨拶の機会はあった。

撮影後、バイクを貰えるつもりでいた那須さんから「5万でいいよ」と言われ「え?」とは思ったが惜しまず5万円払ってCB50を譲り受けた。そして那須さんは125ccを買い、その後1100ccまで極めた。奥さんの真知子さんもナナハンライダーになったが、僕は50cc留まりだった。

第 2 章

1979

『宇能鴻一郎の 看護婦寮日記』で初のセカンドに就く

１９７８年12月13日『炎の舞』ゼロ号試写が終わると、次の組が決まるまで映画を見まくろうと決め、『博多っ子純情』『九月の空』の松竹２本立て、『２００１年宇宙の旅』のリバイバル、『ダイナマイトどんどん』『最も危険な遊戯』を銀座並木座、『恋人よ帰れ！わが胸に』『フロント・ページ』を三鷹オスカー、『ジョーズ２』と『ナイル殺人事件』はロードショーと、６日で９本見たら助監督部幹事の上垣さんから電話があり、「金子、明日から白鳥組な。撮影は来年だけど」と言われたのは12月18日。休みは終わった。**白鳥信一**監督の『宇能鴻一郎の 看護婦寮日記』で初のセカンドだ。と言っても助監督はチーフの**岡本孝二**さんとの２人だけでカチンコに変わりは無いが、ロマンポルノ助監督としては見習い期間は終わり、「一人前」と認定されたのであった。

岡本さんは組合映画『新・どぶ川学級』と児童映画『走れトマト にっぽん横断３００キロ』の２本を監督していたが、まだ助監督籍で組合の活動家、関西弁の穏やかな口調の人である。

翌日撮影所に行き、三浦朗プロデューサー、白鳥監督、岡本チーフ、脚本家の**宮下教雄**さんらと試写室で、夏に大ヒットした**原悦子**主演、西村昭五郎監督の『宇能鴻一郎の 看護婦寮』を参考試写で見た。原さん演じる新人看護婦が先輩女医にいじめられながら、「あたし○○なんです」という〝宇能鴻一郎の定番ナレーション〟でエッチ好きなことを告白しつつ、大胆にエッチなことをしてゆくのを余すところなく見せ、相当滅茶苦茶な展開だが、皆セックスする欲望に忠実という一貫性があって痛快、アナーキーなエネルギーがある。この可愛らしい新スター原さんと仕事出来るのかなと思うと、今回は原さんは出ずに、物語も新たにオリジナルで作るという。「あたし○○なんです」のナレーションが入れば、どんな話でも宇能鴻一郎モノになる、という訳だ。

試写室から出たとき、白鳥監督は、「ニシ（西村監督）が、こういうふうに撮るっていうのは、よく分かるけどね」と笑いながら言い、三浦Pも「トリさんはトリさんのスタイルでお願いしますよ」と笑いながら返す。田中組『人妻集団暴行致死事件』で「キネマ旬報ベストワンを目指す」と言った表情とは随分違ってリラックスしているが、三浦Pが白鳥監督を信頼しているのはよく分かる。

白鳥信一監督はこのとき50歳で仙台出身、東京大学国文科卒のインテリ白髪紳士。ロマンポルノ以前にTVドラマで監督デビューして『お嫁さん』など多数撮っている。ロマンポルノは'73年の『団地妻 女の匂い』以来18本、宇能鴻一郎モノも3本目だ。

スクリプターの白鳥あかねさんのご主人でもあるが、絶対に一緒に仕事しないし、お互いの話は殆んどしないのは、あかねさんも同じであるが、若い頃の話になると、2人とも「カッコ良かった」「ほんとに可愛かった」と言われていた。

僕は、白鳥監督には今作含め計3本就くことになるのだが、穏やかな人で、叱られた記憶は全く無い。飲みの席で注文を取るとき、僕が飲み物より先に「かつ丼」とオーダーしたら「酒が不味くなる」と、苦笑いされたことがあるけど。

ロマンポルノでは年に4本程度のローテーション監督として信頼されていた。コンテは正確で、現場で悩むことは無く、撮影は早いが手抜き感は無い。誰かが「使った女優で一番いいと思ったのは誰ですか?」と聞いたら、即座に「**泉じゅん**だね」と答えた。泉じゅんのデビュー作『感じるんです』を'76年に監督している。

だが、今回の主演女優はまだ決まっていない。インは'79年1月10日と決まっているのに。この時期誰が空いている、空いてない、という話が三浦Pと俳優課の間でされていた。撮影が迫っているのに主演女優が決まっていないというのはよくあり、10年後、自分の監督作で殆ど最後のロマンポルノ『ラスト・キャバレー』に、主演の**かとうみゆき**が決まったのは、クランクインの5日前。

赤坂プリンスホテルでプロダクションのマネージャーから新人女優の写真を貰い受け、三浦Pに渡したが、結局、一回ヌード写真を出しただけの全くの新人、キョウコという19歳に決まった。だが本人が撮影所に来ることはなく、会社は12月28日の忘年会をもって終了、正月休みに突入した。

大晦日、昼間はカノジョと会い、夜は新宿サンパークで石井聰亙くんとサシ飲み、映画の話ばかりして三鷹まで一緒に帰ってウチに泊め、元旦、石井くんは、母のお雑煮を食べて、どこかに出かけて行った。母は、「礼儀正しくて、大人しい人ね」と言っていた。

1月3日は、学芸大先輩の**押井守**さん(まだ竜の子プロダクション=現・タツノコプロに入る前で、ラジオの仕事をしていた)の家に行って映画現場の話をダベり、7日は那須さんの引っ越しを手伝った。那須さんは、吉祥寺のアパートから、府中の丘の上の一軒家に移ったのだ。

そんな正月休みが終わった1月6日は、朝10時から、空いているステージで撮影所長の退屈な訓示を社員全員が立って聞き、台本が出来ていたのでキョウコと初めて会い、リハーサルの意味で白鳥監督指導のもと、ホンを読みあわせた。

ひどい……棒読みもいいところだ。これを主役にするのか……と、思った。

夜は「新年会」と称して、撮影所近くの居酒屋「五万石」に、白鳥監督、三浦P、岡本チーフ、俳優課長、演技事務長らと、キョウコを監督の隣に座らせ、乾杯して、とにかくよろしく、ということで、皆必死に盛り上げようとしていたが、オジサンたちの気持ちが上滑りしているように見えた（『平成ガメラ』コアファンだけに通じる話題だが、「五万石」は、**中山忍**と**伊原剛志**が、プルトニウムの話をしながら飲んでいる居酒屋のロケ現場である）。

キョウコは、ぽわ～んとした感じで、笑顔も見せない。

この席で、芸名は「**西あんず**」に決まったが、それを喜んでいるのか不満なのか分からない。〝映画の主役をやるのだ〟という気概は全く見えない。「金子が一番歳が近いんだから、世話をしてやれ」「金子が担当だ」とか言われたが、女優どころか女性の世話って、急に言われたって意味分からないデス。23歳のとっちゃん坊やで経験1回だけなんで……でも、その会では盛んに金子金子と言われて、まるで〝ガールフレンドにしても構わないぞ〟とでも言いたげな表情のオヤジたち。

とりあえずは翌々日1月8日の衣装合わせの後、鳥山の映画館で『宇能鴻一郎の 看護婦寮』をやっているから、西あんずに見せてやれということで、待ち合わせて電車で連れて行った。

ポルノを女子と並んで見るのは初めてになるが、全くドキドキするようなものでは無かった。可愛く無いことも無い西あんずだが、周囲の目を引くほどでも無く、隣でダルそうに見ているだけだった。見終わった後、喫茶店に入り（映画代とその分の経費より多めに三浦Pから渡されていた）、感想を聞いたら「あんなふうに、ほんとにベチャベチャするの?」と、聞き返す。なに？「ベチャベチャ」って。まあ、意味は分かるけど、どういう認識でポルノに出ようっていうのか。「ああ、そうだよ」と答えた。ムッとしていたかも知れない。この「ベチャベチャ」以外、何を話したか、覚えていないが、大した話もしなかった……気持ちの交流も何も無かった、ということですね。

そして翌々日1月10日にクランクインである。

撮影は**水野尾信正**さんで、白鳥監督とは初コンビで、随分と気を使っているように見えた。

この映画の主人公に名前は無く「あたし」だ。「あたし、看護婦学校を卒業して看護婦寮に入ったばかりなんです」というナレーションが入り、その「あたしの部屋」のセットから撮影開始だ。先輩役の**相川圭子**や**高鳥亜美**らが新人の「あたし」をいびりながらも、自慰用バイブレーターとして使っている電動コケシが何者かに盗まれたという話をする。後から〝赤い強姦魔〟が侵入して盗んだと分かるが、このときは先輩たちが「あたし」を疑って話しているので「あたし」もパンティを盗まれた、と告白。『花の応援団』で顔が売れている**堀礼文**が警官の銭形を演じ、通報があったので寮に調べに来て、「〝赤い強姦魔〟は、盗んだパンティの持ち主の女性を必ず強姦しています」と警告したので、「あたし」は恐怖する。

そういう寮での会話ばかりのシーンで、西あんずも棒読みながらNGは特になく無難にこなし、初日は3時過ぎには終わった。定時前……というか、白鳥組の定時は昼3時だ。翌日も風呂上がりで髪を濡らしたシーンを撮ったが、その前の入浴シーンは撮っていないので、西あんずは現場ではまだ裸になっていない。昨日よりは慣れた感じで落ち着いたように見えた。が、この日が人生で西あんずを見た最後の日となる。その後の消息も全く知らない。3日目は、病院の院長（**坂本長利**）が、息子の若先生（**小見山玉樹**）のマザコンを治すために、「あたし」を診察台に縛り白衣を脱がせ、あちこち触らせたり舐めたりするシーンが予定されていた。この若先生のマザコンは医者になりたくないための演技で、縛られている「あたし」と、最終的にはセックスして、「あたし」も「感じてしまったんです」となる……予定だった。が、朝から西あんずはメイクルームに来ていなかった。俳優課長が電話しても出ない。当時は、入り時間の連絡は助監督の責務では無かった。だから、西あんずが来ないから岡本チーフが蒼《あお》くなったということは無く、あらあら、どうしちゃったんかいね、となり、「金子、なんか知らんか?」と聞かれても……。これを「ばっくれた」と言う訳ですね。その日の夕方には、西あんずが再び現れるとは誰も思わなくなっており、代わりに誰を「あたし」にするのかという話になっていた。

少しの間僕が疑われた、という記憶がある。三浦Pからは、「何があったんだ?」と詰問されたが、映画館で『宇能鴻一郎の 看護婦寮』を見た後、「あんなふうにベチャベチャするの?」と言っていた話をしたら、「やっぱり、金子のせいだ」と笑われた。「ちゃんとヤっておかないと」と、言われたっけなあ、どうだっけなあ……。

制作部デスク付近で、白鳥監督、三浦P、岡本チーフ、保坂さんらで3、4時間話したり電話でスケジュールを確認したりしていて、あれもダメかーこれもダメかーという話が続いたが、最終的に**水島美奈子**に決まり、夜になって本人が撮影所にやって来た。調布出身で、家が近い。

僕は、年末の主演が決まらないときから水島美奈子でいけないのだろうか、と思っていた。

水島さんは、このとき21歳で、'78年8月公開のデビュー作『ひと夏の関係』の後、9月公開の『青い獣 ひそかな愉しみ』に主演、『時には娼婦のように』で助演、10月公開の『高校エマニエル 濡れた土曜日』に主演、'79年1月公開の『天使のはらわた 赤い教室』で助演と、立て続けに日活に出演していて、2月公開の『クライマックス・レイプ 剝ぐ!』でも主演。人気はまだはじけていないが、秀才のクラス副委員長的な美人で、僕より2つ歳下だが、同じ多摩学区で親近感があった。

彼女ひとりで制作部にやって来て礼儀正しく「よろしくお願いしマス!」と新入社員のように爽やかにキビキビ挨拶すると、特にマネージャーがいる訳でも無いので、自分の手帳を広げてスケジュールを確認し出した。こういう人と一緒にロマンポルノ見たらドキドキするかなと思ったが、もう「金子が担当だ」とかは言われなかった。

この日は金曜で、月曜の1月15日は成人の日で祝日だから16日の朝に水島さんの衣装合わせをして、即撮影再開ということがその場で決まった。ほぼナース服だから、衣装は少ない訳である。

夜も10時頃になっており三浦Pがまた「五万石」に行くかと言い出したので、僕は勘弁してよ〜、と思ったが水島さんが「明日もありますもので」と、きちんと失礼なく言って断り散会となった。

週明け16日は、風邪でフラフラになっている水島さんの衣装合わせだった。だがこの状態での撮影はやめておこうという三浦Pの判断があり、19日からセットのリテーク→クランクインした日と同じ「あたしの部屋」からスタートした。

驚いたのは、白鳥監督が西あんずの出たカットだけを撮り直したこと。彼女が入っていないカットは撮り直さず、高鳥亜美ら先輩たちのカットや警官、銭形のカットはそのまま使って、それに受け答えるカットバックの水島美奈子は、風邪も完治してスキっと爽やかな表情で芝居した。西あんずのどよ~んとした表情とは全く違う。相手が変われば、芝居のタイミングも変わるんじゃないのかなと思いながら、繋がったものをラッシュで見ても何の違和感も無かった。

院長が「あたし」を診察台に縛りつけ、若先生が白衣をはだけて張りのある綺麗な胸を「ベチャベチャ」しているのを見ていると、水島美奈子は恥ずかしげな表情が上手いので、いけないものを見ている感じがした。院長が号令をかけ、水島さんら胸をはだけた看護婦たちに「パンティ上ーげて、はいパンティ下ーげて」と命じるシーンは、あまりのバカバカしさに、彼女たちが可哀想にと僕は思ったが、さすがプロの女優、みんな一所懸命やってくれた。

白鳥監督はタバコを吸いながら演出するときもあったが、チラリと見ると一緒になって芝居しているのだった。口がモゴモゴ動いてニコニコしている。我々には滅多に笑いかけないが、自分のつけた芝居には目を細めている。

終了が毎日早いので、セット午後3時終了の土曜日にバイクで帰りに三鷹文化に寄り、『宇能鴻一郎の 濡れて開く』『天使のはらわた 赤い教室』『透明人間 犯せ!』の3本立てを見に行ったら、那須さん夫婦が、やはりバイクで来ていた。この前の週から公開されていた『天使のはらわた 赤い教室』は、曽根中生監督の最高傑作だという評判が撮影所内で立っており、お金を払ってでも早く見たかった。**水原ゆう紀**のエロ度も、物語の悲劇度も凄く、水島美奈子も助演で頑張ってはいたが、水原ゆう紀の迫力に印象をもってかれている。今一緒に仕事している水野尾さんのカメラもモダンで美しい。**那須真知子**さんは、泣いていた。

翌週の撮影で水島さんに「『～赤い教室』、見ました」と言ったら、目をキラキラさせて「ありがとうございます！」と言うので照れてしまった。ふと手塚治虫の描く女性キャラクターを連想した。ウランちゃんが大人になったらこんな感じか。僕が水島さんの顔が好きな理由が分かった。

『宇能鴻一郎の看護婦寮日記』は、調布病院の表周りのみロケが1日で、無駄もあった最初の2日を入れると12日で撮り上げ、残業は無かった。2月15日、0号試写。3月3日、宮井えりな主演、**加藤彰**監督の『女教師 汚れた噂』と同時公開された。その後、水島さんは3月公開、**小沼勝**監督の『泉大八の 女子大生の金曜日』に主演。6月公開、**藤井克彦**監督の『レイプ・ショット 百恵の唇』に主演して、11月公開の加藤彰監督作『宇能鴻一郎の あつく湿って』の現場で再会する。

予告編も僕が軽快に繋ぎ、水島美奈子の「あたし、新人の看護婦なんです」というナレーションから始め、病院のおかしげな様子を繋ぎ、「一度、診察に来てください」と言わせ、最後に定番「ご期待ください」字幕をやめ、赤バックで「保険証はいりません」と出した。ナレーション録りのとき、水島さんは一度プッと吹き出したが、本番ではハッキリと言ってくれて、これは社内でもウケた。岡本チーフは、試写の後、ニコニコしながら「保険証はいりません」と言っていた。

ファンキーさんこと小原宏裕監督の『桃尻娘 ラブアタック』にちょこっと出演

1週間休んだ後、**小原宏裕**組『桃尻娘 ラブアタック』への配属が決定。3月14日イン。橋本治原作の『桃尻娘 ピンク・ヒップ・ガール』は'78年のゴールデンウィークに大ヒットしており、そのパート2だ。今回僕はサードに戻るも「見習い」では無い。撮影日数も18日間と多いエロス大作だから、助監督3人体制のサード。セカンドは天敵（?）白石さんだが、このときはお互いのことを理解していて「ネコちゃん、予告やる?」と言ってくれたのでホッ。チーフは競馬ばかりやっている〝アサやん〟こと**浅田真男**さん。

『桃尻娘 ピンク・ヒップ・ガール』は参考試写でスタッフたちと見て、なるほど面白い、と感心。「感心」は本来、目上の人には使わないが、当時の金子くんは自分が上だと常に思っていて、「感性が今の若者とピッタリ」という古い表現がピッタリ、なんて小原監督に対して思っていました。

女子高生の会話は、実際に取材したのかと思えるようなイキイキさ。今ではそんなことは当たり前だろうが、日本映画ではこれが初めてではないか。映画にワンシーン出演している原作者、30歳の橋本治の存在もあるが、のちにTVで売れっ子シナリオライターになる**金子成人**《なりと》のセリフ回しも効いている。**竹田かほり**は、クラスで一番可愛い人気者タイプ、亜湖は、ポチャポチャしてファニーフェイスでスタイルよく愛玩動物みたいなタイプ、という凸凹コンビ感も目に楽しい。

小原監督は「ファンキーさん」と呼ばれ、林功監督に「よっ、ファンキー、巨匠」と声をかけられると「先輩、かんにんしてよ、せんぱ〜い」と林さんに抱きついている場面を目撃した。『桃尻娘』で世間的に名をあげ、ATGで『青春PARTⅡ』（競輪選手の苦い青春映画。舟木一夫が元競輪選手役で渋い演技を見せている）を撮った後の作品である。

しかし、続編である『桃尻娘 ラブアタック』の脚本は同じ金子成人で軽快なセリフは満載だが、全体を通してのまとまりが弱く、なんでそうなるの？ という展開だった。

裕子（亜湖）が妊娠してレナ（竹田かほり）に相談するところから始まるが、相手の男は出て来ず、レナが「男にぜんぶ責任なすりつけなさい」と言うのに、裕子は「男とはお金からませたくない」と主張。中絶費用をクラスの〝処女同盟〟からひとり1000円ずつ集めたら8000円しか集まらない、つまり処女は8人しかいない。そこで、もっと効率の良いバイトはないかと、同級生の社長令嬢でおっとりしている醒井《さめがい》さん（**栗田よう子**）の父親がピンクサロンを経営しているので紹介してもらい、ホステスとして働きに行く（1日8000円保証）という展開になり、中盤はホステス編（慰安旅行で熱海に行く）、後半は学園祭編という構成だ。

ピンクサロンのセットでは、ファンキーさんから「金子、客やってみない？」と突然言われ、出演することになった。裕子の隣りで緊張しているとビールを股間にこぼされ、手で拭かれて勃起、溜まっていたものを「ああッ！」と一挙に放出してしまうという役で、その通り真面目に演じたら、ファンキーさんは大喜びしてくれた。僕も、演じて爽快な気分になり楽しかった。カチンコ叩くよりずっと。亜湖さんも、僕を、ちゃんと俳優扱いしてくれた気がした。

この映画の中のホステスたちはお客に性的サービスをしているという設定なので、慰安旅行ではハメを外し、同僚の男性従業員を集団で襲うのを、お祭り騒ぎのように描いている。

ナンバーワンのホステス、ドヌーブ役の原悦子は、若い従業員を部屋に呼びつけ、寝ている掛け蒲団を剝ぐと全裸。セックス後に彼にお金を与え「ありがとう、久しぶりに感じたわ」と言う。

レナと裕子が店で人気が出ると、不人気のエマ（**佐々木梨里**）が辞めさせられると聞いたレナは、店長の部屋へ乗り込んで誘惑してセックス後、自分は高校生だと告白。「エマさんをクビにするなら高校生をピンサロで働かせたって、警察に訴えちゃう」と脅し「分かった、エマは辞めさせない」と、店長に言わせる。レナのセックスシーン（1回のみ）を確保するため作られた話みたいである。

この「旅館の一室」のセット撮影は1日がかり。マスコミ取材が入って、ナーバスな雰囲気。

監督から、旅行鞄が無いとかテーブル上のつまみが無いとかのオーダーが出、何度も走って装飾部とセットを行ったり来たりして撮影中断があったが、時間をわざとかけて取材をやり過ごすための作戦、と後からファンキーさんから聞いた。店長をベッドに誘うために足の痛いふりをしたり、お腹が苦しいから帯を外してと言ったり、ベッドシーンまでの間を稼いで、夕食時間になったら記者は帰るはず。ところが食事休憩が入るときに、白石さんが「食後はポルノ3カットになりまーす！」と大声で言ったものだから、ファンキーさんは「かほりに気を使ってるんだからさー、気づいてないのは演出部だけなんだよ！」と叱り、白石さんは、うなだれた。先輩の失敗は愉快。

だが、やはり食後には記者たちは帰って、そのシーンは落ち着いて撮影することが出来た。

ロマンポルノ文法的に大事にされるのは、男女の動きの流れの自然さで、男が胸にキスしたら女の顔アップで「♡」と反応があるとか、足を広げて「割って入る」という〝専門用語〟をこの撮影で学習した。

その後の物語では「ピンサロで幾ら稼いで、そのお金で裕子は中絶した」とかの説明は一切無く、醒井さんの命令で、ヤクザふうの男たちが学校に、お化け屋敷に使う竹とかベニヤとか道具類をトラックで搬入し、以降は学園祭編になって、ピンサロの話には戻らない。

僕の重要な役割は、お化け屋敷の中で〝マリア様が赤ちゃんの頭を齧《かじ》る〟という設定があるので、「赤ちゃんの形をしたパンを作る」ことだった。三鷹駅前に大きなパン屋があり、作業も予算も交渉。中には日活の装飾部が作った石膏の赤ちゃんを運び入れ、お店で型取りしてもらってパンにして焼く。中にはジャムを入れて齧ったら血のように流れ出る、というものを作った。これを撮影の当日朝に、焼き立てをバイクで取りに行って撮影所に入り、首尾は上々であった。醒井さん扮するマリア様が、赤ちゃんパンの頭を齧り、血のジャムが流れたのは、「僕のカットだ」と思って頷く。

ラストは学園祭ディスコ。『高校大パニック』のエキストラ高校生が可愛かった森村陽子をファンキーさんに推薦した。彼女は踊っているレナの前に現れ「お姉さんになってください!」と言って、一緒に踊ると、それを見た同級男子が「桃尻が女と!」とヤジる言葉が続き、ストップモーションになって音楽がパッと止み「分かってないねガキンチョ、これこそ最高の人間関係なんじゃ」というレナのナレーションで映画は終わる。レナの人生観がお祭り気分のなかで発散されたラストだ。お化け屋敷の後半からは、辛うじて物語は繋がってはいるが、イメージショットの積み重ねのような演出で、ある意味斬新、ある意味いい加減。ファンキーさんは、よく、そう言われていた。

ファンキーさんは自分で、「俺は助監督のときは予告編作りの名人で、カットくずのファンキー、って呼ばれていたんだ」と言っていた。カメラがブレたりして使えなくなったカットくずを予告編の中に挟み込み、編集にリズムを出すのが得意だったそうだ。

0号試写は4月19日、公開は4月28日のゴールデンウィークに、藤田敏八監督の『もっとしなやかにもっとしたたかに』と同時上映されてヒット。撮影中の日曜に引っ越しを手伝いに行った押井守さんと5月4日に池袋北口日活で超満員の中で見た。


僕はファンキーさんに気に入られたようで、この後小原組で6作品を助監督で就き、カラオケも随分一緒に行った。脚本も『ズームアップ 聖子の太股』と『スケバン株式会社 やっちゃえ！お嬢さん』と2本書かせてもらい、直さないで撮ってくれるので自分のダメなところが分かったりした。飲みの席で、「いつか金子の時代が来るよ」と言ってくれたことがある。

'84年に**三好美智子**さんと結婚されたとき、披露宴用に15分のビデオを作ったが、「ファンキー・ミコ結婚披露パーティー」の本番では何故か音が出ず、痛恨の極み、申し訳ないとしか言いようが無い。吉永小百合さんからの、おめでとうメッセージはちゃんと聞けたのに……。

結婚からちょうど20年経った'04年にファンキーさんは亡くなり、乃木坂のコレドで行われた偲ぶ会に披露宴以来の三好さんとお会いし、大人になっても雰囲気が変わらない竹田かほりさん、亜湖さんの2人も来て、「私たちの青春を輝かせてくれた小原監督には、本当に感謝しています。一生懸命、夢中でやっていました。ファンキーさん、ありがとうございます」

と言ってくれた言葉が嬉しかった。

2時間TVドラマ『悪女の仮面』に就き
シンクロカチンコに苦労する

『桃尻娘 ラブアタック』撮影中に4月1日が過ぎ、いつの間にか助監督2年生となっていて、続いてはロマンポルノの巨匠、神代辰巳監督に就けるというので緊張してたらTV『土曜ワイド劇場』とのことでガッカリ。TVをやりたいと思ったことは全然なかった。映画の敵だと思っていたもんで。しかも、またサード。日活撮影所は本社から発注される映画とは別に「TV部」を独自に設立してTV局に営業をかけ仕事を取り、我々映画スタッフを配して、年に数本2時間ドラマを制作することになる。その1本目がこの『悪女の仮面 扉の陰で誰かが……』で、TV部としてもエース級の監督、神代さんに依頼したのだろう。監督10年目のベテラン51歳。キネマ旬報ベストテンに3作入っている。

台本には**いしだあゆみ**、**酒井和歌子**、**山本圭**らとともに浅野温子の名前があった。『高校大パニック』以来だ。売れ出している18歳。外国の小説から『嗚呼!!花の応援団』で売れっ子脚本家となった**田中陽造**が脚色しているというのに、5月10日、神代監督は初めて僕に会うや否や「ホン、直せ、ホンをよぉ」と、ゲハゲハ笑いながら言った。は？ ……このホンはよくないという意味？

神代さんはガイコツのように痩せていてシワだらけの顔だが、目が優しく笑っていて何か面白いことを探しているような表情で人をのせる。その一言でのせられた。確かにありがちなサスペンスで特に面白くはない。直して面白くして評価されたい、神代辰巳に。

翌日は諸準備だから撮影所に行かなくて良いので、家で夜中の3時までかけて原稿用紙に書いて台本に貼り付けて提出すると、「ほお、よくやった、面白れえじゃねえか」なんて言ってくれるんじゃないかなーと妄想していたのに監督は何も言わず、チーフの伊藤秀裕さんと一緒に僕の前で集中して読み出した。30分くらいで読み終わると「こうなりゃいいけどな」とニカっと笑って僕を見て、伊藤さんと話し出した。2人とも何を言っているか分からない。結局、クレジットは決定稿で伊藤さんと田中さんの共同脚本となり、僕の直しは全く使われなかった。

クランクインは5月29日。シンクロのカチンコが初めてで難しく、TV用の16ミリカメラのサイズがスタンダード（4対3）なので、やっと慣れたワイド画面（2・35対1）のカチンコ入れの経験が通用せず、画角が狭くなっているから、奥の方まで突っ込んでいかないと画面には入って来ないので叱られっぱなしで「すいません」連呼の自己嫌悪の毎日が、また始まった。

セカンドは、神代さんをこよなく尊敬している加藤文彦さんで、那須さんと同期、2期上4歳年上の東京外国語大学出身。美少年の顔立ちで小柄、インテリで話しやすく甘えやすい先輩。クラシック音楽に造詣の深い人で作曲家マーラーの話をした覚えがある。'82年に『団鬼六 少女木馬責め』で監督デビューするが、早くに亡くなってしまった。

僕は子供の頃から『若者たち』を見たり、『戦争と人間』や『新幹線大爆破』などで山本圭さんには親しみがあったが、「『若者たち』見てました」なんて圭さんに言えない。そんな余裕無い。だいたいTVの仕事は俳優とはあまり近くなれない。分量が多いから撮るスピードが早く、ちょっとした〝間〟が無い。俳優序列やスタッフとのヒエラルキーもTVの方が厳しく思えた。

「ラッシュでカチンコがうまく入ってないのを見てガックリ自信喪失。現場ではアガってしまうし、繋がりのハンドバッグを倉庫に戻してしまったり、タイミングを上手に出せなかったり、予定を知らなかったりで、無能助監督というよりサマにならない助監督で、恥ずかしい姿をさらしているのではないかと思う方が辛い」と、ダイアリーに書いている（汗）。

『悪女の仮面』の物語は……。

結婚7年目で妊娠中の涼子（いしだあゆみ）と、夫の鳴海（山本圭）が箱根旅行に行くと、旅館の部屋に男（**石橋蓮司**）が突然侵入し涼子を襲う。鳴海が男を殴ると「酔って部屋を間違えた」と名刺を出して謝って去って行った。帰京後にその男が変死したという新聞記事を読んだ鳴海は警察に出頭したが、未亡人アキ（酒井和歌子）は「お気になさらず」と優しく言うので鳴海は安堵、一方の涼子は不安が募る。アキには下半身不随で車椅子の妹ユキ（浅野温子）がいて、アキの職探しの間、姉妹を自宅に居候させたいと、鳴海は嫌がる涼子を説得。同居し始めると、姉妹は本性を露わにする。アキは露骨に鳴海を誘惑し、ユキは涼子に嫌がらせを始める……。

当時だと酒井和歌子が貞淑な妻、いしだあゆみが魔性の女というイメージが強かったが、これは企画の段階で逆の設定の方が面白いだろうと話し合ってこうなったらしい。

打ち合わせではTV部長の**栗林**さんが「妻の座をおびやかされる恐怖を描いて欲しい」と何度も「妻の座」と強調した。主婦層が見て共感出来て視聴率を稼ぐためだろうが「妻の座」をテーマにするのが、そもそも神代さん向きじゃないだろうと思い、若い僕も興味が湧かない。

神代さんはよく「どうせTVだ」と口走り、僕には〝それはそうだろう〟と思えたが、伊藤さんや加藤さんと飲んだときに、伊藤さんが「あれは自分に言ってるんだからな」と言うので、それは〝甘やかし〟というやつではないのか、と思った。伊藤さんはのちに自分の会社で、何本も神代作品をプロデュースすることになる（『棒の哀しみ』など）。

それでも神代さんの芝居のつけ方が面白く、見ていて楽しいときもあった。「やってみな」という感じで、踊らせるかのような。でも、得意とされているワンシーンワンカットは封印して、短いショットでコンテを立てていた。TVの視聴者に分かりやすくするため、オーソドックスに撮らざるを得ない、それに照れて「どうせTVだ」と言っていたのかも知れない。

酒井さんは、「こんな役初めて」と、とても楽しそうに悪女を演じていた。いしださんは、役になりきっていて、ピリピリとした緊張感を放っていた。

浅野さんは、『高校大パニック』よりさらに綺麗になっていたが、いつも朗らかで大声で笑い、現場では皆から愛されていた。神代さんは浅野温子をオンコと呼んでノセて、激しくキレさせた。キレるというのはこのことかと思った。「もっと何かないか、もっと、ハハハ、そうそう、それそれ、オンコいいぞ」という感じである。僕は毎日叱られていた。どんな失敗をしたのかは具体的に覚えていないが、神代さんに「自分でバンバンしなさい」と皆の前で言われたことを思い出す。これは、石立鉄男が「カップ焼きそばバンバン」のTVCMでフライパンで自分の頭を叩き「自分でバンバンしなさい」と言っていたもじりで、〝失敗したことは自分で反省しろ、俺は別に叱らない〟というメッセージが感じられて、優しいお言葉だったのだなぁ、と思える。

ドラマは、涼子が大事にしていたウサギがアキの指を噛み、逆上したユキが車椅子でウサギを轢き殺そうとするのを涼子が必死で止める展開になる。このときの酒井さんの人差し指のアップは伊藤チーフの命令で僕に替わり、エサを人差し指の腹に塗ってウサギに噛まれた。相当痛いですよ。血が出るのがカメラで確認されるまで、1分くらい噛まれ続けた。

指が長くて綺麗というのが、高校生くらいから自分の自慢になっていて、浅野温子からも「わぁ！キレイ！　女の子みたーい」と褒められて気分をよくしていたから、〝助監督残酷物語だ〟とは思わなかった。傷はずっと残って消えないまま……と、思って今見たら無くなっている。

★以降ネタバレあり・物語の結末に触れています

最後はユキがアキのために夫を殺したと分かるが、フライパンの炎が自分に燃え移り、車椅子ごと炎上して表を走る。それを夜の田園調布の住宅街でスタントマンを使って撮影した。大男のスタントマンは全く浅野温子には見えないが、炎上しながら30秒くらい悶え、「カット」の声で消火器をかけられ、無事だと分かるとスタッフは拍手喝采。深夜の田園調布で。

後半かなり無理のある展開で、オールラッシュでTV局からは文句を言われるんではないかと思ったが、局プロデューサーは「いやあ、ひきこまれました」と、絶賛であった。「上質な傑作サスペンスだと思います」と局プロが褒めると、日活関係者も安心して次々に褒め言葉を連発した。だが、その日も飲み屋で神代さんは僕ら相手に「どうせTVだ」と言って冷めた表情を見せた。

現場セットで本番のとき、1回無意識に咳払いしてしまい、それは終わった後、録音部が確認して拾っていないのでNGとはならなかったが、いしだあゆみさんにチラと見られた気がして「命懸けで芝居しているのに集中力の無い助監督がカチンコ打っている現場って何、神代監督の顔に免じて何も言わないでおくけど覚えておくからね」という言葉を自分で妄想した。そのくらい研ぎ澄まされた真剣な演技だったので、今でも背筋が凍る。スイマセンでした。スイマセンで済む話か。

7月17日に現像所0号。TVオンエアは1980年1月12日。

『看護婦日記 ―いたずらな指―』で飛んでる男のセクシーアイドル、原悦子と撮影

『悪女の仮面』が終わってヘトヘトになり、約2週間の休みを経て2度目の白鳥信一監督作、人気沸騰中のスター、原悦子主演の『看護婦日記 ―いたずらな指―』のセカンドに就くことになった。'79年頭の『宇能鴻一郎の看護婦寮日記』と同じ白鳥監督作ながら、物語も俳優も繋がりはないが、前回が「寮」が舞台の話だったので、今回は、看護婦の涼子（原悦子）が、寮からアパートへ引っ越すという設定で物語を始めている。この仕事は楽だった。

引っ越し先の向かいのアパートに住む浪人生（**荒川保男**）が彼女に一目惚れ。でも、涼子は病院の先生（**宇南山宏**）と愛人関係にあるという、ロマンポルノ定番の設定。

助監督は『高校大パニック』のチーフ菅野隆さんと僕の2人だけ。ほとんど現場にはいないチーフ。食堂でお茶飲んでスケジュール書いてるが、そんなもの15分で書けるだろー、セットばかりなんだから。でも現場に来られてもすることないですから。白鳥組の定時は昼3時だし。カメラは森勝さ

んで、8月2日から20日の間にお盆休みが4日挟まっているから11日間の撮影。ロケも三鷹中央病院ほかで2日、後は全部セット。僕は予告も担当した。

「今やアイドルは山口百恵ちゃんでも石野真子ちゃんでも榊原郁恵ちゃんでもない。そうです、この人こそ飛んでる男のセクシーアイドル、原悦子ちゃん」

というナレーションを考え、白衣の原さんが病院の屋上で振り返ってニッコリするのを、ロング、ミディアム、アップの三段階ヨリ。このカットは予告編用に初めて原さんを演出して撮った。そして本人がナレーションで「わたし、看護婦寮からアパートに引っ越したんです。だって寮にいると先生との危険な関係、バレちゃうんだもん」と言わせた。医者先生にお姫様だっこされる全裸の原悦子（本編撮影でOK出たあとスグ「予告ください」と言って同じカットを撮った）……原さんは、華奢な体つきで肌が真っ白、はかなげな雰囲気があった。色っぽいお姉さん、という感じだ。

★次、ネタバレです

物語は定番でも、結構笑えて爽やかな後味の青春ポルノである。2年続いている医者先生との腐れ縁を絶って純朴な浪人青年（5浪で諦め田舎に帰って家業を継ぐと決めた）と一緒になってもいいかと迷う涼子が、最後には両方と別れてすっきりした朝を迎え、伸びをしたら爪に気がつき「あ、爪がのびてるー」と言って画面STOPして終わるという〝日常感〟に爽やかさを感じた。どろどろになりかけてもならない軽いドラマをポルノシーンが繋いでいった、と言える。

原さんは翌'80年、再度の白鳥監督で一般映画の『おさな妻』、西村昭五郎監督で『看護婦日記　わいせつなカルテ』に出た後、僕もセカンドで就いた3度目の白鳥組『クライマックス 犯される花嫁』を最後に日活出演を終えた。それでも人気は衰えず（ファンクラブは70万人超という記録がある）、大学の文化祭で引っ張りだことなり、日本武道館でサイン会までやったが、大学生向けのミニコミ情報誌「カレッヂ・コミュニティ」を立ち上げて編集長になり、運営して28年間続けた。飛んでるセクシーアイドルは才女だったのね。

『看護婦日記 ―いたずらな指―』は'79年9月8日公開。

黒澤映画を録画して勉強シナリオ執筆をスタートする

もう1年半やっている助監督とは「監督修業」なのか？「映画の学習」なのか。なんか違う。「アメリカの映画大学ではクロサワのフィルムを取り寄せて、学生は何十回も見るらしい」と助監督同士で話をして、それはすげーなと思った。そういうことが映画の勉強だろ。今、違うだろ、と焦る。『風とライオン』（'75）を撮ったジョン・ミリアスがクロサワ映画を40回、50回見たというキネ旬のインタビューを覚えている。映画は記憶だ、愛する映画を深い教養にするには、暗闇で何度も見る以外にないと言われていた頃……話題になっていた家庭用ビデオデッキ、ベータマックスでTV放送を録画出来るようになって、黒澤映画を録画して手元に置いて勉強出来る時代になったのだ。記憶や批評、映画本ばかりに頼るのはもう古い。

安月給の日活社員のなかで、自宅通勤だから貯金が出来、酒もそんなに飲まず無駄使いもせず、最初の大きな買い物がビデオデッキ30万円（TV放送の映画を録画するためだけに）というオレはエラい。他の助監督より〝映画の勉強〟のアドバンテージを持っているぞと思っていた。「え？　金子、ビデオ（デッキ）持ってんのかよ、すげーな」と先輩から羨ましがられ、ほくそ笑んでいた。その後、すぐに一般的にも普及して、ベータはVHSに敗退したが。

TV放映時はCMになるとビデオテープの進行を一時停止し、CM終了後録画再開するテクニックはプロ並み。何のプロ？

黒澤明の『用心棒』『椿三十郎』『天国と地獄』のTV放映を録画し何度も見、特に気を入れて『天国と地獄』はノートを作ってセリフとコンテを書き留め、決まり画を止めてスケッチした。2時間録画用ビデオテープが4000円というのは高くて痛いが、コレクションは何十本にもなっていった。『リオ・ブラボー』や『ジャッカルの日』も録画してコンテを研究した。

この頃、那須さん以外の先輩助監督に新宿ゴールデン街に連れて行かれ、**黒木和雄**監督の『祭りの準備』(75)の話になり、「あ、僕、『祭りの準備』持ってます」と言った途端にその席が凍った。東京12チャンネル白井佳夫解説の「日本映画名作劇場」で放送されたのを、やはりCM抜いて録っていたのだった。暫くの沈黙の後、酒のグラスをカウンターにドン！　と置かれ、

「よぉ、金子ぉ……映画ってぇのは〝持つ〟ものなのか？」

と先輩に言われて何と答えたかは忘れたが、言ったその人の〝据わった目〟は覚えている。ちょっとビビった。映画の所有は是か非か？　レンタルビデオ店など、怪しいところにしか無い。映画

ってえのは心に記憶するものだろうと言いたい気持ちは分かったが、チョイ上の世代（団塊の世代）がチョイ苦手な感じがしていた。ゴールデン街も。

映画の勉強は、シナリオ書かなきゃいけないんじゃないか、シナリオ書いて城戸賞でも獲ったら、スグ監督になれるんじゃないかと思って、それ以上飲まないで家に帰って原稿用紙を前にした。テーマは「教育」だ。それが「日本の現実」を撮ることに繋がる。中学のときから書いている小説、「期末テスト叙事詩」を基にしようと、ひたすら書き進めた。

水島美奈子主演『宇能鴻一郎の あつく湿って』で キスシーンやっちゃった

次の仕事は加藤彰監督、水島美奈子主演の『宇能鴻一郎の あつく湿って』。チーフは『高校エマニエル 濡れた土曜日』（水島主演）で監督デビューした**斉藤信幸**さん、カメラは水野尾信正さん。『宇能鴻一郎の 看護婦寮日記』に続く、手塚マンガキャラ似の水島さんと、この年2本目。

加藤監督は「女の情念の作家」と呼ばれて本当に真面目な方で、入社前に見た『野球狂の詩』(77) も加藤さんの作品。ヒットはしなかったが僕は好きで、〝加藤彰の演出は過不足無くて良い〟と生意気にも思っていた映画青年はワタシです。日大芸術学部映画学科の出身、このとき44歳。入社直後に見た加藤監督作品、**青山恭子**主演の『果てしなき絶頂』も、成瀬巳喜男テイストのポルノとでも言うか、ポルノシーンはきちんと見せるがやるせない話で、最後に青山恭子演じる女性は心を病んでしまう。

脚本打ち合わせで食堂に来た新進気鋭の脚本家、31歳の**荒井晴彦**さんとも、加藤さんは冗談など言うことは無く、バカバカしいギャグに関しても真面目な顔で考えていた。

加藤さんと同世代の巨漢、**海野義幸**プロデューサーが「加藤ちゃんは迷いに迷ってるねー」と呟いたのを側で聞いたが、本来の加藤監督の資質と「宇能鴻一郎モノ」＝ナンセンスエロとのズレのことだったのであろう。僕も荒井さんに、食堂で意見したが、随分失礼なことも言っていたらしい。かなり後、2009年に湯布院映画祭で会い「カチンコの若造が〝この脚本つまらないです〟だって、言うんだよ」と言われて冷や汗で思い出したが、当時は、目の前で言っても荒井さんは表情も変えず、意見を聞いてくれている感じであったので……でも、しっかり覚えていたのですね。そりゃそうだ。「つまらない」という言葉は、誰から言われても生涯忘れられることは無い。

撮影は9月27日から10月13日のうちの13日間。

姉（青山恭子）夫婦と同居していて、姉の知らないうちに義兄と関係を持っているオートクチュールのお針子、純子（水島美奈子）が、その義兄の紹介で、超真面目童貞男の中村（**田山涼成**）と見合いして結婚して新婚生活を迎える。そこに宇能節「あたし○○なんです」でセックス好きのホンネを語らせ、ナンセンスなエロギャグをちりばめる。見合いの後、若い2人は夜の公園に行って、隣のベンチのカップルの濃厚キスシーンにドギマギ……というそのカップルの男を、僕が演じた。エキストラでは自然には出来ないし俳優だと役が物足りないので、斉藤チーフから「金子やれよ」と言われ、知らない女の子とキス出来るし役得でいいかと思って、衣装部から借りたスーツに着替え、テストのときから思い切り胸を触ってエロい気分でブチュー！　とやって（乱暴にしてません）雰囲気出て勃起していると、加藤監督が「隣のベンチに『見るなよ』と、言ってみて」と、真面目な顔で演出された。斉藤チーフはゲラゲラ笑っていた。隣のベンチでは水島美奈子ら2人がドギマギしている。それで頭に血が上った状態で、「見るなよ、……見るなよ！」と2回にして強調して言うと、中村役の田山涼成さんが2回目の「見るなよ」を受けてカブるくらいに即座に「見てませんよ」とアドリブ。一発ＯＫとなった。いい芝居、出来た。

キスした相手の子は、そういうことＯＫの特別料金のエキストラ。終わった後は、笑顔で「お疲れ様」でオシマイ。ちょっと惜しい気がした。

純子は、中村と中野を間違えて新居に入って来た全くの赤の他人にヤられてしまってもカラダは歓び、中村との仲も睦まじく、夫婦愛は更に深まってゆく……この映画の水島美奈子は実に可愛らしく撮られ、それは加藤監督の真面目な演出の賜物だ。が、人物設定が言わば、〝淫乱〟であるのにその人間性を深くえぐる訳も無く、宇能節でギャグにされる。当然そういう商品として脚本、演出は誠実に作っているのだから完成度は高いが、真面目に作れば作るほど、どこか人工的な、アンドロイド的な雰囲気になって、それでエロさが薄まってしまったのではないか、と今になって分析してしまう。僕が、脚本を「つまらない」と言ってしまったのも、シナリオ上ではリアルなセリフもありながらそういうことが払拭されない感じがあったからだと思うが、荒井さんや加藤さんからすると、そんなことは分かったうえでやってる仕事なのを、この若造に説明する気にもならないから特に反論もしなかったので、言った方は忘れ、言われた方は覚えていたのだろう。

水島美奈子の芝居もどこかアンドロイド的で、「仕事」としての割り切り方が堂にいってると感じた。だが単独主演ロマンポルノは7本目のこれが最後になり、以後は脇役に回って作品を支え、一般映画やTVへの進出と並行して活動していった。

『宇能鴻一郎の あつく湿って』は、'78年11月10日公開。

日向明子主演『桃子夫人の冒険』
サイボーグなのかアンドロイドなのか

城戸賞を目指すシナリオを書き進めていた。白鳥組みたいに定時昼3時ということは無いが、加藤組の現場もラクだったので映画を見る余裕があり、撮休の日曜、長谷川和彦監督の『太陽を盗んだ男』を吉祥寺東宝で見て、ガラガラの客にショックを受けた。何故だ!?

日活撮影所で『太陽を盗んだ男』が撮影されていたとき、セットの入り口で怒った長谷川監督が自分の台本を地面に叩きつける瞬間を目撃した。現場の大混乱ぶりはスタッフ間で噂になっていた。

教員採用試験に受かったカノジョには電話して時々デートしていたが、来年4月になったら教師になって会えなくなるから、「あと何ヶ月かしら」と笑いながら指を折って数えるカノジョはもう別れたいと思っているのか？　小学校教師になろうという人とロマンポルノ助監督とでは次第に話が嚙み合わなくなり、濃厚キスシーンを演じたのは秘密にしていたが、「原悦子と混浴したよ」とかワザと言って「え～ッ！」と驚かせ、「露天風呂のシーンで海パンはいてカチンコ打っただけ」

というオチまでつけても不機嫌で笑わないカノジョ。

10月27日から近鉄バファローズと広島カープのプロ野球日本シリーズが始まり（『仁義なき戦い』見て以来、広島に思い入れ、赤ヘルカープファンになっていた）、仕事が決まらずTV観戦。伝説の「江夏の21球」までの全7試合をフルに見られた社会人も珍しい。書き進めていたシナリオもタイトルを『冬の少年たち』に決め、第1稿を書き終えた。

文化の日の11月3日朝、野球が始まる前に撮影所に行き、誰もいない制作部で『冬の少年たち』第1稿をコピー。私用だから誰かに何か言われたときの言い訳を考えてハラハラしたが、誰も入って来なかった。4日、決勝戦の後、原稿コピーを持ってバイクで押井守さんの家に行き、読んでもらって厳しく批評された。押井さんは竜の子プロダクションに入社していたが、冷静に批評され、投稿するレベルに達していないと自分で分かり、この年の城戸賞への応募は見送った。

那須さんにも読んで貰おうとしたら、真知子さんに渡って読まれ「『教育問題！』って日本刀を大上段に振りかざしてる感じね」と言われ、その通りだな、と冷やっとした。

中学3年の2学期の期末テストをめぐる少年群像（自分が中学から書いていた小説「期末テスト叙事詩」）に、意欲の無いダメ教師を登場させ、生徒が学校を放火しに来たら教師が先に放火しているというアイデアを思いついたが、まだ未消化だった。

次は11月16日インのファンキーさんこと小原宏裕監督、**日向《ひゅうが》明子**主演の『桃子夫人の冒険』だと連絡あったが、あれ？　もうすぐ前年に引き続きホリ企画のモモトモ＝山口百恵・三浦友和作品が日活に入る、それを日活のエース藤田敏八監督が撮るという話を聞いており、これはやってみたいしタイミングが合ってると希望を出していたのに小原組？　タイトルは『天使を誘惑』で、同棲カップルがケンカしたりしながら結婚に向かう現代のリアルな話。当時、「同棲モノ」と呼ばれるくらいにジャンル化していた。実際の2人は恋人宣言を出して公認の仲になっている。話題性もあり、退屈しない仕事だろう、と思っていた。後で分かるが、チーフ上垣さんの判断で、セカンド堀内、サード加藤の下、僕は外されてこの年入社の新人、明治大学出身の**池田賢一**（山口百恵の大ファン）がフォースのカチンコで就くこととなり、百恵さんとの再会は叶わなかった。

11月10日、小原組の準備中の失敗についてダイアリーに書いている。

「今日の僕は、頭は眠っていたようで、去年の『高校大パニック』で那須さんたちを置いてきぼりにしたことを思い出した。全く俺は頼りない！　キャリア不足で藤田組を外されたのも当然だ。そのことは今知ったのだけど……ああ、しかし、いつまで日活は映画を続けられるのであろう。キャスティングが難航しているいつもながらの状況を見ると、日活は本当に業界の孤児であるということが痛感させられる。だが、日活が映画をやめたら、俺はどうすればいいのだろう」

失敗というのは、正式に出演は決まっていないが役の候補になっている俳優に衣装合わせの予定を入れてしまったということで、先方は決定だと思ったという失敗。そのまま役は決定出来たので、大事には至らなかったが、早合点を呆れられた。

神代組のTVでの〝金子カチンコ、ダメだった情報〟が、伊藤さんから上垣さんに伝わり、「今回、金子はやめとこうか、パキさん大変だし」となったに違いない。だが、次回というものは遂に来なかったので藤田敏八監督の現場は知らない。8年後に新宿のバー「おおくら」で飲んで「おー、金子、チビは元気かー」と酔っ払ってるパキさんしか知らない。チビは現在の僕の奥さん、**金子なな子**。

『桃子夫人の冒険』の物語は……。

アメリカで17年間冷凍され目覚めた桃子（日向明子）が、開港したばかりの成田空港に帰国。迎えに来た旦那の徳一郎（**吉原正皓**）を暫く見つめているとやっと分かり「徳一郎さん！」と抱きつく（撮影時の成田空港は閑散としていてほとんど制限なく撮ることが出来た）。

車で高速道路を走行中、後部座席で発情した桃子はいきなり裸になり徳一郎とセックス。桃子が何故冷凍されていたのか理由は最後まで語られず、17年という年月の意味も脚本のどこにも書かれていない。

夜は貞淑な妻だが昼は素裸に毛皮のコートで歩き、コートを広げて若者に胸にキスさせたり理由の分からない行動を取っても、説明は一切ない。旦那以外のヤクザや青年らとも奔放にセックスをしてゆくのをただ日向明子にさせたいだけで無理矢理設定を作っているというか……。

脚本は出倉宏さんというTVの人で、のちに日テレ『日曜お笑い劇場』を手がけた構成作家。日活ではこの後、西村昭五郎監督の『制服体験トリオ　わたし熟れごろ』と小沼勝監督の『ファイナルスキャンダル　奥様はお固いのがお好き』（'83）の2本で名前が出てくるが、何を隠そう、これは2本とも監督に言われて僕が頭から全面書き直している。

脚本には全く納得出来ないが、撮影では日向さんが明るく元気よく撥剌としていたのが救いだった。彼女はこの年、日活では11本（！）に出て「ロマンポルノの百恵ちゃん」と言われるようになった。僕はあまり似ていないと思うが、マスコミが言い出し、会社も意識して1年後に加藤彰監督の『百恵の唇 愛獣』で再会する。高校同級生で共通の知り合いがいるからほぼ同年だが、2011年に亡くなってしまった。ちょっと北関東なまりがあって、それが可愛らしい。

物語の後半、緊縛モノ作家の**団鬼六**さんが精神科医の役で特別出演して、桃子を分析すると診察もせずにイキナリ「彼女はサイボーグで、夜は貞淑な妻だが昼は男を追いかけるようにセットされている」と言うセリフがアタマ痛い、何故それが分かる、根拠を示せ、根拠を！　しかも、サイボーグとアンドロイドを混同しているだろ、サイボーグは改造人間で、この設定ならアンドロイドだろ！

仮に淫乱セックスマシンに作られたとして、何が目的？　元々の桃子はどうなったの？　不条理を狙った訳でも無い。なんちゅういい加減な脚本。

★ネタバレいきます

桃子は娘のボーイフレンドと鎌倉、稲村ヶ崎のホテルに行き、クライマックスのセックスをしたら、短い書き置きを残して海に飛び込む。飛び込むシーンは無いが、岩場の波打ち際に、桃子のカツラを被せたマネキンの首を置き、少し離れたところに、頭部が外れて機械がはみ出ている胴体（調布の造形会社エキスプロに特別発注した）を置いて波に打たせた。——そして海に「終」のタイトル。

エキスプロはイベントで使われるキグルミ製作をしていて、僕がマネキンを持って行き「首を外して、首下から機械がはみ出るように改造してくれ」という指示をした。仮に僕が脚本を直して良いのだったら、団鬼六の博士が頭部と胴体を回収して密かに修復、桃子2を作りさらに淫乱になってしまうという結末にしたらどうか、と思った。

予告編は、マネキン頭部のアップからズームバック、顔の見えない白衣の男たちが首なしマネキンの胴体に頭部を付けると、カットを割って同じ服を着た日向さん本人と入れ替わり、目をパッと開けて「私は桃子」と言わせた。そこにメインタイトルを載せながら起き上がる桃子。予告でネタバレだが、桃子はアンドロイドだと最初から見せた。これが、会社にウケて、ファンキーさんから、「予告の方が面白いじゃないかって言われちゃったよ」と映画自体は、相当不評だったようだ。

だが、この頃から僕は、ファンキーさんに来るような企画を自分ならもっと面白く撮れる気がして、「パキ組ならケツにくっついている子分だけど、ファンキー組なら参謀格だ」という気分になって、愉快な監督と気楽に付き合えるファンキー組の居心地がよくなっていき、ファンキーさんとカラオケに行って歌を褒め合うのが、うっぷんバラシ的に楽しくなっていった。

カノジョと別れた日に再度の予告編事件

『桃子夫人の冒険』撮影中盤の休日、日劇文化でクロード・ガニオン監督の『Ｋｅｉｋｏ』を見た。23歳の特に目を引くタイプではない女性をドキュメンタリーのように丁寧に、その人生をのぞき見するようなリアルな臨場感に引き込まれ、何か引きずる後ろめたいものがあって、雨の中をバイクで家に帰った夜10時過ぎにカノジョに電話すると「金子さんは冷たかった」と表現が過去形になって、あれ？　と、話しているうちに泣き出され、いつの間にか別れ話になっていた。

記憶がランダムにフラッシュバックする。『Ｋｅｉｋｏ』の影響があったような気がしてならない。ケイコ23歳、カノジョも23歳。それでも未練があった僕は、次の撮休11月26日に九段下の公園に呼び出したが、女子は決めたらサッパリして、新たにどうこうとはならず、地下鉄大手町でサヨナラした。アン・ルイスの歌う「グッド・バイ・マイ・ラブ」が頭に流れ、まさに、右と左に別れ、調布の撮影所に戻ると、新たな「白石予告編事件」が発生していた。夕方5時制作部集合だった。

8月に公開された一般映画、曽根中生監督の『スーパーGUNレディ　ワニ分署』の予告編は白石さんが担当し、本編には那須さんがセカンドで就いた。曽根組の撮影は大変で、現場に就いた状態では「予告まで手が回らないぜ」と那須さんは予告を辞退。一般映画なので予告の予算があり、撮影開始前から画を撮れる。というか撮らないと間に合わないので、組付きになっていない状態の白石さんが、主演の横山エミーを連れ、旧銀座オープンセットでアクション場面を演出して撮影した。

この旧銀座オープンは日活撮影所の敷地内にあって、石原裕次郎さんの時代は華やかな銀座交差点付近がセッティングされて『銀座の恋の物語』も撮られたが、僕が入社する直前に火事になり、入社時には「瓦礫の山」のような荒地になっていて、建て直す財力も無かったのだろうが、そういうシチュエーションでの撮影では重宝されていた。ところが既にそこは売却され、白石さんが撮影したときは工事も何も始まっていなかったが上映したことが証拠となって「契約違反だ」と売却先のマンション側が日活を訴え、日活は会社に迷惑をかけた責任者として白石さんの名前をあげた。

責任の取り方は、「助監督を辞めて本社営業に戻れ」というものだった。白石さんは入社時は営業職だが人手が足りなくて本人の希望もあり、助監督に転属されていた。この日、助監督部会が開かれ全助監督が集められ、撮影所長、労組委員長らも出席して説明があり、そこで事実経過が伝えられ、僕はこの事件自体を初めて知ったのだった、カノジョと別れたその日。

どうしてそんな責任の取り方が発生するのか、会社の仕事としてやったことだし、懲罰人事みたいなことはおかしいと、斉藤信幸さんら論客は食い下がった。みんな、白石さんを擁護したが、白石さんは無言だった。僕も、こんなことで助監督を辞めさせられるとは納得出来ない。理不尽に過ぎると、反対した。ただ会社側は、クビでは無く、本社営業部署に配置転換するのだから、労働組合的に問題は無いと言う。撮影所の仲間ではなくなってしまうのに。僕は、この日かなりボーっとしていたと思うが、ボーッとした頭で日活の労働組合に疑問を感じていた。

入社当時は「伝説の日活労組」に加入したことで多少の興奮があった。父も労働組合関係の仕事をしていたし、本来の労働組合のあり方に理想を抱いていた。〝社会改革の拠点〟という。伝説とは、60年代末に日活映画が立ちゆかなくなり、経営者が撮影所を売却したのを労働組合自体で買い戻して全スタッフの雇用を守った話とか、助監督を定期採用して「作家を養成する」＝新人監督をどんどん出すのも労組の方針であると聞いていたことだ。

撮影現場でも、スタッフ委員長とチーフ助監督の話し合いで、過重労働にならないよう深夜終了のときは翌日の開始時間を遅くするのも組合の方針からだ。だが、あるとき、組合のビラが配られ、手にすると「経営健全化闘争」という見出しを見て「?」となった。「?」というか、これはギャグかと思って笑ったくらいだった。不健全な経営は赤字、健全な経営は黒字のこと。「経営健全化」とは「会社が儲かる」という意味で、それを組合のスローガンで「闘争」と名付けたらギャグになるんじゃないの? と。ギャグどころか、この「闘争」の名のもとに、いろんなものがカットされた。残業料とかロケ手当とか、かつては労働組合の先輩たちが、経営者から獲得した権利が、次々減らされていったが、不満を吸い上げてくれるはずの組合が聞いてくれない。早い話が、組合と会社は、もはや一体となっていたのだ。「労働組合による合理化」が進んでいたのである。

疑問を多少は感じつつも、執行委員の人たちは、かつて見た「組合映画」に出てくるような良い人に思えたので、撮影所内のプレハブの組合本部には、ときどき出入りしていた。

組合は児童映画も作っていたし、僕もロマンポルノとは違う形での監督デビューもあり得るかなと思った。権力構造的に、組合とは敵対しない方が得だということも分かっていた。白石さんはその性格から、結構、組合とぶつかった。「映画の現場の論理」は理不尽なことが多い。優秀な助監督は理不尽を受け入れ、スタッフをビシビシ働かせるから、見方によれば「和を乱す」存在にもなる。

12月になって、組合の本部に呼ばれた。

撮影所労組委員長と、もうひとり、助監督の**山口友三《ともぞう》**先輩がいた。このときは、鈴木潤一さんが執行委員を辞めるから「金子、執行委員やらないか」という話であった。雑事が増えるので面倒だが、もしかしたら出世コースへの道? と思いつつ、でも「助監督としては使えないから組合に活路を見出そうとするタイプ」とか思われてたらシャクだなとか、目まぐるしく考えた。

父が組合関係の平和運動家でもあり、父の人脈との繋がりを期待されてるのかな、とも思った。しかし白石さんの問題が決着ついていない状態で、助監督全員が反対しているのに擁護していない組合の執行委員になるのは気持ちが悪い。そう考えていると、自然に白石さんの話になり、委員長は「白石は今回の問題だけでなく、あちこちでトラブルを起こしている」と話し出し、

「知ってるんですよ、予告編事件を」

一瞬、何のことか分からなかったが、え？　まさか……。

「去年西村組で取られたでしょ、金子さん、白石に予告を。悔しかったでしょ」

と言うのでびっくりした。ちょっとゾッとした。知っているのは編集の冨田さんしか……あ、いや……彼だ。僕が言うのもなんだが、仕事が出来ないのに組合活動してその方針を壊れたレコードのように繰り返している編集助手のA。目立たないが、当然、編集室にいる。この当時はまだ無い中国映画の文化大革命を告発した作品に必ず出てくる地味〜な暗い密告者、それがAのイメージと重なる。Aも白石さんに随分やられている。無能だから。白石さんは、仕事が出来ないスタッフには攻撃的になる。現場中毒だから。この会社＝撮影所＝労働組合は、団結を乱す存在を疎ましく思っているようだ。委員長は、僕に、同意を求めているのか？　ええ、あのときは悔しかったです、僕から予告編の仕事を奪ってと、言わせたいのか。世間話ふうに聞いて、証言を集めたいのか。

「あ、いえ……あのときは、僕が未熟で、白石さんには……いろいろと教わったんです。……とても、後輩の面倒見の……いい先輩です」と、ドキドキしながら言った。

2行だが、何分も喋っていたように時間が長かった。これが、「人を売る」という場面か！　白石さんが好きか嫌いかではなく、「言い付け魔」になったら畜生道に落ちそうで、その方が怖い。

この後、那須さんにも相談して話した。というか、那須さんにしか、話さなかった。

「ここはイタリアだよ」と、那須さん。当時の国際政治状況を知らないと意味が分からないだろうが、僕には分かった。そして、執行委員の話は断った。

12月25日、助監督部会で、白石さんは「退職願を出します。日活辞めます。これ以上、皆さんに迷惑をかけたく無い」と。斉藤さんは「まだ助監督部として戦えるから」と慰留したが、もう決意は固いと見え、この人が決意を変える人だとは誰も思わないから、あまり強い慰留にはならず、僕も「自分から辞めることはないと思いますけど」と言うと、

「ネコちゃんが、いろいろ言ってくれたのは聞いたよ……どうもありがとう」

え？　誰から、と思ったが、委員長か、いや、ここには来てない友三さんかな。いろいろもないけど、友三さんが、誇張して伝えたのかも知れない。後輩に慕われているぞ、とか。正面から「どうもありがとう」と初めて言われ、この人、好きな部類の人だな、と初めて感じたが……この後、3日後の助監督忘年会で会ったきり、会っていない。

12月26日には組合の忘年会に執行委員を断るために行ったが、委員長の隣で飲む流れになって、みんな知っていることだが自分が経営陣に加わるというのを言いたくてたまらない様子だった。

白石さんは、フリーの助監督となった。一度、大森一樹監督の『風の歌を聴け』のルポルタージュ番組で、元気な姿で張り切って現場を切り回している姿を見た。『ヒポクラテスたち』や、池田

敏春監督の『人魚伝説』でもチーフをやっている。

……二十年ほど経って大森さんから、白石さんはかなり以前に亡くなったと聞いたが、その大森さんも亡くなってしまった。

『桃尻娘 ラブアタック』の亜湖との共演シーン。

第3章

1980

ズームアップ聖子の太股
寺島まゆみ

『昭和エロチカ　薔薇の貴婦人』セカンド
『変身』をもとにロマンポルノの脚本を練る

１９７９年末から'80年頭にかけ、**宮井えりな**、**飛鳥裕子**主演、藤井克彦監督の『昭和エロチカ　薔薇の貴婦人』にセカンドとして就いた。12月24日クリスマスイブのインで28日まで撮り、正月休みを挟んで1月7日から13日の計11日間で撮影。これを「年マタギ」と呼ぶが、仕事はルーティンワークとなり飽きてしまい「頑張って働く」気力は出ず。戦時下の軽井沢別荘地で繰り広げられる詐欺話で絵柄は変わりばえするし、酷い脚本というほどでもないが、ネタに困ってる感じで「軍人たちは実は」というどんでん返しがあってもな……。汗かきの藤井監督は、年がら年中タオルで顔の汗を拭っており、撮るのが遅く残業が多い。自分の失敗が減ると、僕は仕事に退屈し出した。

予告編は、飛行機の爆音や大砲の炸裂音を入れて音楽も大袈裟にし、意識して**山本薩夫**監督の『戦争と人間』の世界で繰り広げられるポルノという作りにしたから評判は良かった。

家に帰って「書く」気力のあるときは、『冬の少年たち』を直しながら、ロマンポルノの脚本も書き出した。入社面接のとき、８ミリ映写機で見せようとした3分間の『変身』をもとにして考えた。

「男が女になって性の喜びを知る」という筋を膨らませ、目覚めたら女になっているってことは、どこかで男になっている女がいるはず。そうだ、男が女に、女が男に入れ替わった２人がお互いを探し出して出会い……というと、どこかで聞いたような話？　と思う今は『君の名は。』（'16）アフターの時代。大林宣彦監督の『転校生』（'82）もこの3年後のこと。原作の「おれがあいつであいつがおれで」も、調べると'79年4月に連載開始だから、日活面接の方が一年早いぞ。

僕の発想は、主人公のイクオが自分の姿をした女と会い、セックスすれば元に戻るはずだと思って行為をしようとするが、目前に迫る自分の顔が不細工だと感じてその気になれない。が、女の方は自分の顔に見惚れて出来る……が、簡単に戻ったら意外性がないから、女は元に戻ってもイクオはセックスが終わると「ワン、ワン」と言っている。イクオと犬の心が入れ替わってしまったという展開。外でイクオの心を持った犬が走り回り、発情期の犬は何回もセックス出来ると思い込んでいるから落ち込まない……という「イクオの大変身」を思いついたのであった。イクオはポルノ映画の無能助監督にしよう。それで叱られて落ちこんで目覚めたら女になっていた、と。タイトルバックは本番ポルノ映画の撮影現場で、最後に男の股間に黒い長方形の帯を貼り付けて画面ストップ、そこに斜めに「金子修介第一回監督作品」と出すのだ！　スラスラ書けて、山田耕大に出して企画部で検討してもらって……当然、映画にはなっていません。実現したらウケたろうか。

神代辰巳監督『少女娼婦　けものみち』で内田裕也の〝気合入ったぁ〟

藤井組が終わるとスグに神代辰巳組映画『少女娼婦　けものみち』の声がかかった。神代さんには嫌われてなかったらしい。チーフも伊藤さんで助監督2人体制のセカンド。カメラは伝説の名手、『赤い殺意』や『戦争と人間』などの**姫田真佐久**さん。現役女子大生だった**吉村彩子**が初主演となるが見覚えあった。「激写」のコ？

篠山紀信の「激写」は'75年の雑誌『GORO』創刊一周年で山口百恵のグラビアを「激写」と名付けたのが最初で、以後タレントだけでなく、大学生や素人美少女のヌードを掲載、僕らは「こんなウブで可愛いコが紀信の前では脱ぐのかー、胸でかいコ多いよなー」と、ショックを感じていた。'79年には、『激写・135人の女ともだち』という写真集が出版された。僕は古書店で買ったのをまだ持っているが、タレントと素人の混合ヌード&非ヌードを合わせて計135人ぶんの「激写」をまとめた分厚い写真集である。その中のひとり、小麦色の肌にくっきり水着の跡を白く浮き出させていた女のコ、それが吉村彩子。神代監督作品に出演するのは、普通のロマンポルノに出るより遥かにステイタスが高いから、激写から女優へステップアップした、と言える。

吉村彩子は本作の他にはTV版『四季・奈津子』のレギュラーや時代劇のゲスト、『傷だらけの天使』にもゲストとして一回出ているが、それ以降の消息は見つからない。エクボが可愛く出る美人で、頭もよく素直で頑張り屋、芝居カンもあって友達ぽい感じだった。笑い上戸だったことを思い出す。芸名は「よしむらさいこ」が正しく、現場では「さいこ」と呼ばれていた。

神代組と言えばTVドラマの現場ではプレッシャーが多くシンクロカチンコも入らず散々であったが、映画となると監督の雰囲気もガラリと変わり、組全体にリラックスしたムードが漂う。プロの仲間同士で〝文化祭に向けて〟楽しんで作っている雰囲気の現場だ。仕事や商売でやってる感じがない。その輪の中に吉村彩子がいた。全編泊まりがけの千葉ロケだったから毎日のように飲みがあって、三浦朗プロデューサーも始終にこやかな表情であった。

'80年2月8日クランクイン、2月21日アップだが休みもあって11日間、撮影自体もまあまあ普通であった。最後の海のシーンを除いては……。

タイトルの「少女娼婦」というのとは全く違って娼婦は出てこない。こういうことは日活のタイトルにはよくある。青春映画＝「性春」映画のカテゴリーであろう。脚本は、寺山修司の愛弟子だったと言われる**岸田理生**《りお》（のちに『1999年の夏休み』の脚本を書いてもらう）。

主人公のサキは16歳の設定で、撮影時22歳の吉村彩子にとってはちょっと無理な気もしたが、制服着て自転車を漕げば「日本映画の女子高生」だ。カモメの鳴き声が聞こえる薄暗い蔵で、制服に緑のジャージを着たサキがコケシを使って自慰するファーストシーンから自転車を漕いでいるシーンに繋げ、先導しているのは同級生の外男。**無双紋**という芸名で早稲田の小劇場に出ていたのを脚本の岸田さんが推薦した。本名は忘れてしまってゴメン、いい奴だったけど。

自転車の2人は千葉、勝浦のトンネルを抜けて海へ行く。サキはバージンを捨てるつもりでいたのに、外男が空に石投げてカモメを殺すのを見て冷め、荒れ果てた漁師小屋に連れ込まれると全裸になったが、行為の途中で痛くなってイヤだと拒否、それでも無理矢理続けられたので失望したサキは、波打ち際に仰向けになり、降り出した雨の中ひとりで自転車を引いて帰ってゆく。

これを神代監督流の〝軟体動物みたいになった動き〟にして望遠で見せ、男女がくっついたり離れたりするのを映像の面白さで〝猥雑なものにも美しさがある〟と、魅入らせる。本人の意識とは関係無いように動くカラダとそれを捉えるカメラワーク……神代さんは、ニヤニヤしながら、ときにはゲラゲラ笑ったりして俳優を煽ってのせ、操り人形のように演出、砂浜ででんぐり返しをしたり、その足に外男が噛みついたりという、神代映画でしか見られない奇妙な動きがある。

テトラポッド群の中を、ひと目で怪しい男に見える**三谷昇**が歩くワンシーンがあってATG映画でも見ているような感覚。『どですかでん』の三谷昇だ！　と僕は興奮した。物語的には何も絡まないが、この世界の雰囲気を醸し出し、ひなびた港町のかったるい空気感が伝わってくる。

雨の中自転車を引いて帰るサキの後ろから、アタル（**内田裕也**）の運転するトラックが近づく。助手席で厚化粧したホステス遊子（水島美奈子）が甘える。アタルは「俺は、食う、ヤル、仕事する、だけだ」と言いながら遊子に飽きており、サキを追い越しながら横目で発見すると、しばらく走って遊子をドライブインで降ろす。怒る遊子。水島さんの芝居はリアルで的確な脇役の演技だ。

アタルは、戻ってサキの前に停まり、自転車をトラックの荷台に放り投げ、サキを助手席に乗せる。子供の頃からサキを知ってるから「いい女になったじゃねえか」とあからさまに手を出して、すぐ次はホテルで、服が濡れているサキに裸のアタルがシャワーを浴びせて脱がす。アタルは、セックスするのを「きめる」と言っていて、裕也さんも荒々しいセックスの芝居をしようとした。「おまえときめたいんだ」とサキとするシーンは激しい体操のようでもあり、カットがかかると裕也さんは「よっしゃあ、気合入ったぁ！」と両手でガッツポーズをとるのだった。

サキは外男よりアタルにのめり込む。ただ〝より感じてゆく〟という表現は吉村彩子には難しく、どの絡みも一所懸命だが、エロスより健康的でスポーティな裸体が暴れているような印象がある。

早朝、港に停泊中の船上で、次々出港してゆく船を背景に激しくセックスし続けるカットもある。どこからも丸見え。2月の朝の千葉の海だから相当寒く、白い息が動きに応じて吐かれている。よく裸でいられたというくらいで、終わった後「ぎゃー、さむいー!」と叫んでいた彩子。

★ネタバレいきます

サキは妊娠するが、外男かアタルかどっちの子か分からない。外男はクラスメートから金を集めて中絶費用をサキに渡し土下座して「堕ろしてくれ」と言うが、サキはその札束を海辺にバラまく。アタルは「俺の子を産め」と言って、サキとセックスする。

遊子はアタルとヨリを戻そうと彼の家の2階に押しかけて甘え、嫌がるアタルを興奮させる。「俺がヤってんじゃねえ、俺のマラがヤってんだ」と言いながら始めるアタル。そこへサキが帰って来て、行為中のアタルの足の裏を包丁で刺し、その包丁を持ったまま一階の台所に降りてキャベツを切り、そのキャベツに血がつく。これを、ワンカットで撮ろうということで、姫田さんも楽しそうに、階段を降りてゆく手持ちカメラのときは鼻歌を歌っていた。以後、アタルは、片足を引きずる芝居になる。

外男は「俺のところに戻ってくれなければ死ぬ」とサキに言うと、サキは「死ねば」と突き放す。そして外男は真冬の海に入水……というシーンのために僕も海に入らなければならなくなった。

撮影前に「日本潜水サービス」というところにウエットスーツを借りに行って、これを着て海に入るのである。裕也さんと無双紋もウエットスーツを着て、その上から衣装を着た。

カメラは岸から望遠で海を狙っており、サキは後ろ向きで砂浜に座っているから、表情は見えない。サキだけでなく皆後ろ姿。外男が海に入ってゆき波に飲み込まれて溺れそうになるとアタルが仕方なく助けに入るというワンシーンワンカットである。海に入ってゆく横移動を、縦から撮るのがこのカットだ。結構、波が荒れていて、凄いことになっている。

僕の仕事は撮影前に海に入り、外男が波に巻き込まれる辺りまで行き望遠レンズのピントを自分に合わせるためにしばらく海中で立っておいてからフレームを外れ、撮影中は俳優に何かあったら助けに行くために、浮き輪を持って待機しているというもの。

「金子、行っていいよ」と伊藤チーフから言われ、2月の海に入ってみて驚いた。超絶冷たい。ここに何分入ってなければならないのか。一応砂浜で役者たちは芝居リハーサルしているから、本番が始まったら1分くらいで終わるはずだが……。

沖の方へずんずん歩いて行くと水の抵抗が大きくなり波が高くなって来て、腰の下から腹を経て胸になるあたりで、冷たさと恐怖心で頭がツーンからボーっとなって来た。心臓の鼓動が速くなって耳に響いてくる。スーツ内に水が入って来て氷みたいに冷たいが、暫くすると自分の体温で緩和されてくるようだった。高い波が上の方から迫ってくる。少しジャンプしないと頭から波をかぶる。

「ああ、こういうことで死ねるんだな」と思えた。入水自殺というものがピンと来てなかったが、これなら意外に簡単に死ねる訳だと思っていると思考力も恐怖も薄らぎ、少し気が遠くなる感じで波が首まで来たところで振り返り、岸のカメラに向かって両手を振った。

ちょっと行き過ぎたらしいので「少しこっちへ戻れ」という合図。ピントを合わせているときには止まっていなければ。後ろから圧力がかかって岸側に少し戻されると「ＯＫだから外れろ」という合図で、カメラ下手側へ移動してフレーム外に留まる。「本番！」という声は小さく聞こえた。

無双紋がどんどん沖へ歩いて僕と同一線上まで来たときに、白い波に巻き込まれ手足をバタバタさせて暴れる芝居をすると、裕也さんが立ち上がって海に入って助けに来る。１分てことはないな、もっと経ってるだろ。思っていたより、波が高くて危険に見える。

裕也さんが無双紋の体にたどり着いて助ける動きをして岸に戻ろうとしたところで、陸地から「カット、カット！」という声が聞こえた。何かあったのか、２人が岸に戻るまで撮らなくていいんだな、と僕は急いで２人のところへ波を掻き分けて走り、半分泳ぐ。そして、到達するとぐったりしているように見えた裕也さんに「裕也さんッ!!」と叫んで浮き輪を渡すと「おお！　金子ぉ！」と言われ、そのまま陸地へ引っ張って行く。無双紋は勝手に戻れるだろう。

陸に近づくと、何人かのスタッフがダダダと集まってくる。裕也さんは外男を助ける芝居のときに足がつったらしい。息絶え絶えに「ありがとう、ありがとう、金子ありがとう」と呟いている。「お前が来てくれなかったら、俺は溺れていた。死ぬとこだった」とも言われた。え？　ホントですか？　書くと大袈裟だが、裕也さんも命をかけて芝居してるんだ、と自分に言い聞かせるために「死ぬとこだった」とまで言っているんだろうが、この後、何度も裕也さんには御礼された。１年後くらいに何かで再会したときにも「あんとき、金子に助けられたんだよな、ありがとよ」と言われた。ロックンロール！！！

吉村彩子はその後は順調に売れるんじゃないかと思って応援していたが、いつの間にか見なくなった。無双紋の芝居は早稲田に見に行ったが、それきりだ。ダビングが終わった日、調布から渋谷へ行き神代監督を中心に吉村彩子らと飲み、僕だけ烏山の監督宅に泊まって翌日は朝食を奥様にいただき、まだ寝ていた監督に挨拶もしないで帰って、以後は会釈くらいで、話す機会もなかった。

初チーフの那須さんに呼ばれて『朝はダメよ!』でセカンドに

『オリオンの殺意より 情事の方程式』から丸2年、再びの根岸組で今度は初チーフを務める那須さんに呼ばれた。29歳の根岸吉太郎監督、2年の間に4本撮っての5本目とは、いかにエリートかってことです。2作目『女生徒』は'79年1月公開、3作目『濡れた週末』は同年9月公開でエース女優、**宮下順子**主演で「新人らしからぬ老練な演出」と社内で絶賛、若き巨匠への階段を順調に上っていたが、'80年2月公開の4作目『暴行儀式』は一転、最悪評。道路交通法改正後、暴走族解散で行き場を失った少年たちと少女が、潰れた映画館で暴挙を繰り返す荒井晴彦オリジナル脚本だが、挫折集団という全共闘運動へのオマージュと判断され、日活の重役は敏感に反応した。テーマがドラマに組み込まれ情欲を掻き立てるなら○だが、暗い挫折の作家的テーマがエロより目立つとウルサい。合評会は紛糾。企画の山田耕大によると、この後「根岸、荒井を干せ」にならぬよう会社ウケしそうな〝毒にも薬にもならないイヤラしく軽いコメディ〟として企画されたのが『朝はダメよ!』。

『暴行儀式』の会社の評判が悪く大コケだったという話は撮影所内に広まって、那須さんも僕も2年ぶりの根岸さんにちょっと構え、那須さんは初チーフに緊張していた。オールスタッフ会議は那須さんが司会進行したが、自分の名前を言うときに「博之のユキは、あいうえおの〝え〟に似ている」と大真面目に説明するので笑ってしまった。やはり那須さんでも緊張ってあるのか。

'80年4月25日から5月13日のうち12日間で撮影、主演は**鹿沼えり**27歳。'78年『時には娼婦のように』で日活主演デビュー以来、2年で9本目の出演作。高校在学中にスカウトされ『秘密戦隊ゴレンジャー』にも出た。『朝はダメよ！』の2年後、古尾谷雅人と結婚。

脚本は**竹山洋**。物語は下着会社のキャリアウーマン、美希（鹿沼えり）がエンジョイする「セックスライフ」で、僕はイン前に浅草橋にある女性下着会社「ラブロン」に取材に行っている。「御社のOLは、御社の下着を毎日着けているのですか？」と聞くような、軽い取材だった。

映画のファーストシーンは、朝日差し込む窓から都会が見渡せるラブホテルで目覚めた美希が全裸のまま伸びをすると、シーツから手でまさぐるエロジジイの三崎（**小松方正**）が現れ「もう一度」と気持ち悪く甘える。**三枝成章**（現・成彰）による都会的なビートの効いた音楽でメインタイトル。

初日はこの次のシーンにあたるアパートのセット撮影、9時開始。

ドアを開けて帰る美希からズームバックしつつ、ルームメイトの洋子（**江崎和代**）との軽快な会話から、頻繁に朝帰りしているのが分かる美希は、カメラに背を向けお尻見せてパンティを取り替え、今日の出勤着を着て洋子の淹れたコーヒーを飲んでパンをぱくつくという1分ちょっとのカット、その間洋子も昨夜の男の話を掛け合いして面白いカットだなと思ったが、江崎和代は初の根岸組で緊張、声を張り過ぎ舞台的になっている。だが、何度もテストを繰り返すうち自然な雰囲気とテンポになり、本番で**鈴木耕一**さんのカメラが回る11時には2人とも芝居が弾み、さすが根岸さんの演出と僕は思って見ていた。カチンコは1回打てばいいし。

現場を仕切る親方ふうの照明技師は**川島晴雄**さんで、指示が早く、雰囲気を作る人というかチョビ髭が似合うお洒落なオッサンで、冗談を飛ばしながら仕事を楽しんでるが、根岸監督がOKを出した瞬間、ワンカット2時間もかかってちゃダメだこりゃと、地声が大きいので監督にも聞こえ、というか聞こえるように言ったに違いない。刺々しくはないが、ドキッとした。僕は、芝居がカメラを回すレベルになっているかを見ていたので時間がかかっても仕方ないと思っていたが、スタッフは〝動きが決まってるなら早く撮れ〟という気持ちでいる。しかし監督と初仕事になる女優2人が朝イチから始める1分以上の長いカットが2時間かかるのは普通じゃないですかね。切り返して洋子がパセリ齧りながら美希を見送る計2カットでワンシーン（台本1・5ページ）を午前中に撮りきれてるんだから、文句言われるほどではないんじゃないかなぁ。初日ですよ。

日活では〝俳優部もスタッフの一員〟という考え方が浸透していて、芝居のペースをつかむ初日2時間が無駄な時間に感じたのだろうか。2年前はスタッフ全体で新人監督、根岸吉太郎を盛り立てる雰囲気があったが、今はない。敵ではないが味方でもない。エリートで出発したが前回は失敗し、会社のお仕着せ企画を撮らされている今回、本当に才能があるのか見ているぞ、というかベテランたちが、まだ新人といえる監督を「教育する」気持ちなのかも知れない。

さらにロケ現場で耳にしてびっくりしたのは、若いスタッフの「なんだよ、あの不真面目な態度」

っていう囁き。これは監督には聞こえない陰口だが、僕には聞こえるように発された。それは、ロケーションで飯田橋の土手を「逆に歩けば別な1シーンも撮れます」と那須さんが監督に進言した結果、翌日の移動が減って助かったが、そのとき、根岸さんが「映画って、簡単だよな」とうそぶくように呟いたのだった。偉そうに見えたのか、カッコ良かったからなのか、見た目からして。会社から叱られた後の現場、ということも影響あったんでしょうかねえ……。

ただ、映画の中の若い俳優たちは根岸さんの掌中にあった。

美希の後輩OL典子（**大崎裕子**）は、社内ではプレイボーイで有名な宣伝部の辻本（**北見敏之**）とセックスし、辻本は「遊び」だと美希に言うが、典子は辻本と結婚したい。美希は辻本に「そろそろ（私を）食べる？」「最近変なもの食べて腹こわしちゃって」と軽口を叩き合うが内心お互い好きだと分かっている。北見さんはゴールデン街でバイトしていて、俳優課から「ゴールデン街のお兄ちゃん」と呼ばれていた。こうした若者配置はTVのトレンディドラマの原型みたいだが、会社や大人たちを描写すると、古色蒼然たる世界になる。

部長は朝礼で女子社員のスカートを次々まくりあげて下着を点検し、辻本も「女性は多かれ少なかれ露出狂ですから」なんて言う。さらに小松方正演じるエロ社長三崎は、毛筆で書かれた「愛人契約書」を美希に渡す。財産は百億ある設定。「『妾』や『2号』は古いから『愛人』と言え」も既に古い。洋子は美希のマネージャー代わりに料亭で同席し三崎と交渉するが、セカンドの仕事として僕がセリフ以外の契約書文面の原稿を書いた。書くのも恥ずかしいくらい猥褻な文面で。

★ネタバレ行きます

小松さんの芝居は他の人とは異質で、僕も後年、『イヴちゃんの姫』に出てもらい、ほとんど監督の言うことは聞かないで勝手に進めてしまうが、絡みで女優さんにカメラ映えする姿勢を取らせるのには長けていた。洋子は経験豊富なふりをしているが実は処女で、美希が辻本のところへ行ってしまい三崎が「愛人契約に違反したぞ」と怒るのをアパートで宥《なだ》めるが、三崎は今度は洋子に襲いかかって彼女が処女だと分かると優しくなり行為を続ける。このとき、小松さんは江崎和代の綺麗なカラダを上手くカメラに見せて絡みをした。最後に2人は結婚するというオチになる。

一方で美希は辻本としたい気持ちを隠して部屋に行くがケンカになって、プリプリと自分のアパートに帰る途中、向かいのアパートの浪人生（ほぼ必ず出てくる）と会って、彼のアパートに行ったら即「やらせてください！」と襲いかかってくるのをひっくり返し「やらせてあげるわよ」と攻撃的に脱がせて行為すると「乱暴しないでくださいよ」と逆に言われ、早漏発射で果てさせる。部屋に帰ると、三崎と洋子が結婚する話になっていて、お祝いして楽しい乱痴気パーティーとなる。ジジイや会社の描写は古いが、毎朝、根岸さんの差し込み直しがあったのでコピーして配り、若者の性春謳歌は今でも通じ、俳優たちは生き生きして面白いものになり、編集でも、現場とは随分と印象が変わるもんだな、という学習をした。

撮休の5月1日に渋谷で見た『影武者』は衝撃だった。黒澤明が同時代に生きているという衝撃だ。リアルタイムで見られた黒澤作品は、中学で『どですかでん』、大学で『デルス・ウザーラ』

のみで、『天国と地獄』『生きる』『七人の侍』等はリバイバル上映で、文芸坐や並木座で見ていた。『影武者』は勝新太郎降板の話題もあり、失敗作だろうと想像していたが、緊張感の続く映像美と物語の面白さにグイグイ引き込まれ、最後は影武者の気持ちに同化して武田家に殉じる気分になった。渋谷の街に出ると、メーデーの行進の足音が武田の軍勢の行進のように耳に残った。

翌日、『朝はダメよ！』の撮影に戻ってもボーッとしていた。若いスタッフにも「『影武者』見た？」と聞いたが、驚きだったのは世評が悪いことだった。新聞も批判的で「駄作」とか「愚作」とか書いていている人が大勢いた。え〜ッ!?　助監督同士でも相当批判されていたが納得出来ない。前の黒澤作品と比べてって何故みんなそう言うの、比べる必要ないでしょ、これはこれで傑作なんだから。僕はまるで『影武者』弁護人みたいになった。那須さんも興奮していた。すげえよって。

そんなことを考えながら、日々、カチンコを打っていた。

トンさんの海女モノの想い出
『冬の少年たち』が城戸賞の最終選考に

神代組、根岸組以降の1980年後半、助監督3年生の25歳は面白い仕事にはありつけなかった。5月末から**藤浦敦**監督の『若後家海女うずく』に就いたが、敦の音読みから「トンさん」と呼ばれるこのトンでも無い監督、トンさんのことを知らない人にどう説明したら良いか。夏は海女モノ、冬は温泉モノの年に2本しか撮らない人。だのに僕はこの年2本とも就く羽目となる↓海女モノでもなく温泉モノでもない『セックスドック 淫らな治療』だ。

「そりゃ災難だねぇ、金子くーん」と、那須さんから同情された。

トンさんはこのとき50歳、ロマンポルノ以前の'71年『喜劇いじわる大障害』以来8本目の監督なのに何故か身分は「助監督室の古株」みたいな顔で常にエラソーにして、飲み会では敢えて近づきたく無いし誰も話しかけないからひとりで飲んでいる。なんでそんなにエラソーにしているかというと、おウチが三遊亭の名跡を継いでいるので「宗家」と呼ばれ落語界では本当に偉いらしく、肌がツヤツヤで見るからにお坊ちゃま育ちで、有名・無名な落語家を縁故でロマンポルノに〝賑やかし〟として出演させることが出来た。実際、現場に現れた落語家さんらはトンさんのことを「坊ちゃん」とか「若旦那」と呼ぶ。お祖父様が青果卸商をやっていたときに初代の三遊亭圓朝を支援して名跡を預かった。坊ちゃんとして育ったトンさんは早稲田大学政経~読売新聞~日活という経歴で大変な秀才だったようで、入社の'54年は映画黄金時代、希望に燃えた24歳は17年後に日活がポルノ専門になるとは想像しなかったろうが、'74年に初ロマンポルノ『江戸艶笑夜話 蛸と赤貝』を撮って以来4年で6本はベテランという本数ではないが、年齢的にベテランの雰囲気があっても良いはずじゃ?

が、「ヨーイ、ハイ!」というスタートの掛け声は元気よく、高く通る声でハッキリ言うが、芝居が終わっての「カット」はかけない珍しい監督だ。カットするタイミングが分からないのではないか、山崎善弘カメラマンが〝芝居、終わったな〟と思ってファインダーから目を外すと助手がスイッチを止め、カメラ止まったと分かったセカンドの僕がカチンコをカカッと小さく鳴らすことで撮影行程が終了したと皆が理解する。このとき、監督は？　と思って横目でパンすると、台本に目を落としている。誰も「ＯＫ」と言わないので、皆がお互い見合ってうやむやのうちに次の段取りへと進む珍しい現場。山崎カメラマンはトンさんの小学校の同級生で、この『若後家海女 うずく』までカメラは必ず善弘さんだった。実質的には善弘さんが監督をしていたと言って良い。役者への動きの指示も的確にしていた。チーフの伊藤秀裕さんが善弘さんのご機嫌を取り、ときどきはトンさんの意見をフンフン聞いているフリしながら現場を進めていた。

ロマンポルノが終わった後の'92年、日活経営陣に食い込んでいたらしいトンさんは突如ダイアン・レインを日本に招聘して**加藤雅也**と共演させ制作費何億円もかけた大作『落陽』の〝総合プロデューサー〟となって君臨して大コケ、ほとんど日活の息の根を止めたが、『映画秘宝』でインタビューを受けたり本を出したりして、嘘かホントかハッタリか見分けがつかない記述が多いようだ。『若後家海女 うずく』での更なるツラさは、主演女優、**佐々木美子**が全くの新人で、演技がどうにもならないことだった。明るくアッケラカンとしているのが救いだが「脇毛を剃らない自然児の魅力」をキャッチフレーズにし、「私を買ってください」というセンセーショナルなタイトルのヌード写真集を出したのがきっかけでロマンポルノ出演となった人だ。

５月26日からセット開始した翌日、昼休憩30分にして佐々木美子の練習をすることになったが、ステージ内では午後の準備が始まるので表に出、伊藤チーフと僕とで彼女の芝居を訓練しているとき、セリフの相手をしながら彼女の背後にやって来た人の姿を見て背筋が緊張、ビビった。その人は向かい側の自分のステージへ向かう途中に我々の様子を見て足を止め、観察しているふうに腕を組んで暫く見ていた。我々が何をしているかすぐに分かったろう。ご自分もかつてこのようにして新人女優に芝居の稽古をつけたこともあったはず、懐かしそうな、いや、厳しい顔つきで我々の様子を見ていた。その風貌を見間違えることは無い。『太陽の子 てだのふあ』を撮影中の**浦山桐郎**《うらやまきりお》監督であった。『キューポラのある街』で吉永小百合を、『非行少女』で和泉雅子を輝かせた豪腕で酒豪の名匠、その人が、我々の新人女優訓練をご覧に。何を想っていたのか、かなり長い間見ていたが、スッと自分のステージへ入って行かれた。午後の撮影前にスタッフより先にステージに入ろうとした途中、我々の様子を目撃したに過ぎないのだろうが……伊藤さんも僕も、赤面した。

5月28日は撮休で、佐々木美子はじめ共演の海女たち→**安西エリ**、**マリア茉莉**、**笹木ルミ**、**麻吹**《まぶき》**淳子**らを千駄ヶ谷の東京体育館プールに連れて行き、水泳練習をした。〝海女ちゃん〟としての海での泳ぎながらの芝居が、どれだけ出来るのかを助監督としては把握しておかなくてはならない。

5人の派手なグラマー美女たちを引き連れてのプールは、周囲の注目を集め、キャッキャ！と楽しかった。皆さん水着も派手で、自慢の肉体美をアピールしている。僕も海パンだったので前が突っ張らないように注意した。25歳なんで。

5月30日から6月7日まで、千葉、勝浦ロケとなる。

このロケでは3日目の昼に雨が降り、午後は中止にしてボウリングにでも行こうかと伊藤さんと善弘さんが相談。監督と年配スタッフを除く若手スタッフと女優、落語家らとロケバスで平日のガラガラのボウリング場へ到着、楽しく3ゲームしてから宿に帰り、風呂上がりのトンさんも合流して宴会。それから連日撮影を早く終わらせてボウリングへ行くのが日課となった。善弘さんもボウリングやりたいから撮影のスピードを上げげた。善弘さんはプロ並みの腕前で、僕はほとんど初めて

(人生2度目)だったが投げるコツを教わり、アベレージが、65→90→110と日々上達した。

撮影とアフレコが終わって編集の打ち合わせで驚いたのは、トンさんが「俺は、ポルノはワンカットも切らないよ」と宣言したことだった。聞かれていないのに。更にトンさんのポルノ論を滔々《とうとう》と聞かされた。要するにお客はハダカを見に来ているだけなんだからポルノにかこつけて〝作家的な自己主張〟をするのが許せないというもので、神代辰巳さんや田中登さんなど、ロマンポルノでマスコミから注目された同輩、後輩作家たちへの、長年積み重ねられた嫉妬からの発言のように僕には思えた。だからと言ってポルノシーンを全く編集しないとダラダラの長いだけのものになってしまう。実際、ポルノシーンの現場では「激しく、激しく」しか言わないで撮っていたし。トンさんは金子がいかに無能助監督なのかは見抜けず、次の『セックスドック 淫らな治療』でも御指名をいただいてしまった……気に入られたのでしょうか(汗)。

7月は**武田一成**監督の児童映画『お母さんのつうしんぼ』に就いた。お母さん役の**藤田弓子**さんがいい人で、好きだったな。

夜はストレス発散もあってシナリオを書き、結構長い1ヶ月半の撮影が終わって仕上げの最中に、第6回城戸賞に出す『冬の少年たち』第3稿を書き上げた。

9月は原悦子主演、白鳥信一監督の『クライマックス 犯される花嫁』に就いたが、これは、原悦子の日活最後の作品となる。そして、のちに〝ロマンポルノの聖子ちゃん〟と呼ばれる**寺島まゆみ**のデビュー。新旧交代。「寺島まゆみ、泣く」とかダイアリーには書いてあるが詳細を思い出せない。他「頭痛で気分悪く、カチンコ間違い続出」とかも……頭痛じゃなくても間違えるんですけどね。

そしてまた、10月、藤浦組『セックスドック 淫らな治療』だ。

この作品で、トンさんは〝監督開眼〟した。カメラマンが善弘さんから水野尾信正さんに変わったからだと僕は思う。那須さんが言ったことだが「水野尾さんは監督が乗り移る人なんだよ」と。曽根中生監督に何本も就いている那須さんが脇で見ていると、カメラの水野尾さんが曽根さんソックリに見えてくる、と。それで名作『天使のはらわた 赤い教室』が生まれた。『セックスドック 淫らな治療』でも同様の現象を見た。トンさんと水野尾さんがカメラを挟んで同じことをステレオでガナる。水野尾さんが一拍遅れてトンさんの言うことを繰り返すので「監督が2人になった」と笑うスタッフもいた。その前に「ヨーイ、ハイッ!」だけでなく「カット!」も言うようになったトンさんのことを、僕は先輩助監督たちに報告して驚かれた。

「トンさんが、『カット』って言ってます!」「えっ、ほんと〜」「すげえな」

そしてトンさんは「助監督室」からも卒業して行った。しかし、映画は……。

カウンセラー役の**砂塚秀夫**が、セックスに悩む患者を診察しているのを見ただけで、ナース役の**志麻いづみ**が興奮して自慰するとか、十字架を見ると淫乱になる修道女役の**渡辺とく子**とか、セックスという行為自体を知らない安西エリの若妻とか、コントじゃないだろ。アホらしい、とこれ以上思わないために現場で懸命に働いた。大声出したりセット内を走ったりして体を使った方が精神衛生上、良い。白石さんや那須さんら〝優秀な助監督〟たちを真似して張り切っているように見せた。そうしたら終わってトンさんが「金子、金子」と呼ぶではないか。「はい？」と近づくと、「これでお茶でも飲め」とお札を渡された。５０００円。今日は目立っていたという意味だろう。〝ふざけんじゃねえ、こんな金のために仕事やってんじゃねえ〟とか言えたらカッコいいよなと思ったことは覚えているが、自分がどんな顔していたかは分からない。嬉しくは無かったが返すことなくポケットに入れた。やっぱり「ありがとうございます」って言っただろう。でも、翌日からは自分のペースでやり、特には頑張らなかったからお小遣いもそれ以上は貰わなかった。

撮影最中に『冬の少年たち』が城戸賞の最終選考に残っているという報せが事務局からあり、ドキドキした。応募総数は分からないが１００本は超えてるだろう。そのうちの10本に入っていると いうのだから凄いことじゃん！　賞獲れるかも知れない。そしたら25歳でイッキに監督昇進だ。

仕事の方は撮影とアフレコが終わるや否や、日向明子主演、加藤彰監督の『百恵の唇 愛獣』に就いた。加藤さんも好きだし、日向さんも感じいい人なのだが、助監督の仕事がルーティンとなって記憶が埋没してしまった1本だ。徹夜2回はキツかった、ということだけ覚えている。

そのオールラッシュの11月26日、合評会の後、出席した**樋口弘美**撮影所長が「金子、ちょっと」と手で呼んで立ち話で……「城戸賞、残念だった」。えっ、所長、審査員だったので……と、膝がガクガクした。審査会の模様を短い言葉で教えてくれた。「**佐藤忠男**さんは今年はこれしかないと言ったんだが、**新藤兼人**さんがダメだと言ってね」。えっ……。「まあ、頑張れよ」と、去ってゆく……が～ん。〝佐藤忠男さんが「これしかない」と言ったが新藤さんがダメだと言った〟。その後、何百回も頭の中で繰り返された言葉である。お2人とも城戸賞選考委員としては重要なツートップで、しかし、新藤兼人さんの方が最大の権威者だろう。その方がダメだと言えば、そりゃダメだ。

が、僕は実は以前から巨匠、新藤兼人に疑問というか、反発を感じていた。夏目漱石の『こゝろ』をいつか映画化してみたいと高校時代に思っていたが、新藤さんが'73年ATGで映画化（松橋登主演）した『心』を見たらちょっとヘンな映画だった。明治の話を昭和にして低予算だからなのか、僕には心情が伝わらずに退屈した。それが新藤兼人映画初体験だった。大学時代には『愛妻物語』は先にシナリオを読んで感動していたが、その後TV放送で見たとき、乙羽信子が宇野重吉の夫（ご本人自身を投影した脚本家）に「いいシナリオを書いてくださいね」と言って死んでゆくシーンを見て〝こりゃあ新藤さんの自己正当化なんじゃないんですかぁ？〟と感じて白けてしまった。**溝口健二**監督の関係者の証言を集めたドキュメンタリー『ある映画監督の生涯』には大変驚き、面白かった。ドキュメンタリストとしての新藤さんは凄いけれどフィクションの創造性はどうなのか、という疑問があった。遺作の『一枚のハガキ』には感動し、流石だと思ったが。こういう複雑な新藤兼人観を持ってるから屈折した見方であろうとは思いますが……。

この年、東宝で大森健次郎監督、新藤兼人脚本のパニック映画『地震列島』が封切られ、それを新宿コマ東宝で9月7日に見た僕は、アッと思ったのだった。傍系のストーリーだが、教育ママならぬ教育グランマを憎む少年が出てくる。

『冬の少年たち』は、僕自身が中学時代から書いて来た少年像だけでは映画としては物足りないだろうと思い、朝日新聞記者の**本多勝一**著『子供たちの復讐』を参考に、そこに取材されている「祖母殺し少年自殺事件」の高校生の、中学生時代を想像し創作してシナリオ化、彼を主人公にして構成した。'79年1月、教育グランマであった祖母を包丁で刺し殺して投身自殺した少年Aの「無教養な一般大衆を一瞬でも二瞬でも三瞬でも不愉快にするために事件を起こした」と書かれた偽悪的な遺書は、大手新聞社に送られ、世間にショックを与え僕もショックを受けた。『子供たちの復讐』では遺書を全文近く掲載して、事件の分析を試みていた。『地震列島』の少年は、この高校生をモデルとしている（小学生にしている）ように見えた。つい1週間前に『冬の少年たち』を書き上げた僕の推測で、他の人は気づかないかも知れない。そして『地震列島』という映画の本筋にこの話は絡まない。パニック映画に何故この少年が出て来たのか意味のある構成になっていない。

新藤さんは、家庭内暴力を描いた『絞殺』を前年の'79年に発表している。これも'77年に実際に起きた開成高校生殺人事件（家庭内暴力を繰り返す息子を父親が絞殺した事件）を題材にしているが、成功作とは言い難い。ただ、新藤さんのテーマが家庭のような閉じた世界の人物の愛憎にあることは分かり、「祖母殺し少年自殺事件」にも触手を動かしていたはずだ。新藤さんがもしこれを映画の題材に考えていた場合、そうでなくとも自分のテーマと同じフィールドのシナリオを目にしたら評価がより厳しくなるだろう。若くても無名でもライバルを感じる相手は歳を取ると多くなる。

――と、歳を取ると分かる。

『冬の少年たち』第3稿は……。

些細な悪戯で好きな女子の腕を怪我させ、期末テストを受けられなくしてしまった劣等生Bを、主人公の優等生Aは、自分もテストに失敗したから「期末の結果記録を焼失」させるために学校に放火しようとそそのかす。そうすれば期末テストやり直しになる。夜中2人で一緒に学校に忍び込むと、担任教師が校長室に放火しているのを目撃。「内申書操作はいけない」と新任の校長に咎《とが》められ学年主任の地位も脅かされたので煙草の不始末に見せかけて校長を陥れるために放火したのだ。炎上する校舎の中で、担任教師が放火を見られた生徒2人を追いかけまわす。バールを振り回して生徒を殺そうとする教師は逆にBに消火器を投げつけられ2階の非常階段から転落して焼死する。学校から逃げ去るAとB。母校が燃え盛るのを知って集まって来た他の生徒たちは、燃える校舎を見て興奮して「燃～えろよ燃えろ～よ」と、キャンプファイヤーのように楽しそうに歌う。そして1年後に鉄筋となった校舎の屋上から、祖母を殺した優等生の少年Aが飛び降りて自殺する。それが『冬の少年たち』の新たに直したラストだった。

入賞作は小林伸男（祖父江一郎）の『一ノ倉沢』で未映画化、準入賞は浅尾政行の『とりたての輝き』で映画化された。僕のものは確かに未熟で荒っぽい作りだが、もし城戸賞が獲れたら賛否両論のセンセーションだったろうな。まあ審査の詳細は分からないし、教育問題に敏感な佐藤忠男さんだけが支持してくれたのかも知れないし……と、次第に口惜しさの実感が年と共にすり減って単なる記憶になっていき……。

それから25年が経ち、50歳で審査員をやることになった城戸賞の審査会。賛成多数で受賞作を選び一段落して雑談になり「僕も昔、助監督のときに城戸賞の最終審査まで行ったんですが、新藤兼人さんに反対されたらしいんですよぉ（笑）」と言ったとき、ある偉いお方が遠い目をされ関西弁で、「昔、確かにそういうことありましたなぁ。みんながこれがいいと言うてるのに、新藤さんだけがダメだと反対したことが。何故なんでしょうなぁ、とみんな話してましたわ」

え、新藤さんだけ？　みんなこれがいいって『冬の少年たち』のことだよね、みんながいいって言ってたの？　佐藤忠男さんだけじゃなくて樋口所長も？　え、みんなでしたか、そうか、樋口所長の言い方は、いろいろ忖度した上での言い方で、僕に本当に惜しかったんだよってことを伝えたかったんだー。そうかー、新藤さんだけだったか反対は。そうだよな、相当方向性違うもんな、家庭内のギチギチの人間関係描く日本映画の巨匠とは。そっちの世界は苦手なんです。燃えろよ～燃えろ～よ、炎よ燃えろ～……。

那須博之夫妻と飛んでカルカッタ　帰って来た日本を見て〝逆カルチャーショック〟

那須さんが「金子くん、インド行かねえかい、真知子も一緒に」と誘ってくれたので「行きます！」と即答。年末年始の1週間。もちろん海外は初めて。品川の合同庁舎でパスポートを申請。海外への個人旅行はまだ少なく、ツアー崩れの航空券を手配する小さな事務所が原宿にあり、現金30万円持って竹下通りを歩いて行った……30万円がチケット代か旅の総予算か曖昧で、とにかく「30万」

という記憶。当時はエコノミーでもそれくらいしたかも知れない。高いけど。

那須さんは2年前『ハワイアンラブ 危険なハネムーン』（'78年**加山麗子**主演、林功監督、フランキー堺も出た）にセカンドで就きハワイロケに行き、そのときの面白い話を随分と話してくれた。海外は慣れているはずだと全面的に信頼、言われる通り『地球の歩き方 インド』を買った。

そして'80年最後の仕事は、麻吹淳子主演、前年に続きまたも年末、藤井克彦監督の『団鬼六 OL縄奴隷』だが、ダイアリーには12月15日インと記入のみで、以後は全く記述無く空欄。頭はインドでいっぱいだったろう。覚えているのは両手両足を縛られた全裸の麻吹淳子の股下に潜り込み、前貼りの上から細いホースをガムテープで装着したこと。おしおきで水分を多量に飲まされ我慢出来ずにバーっと小水を漏らして恥ずかしがらせる場面のために、ポンプで仕込んだ。クランクアップの日も記録して無いが、多分12月27日で、翌28日からの旅行のことは詳しく書かれてある。


6時半起床。8時半ジャストに新宿西口スバルビル地下の喫茶店ロールスロイス前に着いたら、那須さんから「遅い！　何やってんだ」と一喝。ジャストは遅刻と同じ。「荷物、多いなぁ、おい、そんなにあるのか」と。一緒の真知子さんは小さな身体に大きなリュックを背負っているだけ。まだ〝バックパッカー〟という言葉は聞いたことがない。僕は2人に比べるとリュックサックの他に手持ち鞄が二つ余計だった。よそ行きの背広を入れていたが、一度も着なかった。

上野まで〝国鉄〟、京成線で成田へ。空港で真知子さんが地平線の木立を見て「あそこから（過激派が）来たらどうする？」と聞くと、腕を肩に回して「旅行やめて一緒にやるかい」と、那須さんは笑って言った。冗談もいいところだが、成田闘争の記憶は、まだ生々しかった。

好きな両親と一緒にいる子供のような、幼い頃の家族旅行のときみたいな浮き足立つ幸福感を覚えていた。音も録れるシングル8カメラ（上部にマイクが付いている）を持って行き、とにかくはしゃいでいた金子。12時に成田発で飛行機が飛び立ち、雲の上に出ると窓から自分へパンして「やっと日本を脱出しました！」と自撮り。今思うとチト恥ずいが、この頃の若者の多くは〝日本脱出〟に憧れていた。凄い解放感があったなー、昨日まで藤井克彦監督の現場だもんな。

トランジットの香港の空港では、TV英会話で習得した英語を試したくて、白人の乗客にインタビューしてまわった。「Do You Like Soviet Union?」と、何人にも訊いた。

バンコク夜8時着で薄暗い安ホテルのツインルームに1泊、那須夫妻と僕とでそれぞれのベッドに寝た。那須さんは谷恒生《たにこうせい》の小説『バンコク楽宮ホテル』を持って来ており、ここはモデルのホテルではないかと推理、興奮で鼻息を荒くして部屋の雰囲気を探っている。街に出ると、昔の日本映画を思い出した。敗戦後の日本の空気を感じる。そしてスラウォン通りでストリップショーを見る。ミラーボールの下で本番ショーをやっていた。真知子さんはホテルに帰って泣いた。女性がなんであんなことをさせられているのか、という怒りの涙だ。

バンコクを翌日早朝出発で、昼にカルカッタ（今、コルカタ）に到着。

飛行機扉から出て外気にあたると熱気が「がーん」と顔を殴ってくるような感じで、タラップを降りると、首輪を着けてない犬が2頭寄って来た。あれは、麻薬取締り犬だったのだろうか。

原宿で直接お金を渡した人が空港の表で待っていてタクシー料金を交渉してくれ、後は個人でお楽しみください、と言ってバレた。僕らは貧民街とまでは言えない庶民街で降り、1泊100円の「モダンロッジホテル」へ入った。とにかく暑い。モダンロッジでは那須夫妻とは別々の部屋で、木の扉、内に南京錠をかける。窓には鉄格子がはまり、強盗が入れないように安全にはなっているが、その窓から寝ている間に釣竿のようなもので盗まれる場合があると『地球の歩き方』に書いてあるので、大事なものはベッドの近くに置き、パスポートは腹巻に入れた。

マーケットでは8ミリカメラを出すと、わぁっと人々が寄って来た。暑さが増す。好奇心のエネルギーが凄い。リキシャ（人力車）で街に出て、3時間のインド映画を初めて見ると、ダンスモブシーンのクォリティに驚く。ラストで悪者が神様に退治されると満員の客はやんやの喝采。映画が終わって深夜0時過ぎでも、涼しくなった映画館の前にはリキシャが多数待機してお客を待つ。

撮影〝欲〟のようなものは尽きない。どこにカメラを向けても画になる。

住宅街の川に豚の死骸が流れて来たので、近くで体を洗っている人間も入れようと、橋の上から狙った。別場所でも野良犬と豚と鶏と人間を同一画面に入れようとして望遠で撮った。

那須さんから「手を出して来る物乞いには何もやらないように。特に子供には気をつけろ」と注意されたが、英語で「I'm a student」と言ってくるのが分かると、平和団体に寄付を求めているのだと信じて少額を渡してしまった。前を行く那須さんに「Your friend gave me some money」とさらに寄付を求めたら、那須さんが「He is not my friend!」と大声で言って、そいつはびっくりしてキョトンと立ちすくんだ。この話はその後、何度も真知子さんの笑い話で語られた。「あいつの顔ったら無かったよね」と。真知子さんは那須さんのそういうところを愛していた。僕も「not my friend」と言われようが、豪快で好きだった。

那須夫妻がベナレスとプーリーへ行くと言うので、3日間、僕はひとりでモダンロッジに残った。

1月1日に新年レースの競馬場へ潜り込んだり、商業映画の撮影の現場に出会ったり、牛市場、博物館、演劇（やっぱり神様が活躍する）と、あちこちひとりで行って8ミリカメラを回した。

帰国後、この8ミリを那須さんの家で映写会したとき、真知子さんに「テーマは貧富の差ね」と言われて笑われた。貧富の差が一目瞭然でダイナミックで凄い。それが画になった。

インテリふうの奴と知り合って家まで行って仲よくなったかと思ったら、「日本製のミニカメラ持ってないか？　高く売れる」と言うので、それが目当てだったのか、と分かって寂しく思った。

調子に乗って深夜0時過ぎまで歩き回り道に迷ったかなと思っていると、パトカーが寄って来て警察に保護。「This area is not safety」だって。パトカーでモダンロッジに運ばれた。

1月3日には、カルカッタへ戻って来た那須夫婦と慌ててお土産を買い、那須さんは真知子さんに毛皮のコートをプレゼントして、とても喜ばれた。そしてバンコクへ戻った。

バンコクでの4時間の間に、新富士ホテルのロビーに真知子さんを残し、那須さんと2人で飾り窓の売春マッサージ街を見学だけした。〝見学だけ〟はホントですから。

飛行機の中で寝て、翌1月4日、成田到着。

その飛行機でインドに1年いたという日本人の若者と会う。彼はボロボロの服で裸足であった。真冬の成田で「靴がねえよ」とゲラゲラ笑いながら別れた。〝インドに行って人生観が変わった〟という話はこの頃、よく聞いた。のちにインド旅行記を書いた藤原新也の『東京漂流』や『乳の海』

なども読んで再興奮した。那須さんの「インドに行って帰って来たら、頭が吸い取り紙だぜ」という言葉通り、帰って来た日本を見て〝逆カルチャーショック〟を受けるのである。「日本て、こんなだったたっけ?」というような。空港の職員同士のふざけ合いが幼い子供のように見えた。

翌年はまたタイに3人で、次の年はひとりでスリランカに、さらに次はマレーシア、バリ島、インドネシアへと、正月アジアンバックパッカーとして成長した。

その頃、当然、紅白歌合戦は見ていない。

第4章

1981

『制服体験トリオ　わたし熟れごろ』シナリオ書き直しで荒井晴彦さん宅へ

1981年1月6日から『団鬼六　OL縄奴隷』の仕上げ開始、19日現像所0号試写で終了。21日、聖蹟桜ヶ丘の那須さん宅での新年会には、いつもの映写機をくくりつけた新車バイク（ヤマハ50cc）を走らせ、インド8ミリ映画編集済みの30分を上映。同期の瀬川も飲みに来て見た。街に出て『フェーム』や『機械じかけのピアノのための未完成の戯曲』などに衝撃を受け、高田馬場パール座でばったり会った石井聰互くんや狂映舎のメンバーらと、遅い正月気分で飲んでいたら会社から呼び出され、『高校大パニック』でチーフだった菅野隆さん32歳の監督デビュー作に就くことになった。

この作品はとにかく「7日で撮れ」と会社から厳命。入社の頃の14日から当時は12日に減っていた撮影日数。ビデオの登場でロマンポルノ衰退がはっきりしてきて、合理化の波が現場にどんどん押し寄せて来ている。1月28日イン2月5日アップで、結局、8日間に延びたけれど。

スタッフも減らされカメラ助手が3人から2人になり、セカンドの僕がバッテリーのスタートスイッチを押す。「ヨーイ、ハイ！」を聞いたら左手でスイッチを押し、右手でカチンコを叩く。本番前にカットナンバーを入れるタイミングを自分で決められ、それだけは助かる。特機部スタッフが切られたので移動車も押さなければならない（特機部は、移動車やクレーンを準備、管理し操作する人で、何もすることがないカットのときは様々な手伝いをするが、本当に何もしないで待機して煙草吸っている場面もあるから、合理化の対象にし易い）。とにかくスタッフが減って現場から逃れられなくなり、毎日残業だし、体はキツイ。

菅野さんは監督デビュー出来た喜びを素直に表すタイプでは無いが、大きい体と体力に物を言わせてガンガン撮る感じで引っ張られ、体は疲れても不満が鬱積することは無かった。スタッフの疲れは監督の「どうしようかこうしようかやっぱりこうしよう」という迷いから生じる場合が多い。

菅野さん、テーマは迷わず「愛の不在」だそうだが、僕にはよく分からない。

かねてから菅野さん自身「毎日（シナリオの）直しを出したり現場で悩んだりする監督は違うよな」と言っていた言葉通り、桂千穂さんのシナリオを全くいじることなくそのまま撮り、剛直な映画になって、菅野さん本人の顔つきを見ると満足はしてないが、与えられた条件のなかで〝やりきった感〟があるように思え、編集で切るところも無いし、会社的には「優秀な使える監督が誕生した」という評価になった。僕も、同意見。

主演の麻吹淳子も『団鬼六 OL縄奴隷』から引き続いて、この頃は堂々たる主演ぶりで洗練され美人度が増していた。初出演は『宇能鴻一郎の あつく湿って』、初主演は『団鬼六 白衣縄地獄』、前年の『昭和エロチカ 薔薇の貴婦人』、トンさんの『若後家海女 うずく』と、同い年の僕とは5本も仕事しているので同志的な気分があった。バストは89センチと立派で顔と一緒に今でも思い出すが、べつに〝エッチ感〟て湧かないもんだよな、同志のオッパイには。谷ナオミに継ぐ〝二代目SMの女王〟と呼ばれたが、ロマンポルノ活動期間は2年で意外に短い。

2月の震え上がる冷気のなかで、羽田廃工場ロケでの砂にまみれた全裸ファックシーンは迫力あった。相手役は北見敏之。

『ビニール本の女』撮影が終わった頃、大学映研先輩の押井守さんから電話があり、「金子、サンデーで連載してる**高橋留美子**の『うる星やつら』読んでる?」と。読んではいないが知っていた。手塚治虫&石森(現・石ノ森)章太郎で育ち『COM』に投稿して落ちたマンガ少年も、助監督になってからはマンガはあまり読まなくなっていたが、うる星は石森章太郎の線(画風の意味)と似ていて、つまりは僕の線とも似ていたし、高橋留美子はマークしていた。それをもうTVアニメにするの? 押井さんが? 竜の子プロダクションに入社していた押井さんの名前は『タイムボカンシリーズ ヤッターマン』や『ニルスのふしぎな旅』の演出としてTVで見たことはあったが、録画してまでは見ず、このときは同プロを離れていて『うる星やつら』で初のチーフディレクターとなり、仕切れる範囲が広くなり「アニメのシナリオ書かない? もちろん金は出せる」と言ってくれた。自分よりキャリア下で、多少話が通じる相手を必要としていたようだった。

僕はもちろん書く気満々で打ち合わせに行ったが、集まった脚本家チームはアニメライターとしてはベテラン揃いで、そこに僕を入れるには「日活の助監督」というより〝城戸賞最終選考に残った奴〟ということの方が大きかったのかも。押井さんにも『冬の少年たち』第3稿を読んで批評してもらい、新藤兼人よりは評価してくれていた。

2月21日にはバイクで小金井の『うる星やつら』を手掛ける新アニメ会社「スタジオぴえろ」に行った。若いスタッフたちが学生のような格好でデスクワークしており、当然、映画セットの土の匂いはしない。日活とは違う世界。僕は本来こっちに近い奴なのかも知れない……押井さんの同僚の女性ディレクターも理知的で感じよくて憧れそう。かなり眩しい世界だ。

翌2月22日に、同期の企画部、山田耕大から電話があり「ニシさんが出倉宏センセイのホンじゃ撮れないって言ってるから、手伝ってくれない？」とのことで、やはり小金井の荒井晴彦さんの実家へバイクを走らせた。中央線を隔ててスタジオぴえろとも近い。

『制服体験トリオ わたし熟れごろ』の脚本を渡された西村昭五郎監督が「これは撮れまへん」と言っているが、それを元に直すより新たに書き直した方が良いと山田が判断。でもインは迫っている（3月5日）から山田も困って荒井さんにお願いしたら「そんなの俺ひとりにやらせるなよ。ホン書ける助監督でも連れてこいよ」と言われ、僕の城戸賞落選を思い出してその電話となった。

荒井宅の門を開けると「なんだお前か」（「脚本つまらないです」と面と向かって言った奴か）となったが、帰っていいよとはならず、とにかく荒井さんがオリジナルの起承転結を提案し、僕がスタートの3分の1を、山田が中盤を、ラストの3分の1を荒井さんがアンカーとして仕上げる方式で作業をやり出した。

主演は寺島まゆみ、**北原理絵**、**太田あや子**の売り出し中女優3人で、日活は「スキャンティーズ」と名乗らせ歌も歌わせて、宣伝しようとしていた。

3人を高校生、舞台はミッション系全寮制の女子高校にして、そこを捕虜収容所みたいな世界観にして、『大脱走』的というか反逆チックな面白いストーリーにしていった。

2月23日は雪が降ったがバイクで荒井さん宅へ行き、作業して24日の午前3時に帰宅、25日は帰宅5時、26日、27日に帰宅9時半とメモされているが、午前なのか午後なのか判然としない。

荒井さんの御母堂に美味しい朝ごはんを作ってもらい、ひとりで食べて帰った記憶がある。御母堂は「晴彦の知り合いにしては、礼儀正しい青年ね」と仰ったとか……作業中は竹内まりやの歌が流れていた……そうやって出来上がったシナリオは結構練られてテンポあるものになったと思うが、ニシさんから「若い人にはおもろいのかも分かりませんが、これもワシには撮れまへんな」と言われて即ボツになった。そして今度はニシさんが僕と山田を撮影所近くの「たてべ旅館」に閉じ込め「3人の女子高生が、爺さんを籠絡してヤって昇天させる話にしなはれ」と、荒井さんより遥かにアバウトな起承転結を言って、僕らはとにかくその通りに書いていった。籠絡される爺さんは**汐路章**。深作欣二監督の『県警対組織暴力』でアカ嫌いの刑事が印象的だった。

3月5日に原宿でクランクインしながら、6日にはたてべ旅館で完成していないシナリオの続きを書き、9日から14日まで、沼津の大きな別荘で撮りあげた。ニシさんにとっても初めての7日撮りのロマンポルノだったろう。

僕が作った予告編では「スペースシャトルに乗って、宇宙で恋したい!」と寺島まゆみに言わせた。評論家に夕刊フジ上でボロカスに叩かれたのは覚えている。最初のモノを映画化していれば評判になった? ……でも、この経験は勉強になったのかも。荒井晴彦シナリオ塾みたいなもので。

一方『うる星やつら』の方では第3話の「宇宙ゆうびんテンちゃん到着!」と第4話の「つばめ

さんとペンギンさん」を僕が書くことになり、『少年サンデー』に掲載された原作漫画のコピーを貰って読んでいた。1話15分で1回で2話放送だから、新番組二回目の放送から名前が出るって凄いじゃん、ＴＶに初めて名前が出て自慢出来る。

押井さんは「〝うる星〟は、最後に地球が爆発しても、翌週は普通に食卓を囲んでいる世界」と言う。なるほど面白い、ロマンポルノより馴染みある世界かも知れない。

そのロマンポルノの世界では、4月8日インの田中登監督、**川村真樹**主演の『もっと激しくもっとつよく』の現場では泣きべそをかいた。

3年前の『人妻集団暴行致死事件』を思い出すと、田中さんは別人になって帰って来た。姿形は同じハイキング帽のムッシュでも。何があったのか？　ＴＶに招かれ何本も2時間ドラマを撮って高視聴率を獲得し「俺は30％監督だ」と言ったという噂を聞き、え〜？　田中さんがそんなこと言ったのぉ？　と憤慨。当時の映画屋は視聴率なんて「諸悪の根源」と捉えていたから、田中登がそんなことを言ったというのは、映画同盟軍の有名将軍が敵の軍門に降《くだ》ったみたいな感じで……大袈裟ですか。『もっと激しくもっとつよく』のときは、とにかくカット数が多くて、消化するので精一杯の余裕ない現場であった。「田中さん、ＴＶ的な撮り方になっているんじゃないか」と感じてしまって、首を傾げながら、働いていると……。

葉山の海岸ロケで車のテールランプが壊れ、それを外そうとして装飾の**学ちゃん**に「これ、どうやって外すの？」と言ったら、結構、離れていたのにそれが聞こえたらしい田中監督から「今頃そんなこと言ってんじゃない、『どうやって外すの』なんて女の子みたいなこと言うな!」と怒鳴りつけられ、その日は以後、カチンコをわざとバシバシ打って反抗的態度をとった。なんなのか、その叱責は理不尽極まるが、チーフの上垣さんに肩を揉まれ「怒るなよ。助監督なんて屈辱だろ」と言われても収まらず、その夜は思い出しては涙がこみあげた。ダイアリーには「1日たった今でも涙が出てくる」と書いている。助監督になって3年経ってるのにヤワな。でも確かにオカシな叱責だ。

横浜外国人墓地のシーンでは午前中50カットのペースで、太陽が雲に隠れそうになって矢部一男照明技師が「ちょっと待ってください」と言っているのに監督は急いでいるから撮影強行、その本番中に曇りとなって森勝カメラマンがNGにすると、ムッシュ「しっかりしてよ照明部さん」と言い、矢部さん「もう田中組やんねえぞ!」と呟いた。

続いて4月22日イン、この年2度目の寺島まゆみ主演、西村昭五郎監督の『宇能鴻一郎の開いて写して』では、新宿高層ビル街に吹く風を強調するため、大扇風機を現場で吹かせていると、音がうるさいという苦情で警察が来て中止となった。

自分は関わってないが、『宇能鴻一郎の開いて写して』と同時上映の麻吹淳子主演、伊藤秀裕監督の『団鬼六 女秘書縄調教』では、渋谷スクランブル交差点でロケ、ヤクザ役の俳優が日本刀(偽物)を振り回したら本当に集団パニックになり、焦って逃げたお婆さんが転んで怪我をするという事件が起き、セカンドで就いていた一期後輩の**金澤克次**が拘束され、新聞記事にもなって、それ以後、渋谷の映画撮影はほとんど許諾されなくなった。ロマンポルノはじめ、映画に対する世間の風当たりが強くなるのは当然かも知れない。映画屋の感覚は、世の中とズレて来ている。僕もか。

5月11日は**風間舞子**主演、小沼勝監督の『あそばれる女』がイン。

小沼さんのロマンポルノ全体への功績は多大だと思うが、現場は助監督泣かせで有名。著書『わが人生 わが日活ロマンポルノ』にも〝監督の最重要の仕事は役者にセックスシーンの芝居をつけること〟と明快に書かれ、そのために〝監督と助監督がプロレスもどきにサンプルを演じて見せる〟とあるが、実際は監督はやらず、助監督同士で絡む（初期にはご自分もやったのかも）。それをカメラ脇で見ている監督が「それでいいの？ それでいいと思ってるのぉ？」とネチっこくダメ出すから、よくないんだろうと思うプレッシャーで再度芝居をつけ直す。これセックスシーンだけでないから全体的にエンドレスになる。基本的なことは先ず助監督にやらせてベースを作り、それを客観的に見て修正しながら自分の言葉を見つけ、役者を追い込んでゆく方法だから時間もかかるし、助監督の献身的な働きが要求される。仕事が終わって家でダラけていても電話があり「金子ぉ、明日のシーンだけどさ」と言ってくるから気が休まらない。助監督から吸い取りたい人なのだが、僕は「金子には吸い取られてる気がするよ」と小沼監督に言われ、そのことを先輩に言うと、「そりゃ凄いことだよ」と感心された。

この現場が縁で8月、小沼監督の自主企画『老女のたのしみ』の第1稿を頼まれる。映画化にはならなかったが、荒井晴彦さんが本格的に書く前のドラフト稿というようなものであった。「吸い取られる感じがする」というのは、小沼さんに認められたということだったのかも……。

パラオエロビデオの顛末
『うる星やつら』脚本に正式参加

『うる星やつら』のギャラは2話で12万くらい。30分番組だがオープニング&エンディングやCMを抜くと実質26分で1話13分。2話を5日で書ける。ダイアリーには日々「うる星・15枚」「うる星・25枚」とか、ペラ（200字詰め原稿用紙）の枚数を記録している。シナリオは鉛筆書き。

日活の月給は10万切る月があったから、これは効率いいバイトだ（入社した年は残業が多く20万超えの月もあったが、残業料カットの入社3年目の年収は下がった）。KKニッカツサツエイジヨの「給与所得の源泉徴収票」がダイアリー裏表紙に貼ってある。支払金額は198万4077円、控除後は123万8800円。手取り少な。手書きで原稿料60万7900円と書き入れて「アニメ4、にっかつ直し1」とメモ。給料の半分じゃん。だから先輩たちから「金子は最近、金儲けに走っている」とか言われたんだな。

'81年6月、日活本体とは別に撮影所が独自にビデオパッケージ制作に乗り出し、海外ロケもあるらしいという噂が所内に広まると、制作調整のM氏が「金子、パスポート持ってるよね」と聞いて来て「もう映画は終わりだよ、これからはビデオだよ。バリ島行ってビデオ作ろうよ、30分のを3本。ストーリーなんか無くていいから音楽のイメージに合わせてさ」と言い出した。

彼は映画もTVもプロデューサーはしたことが無い。現場制作を数本やったくらいしか現場のことは知らないデスクだ。当時の撮影所長は樋口さんだが、実権は組合出身の常務が握っており、M氏はその常務直属の部下として、頼まれるか提案したかで始まったプロジェクトだろう。

あれは幾ら無駄使いしたのか。ン百万かン千万か。バリ島じゃなくてパラオになったけれど「まずい弁当食ってさ、深夜まで働く時代はもう終わりだよ」と言っていたM氏、今どうしてる？

彼はスタッフを各組に配置する管理者だから、次のセカンドに金子が欲しいと誰かが来ても「空いてない」と言えばよく、僕も助監督の〝奴隷労働〟しなくても良い状態になり、そのまま戻らなければ時間は余り、アニメのシナリオも書き続けられるし、名前を売って監督デビューも早まるぞ、と思った。M氏からすれば、現場の金子を見たことないから無能かどうかは知らないが、城戸賞の最終に残ったくらいだから何かしら書けるだろうと思え、4、5歳下だし頼み易かったろう。

ロマンポルノの興行収入は「AV」という呼び名が浸透しだしたアダルトビデオの売上と反比例して激減している。しかし撮影所は角川映画やホリ企画やTVの2時間などが次々入って来て盛況で、この頃は東宝や東映から来た人が「日活がいちばん活気がある」と言っていた。

それは日活映画の活気じゃなくて外部仕事が沢山入っているからだが、そう言われるとちょっと嬉しい。日本映画の中心にいるような気がしていた井の中の蛙。昼の食堂はいつも満員だし、有名俳優はウロウロしてるし。高倉健とか。日活もこの夏、高橋恵子主演の『ラブレター』が大ヒットすると、このままでもいけるだろうとなって、ロマンポルノはさらに数年（後7年）生きながらえるのであった。しかしM氏は「映画はもう終わりだ」と言っている。

撮影所自体に独自の資金があったことが、このビデオ企画の発端か。本社の人間は全く絡んでいない。常務が○○円使って何かやれとM氏に言ったとしても経緯の記録は残っていないし、常務、M氏ともに日活を去っているので、僕が書かなければ歴史に埋もれる話……と、言っても大した話ではない、ホントに。

M氏はアルファレコードと話をつけ、最新の音楽に合わせて南の島でハダカ女が踊るイメージビデオにしようと、僕が2本、自分は1本、30分のものを計3本作るということで進み、ハダカになれるコのオーディションを撮影所でして、**平田めぐみ**と**山口ひろみ**というグラビアアイドルを踊らせて決めた。ヌードはいいが絡みの芝居は出来ない女子たち。さらにそういうコを求め、M氏と原宿に行き、竹下通りでスカウトをやった。スカウトやったんですよ、僕も。声かけられて満更でもない顔の清楚な雰囲気の美少女が、日活の名刺を出すや気持ちがスーッと引いてゆくのが目に見えた。1日竹下通りをウロついたが、収穫はゼロ。

音楽はYMOの細野晴臣プロデュース、サンディー(『ナイル殺人事件』の主題歌歌手)に決定し、アルバムを聴いてイメージを膨らませようとしたが全く膨らまない。アーティストが歌って踊るのを映像化するPV的発想もまだ無い時代。マイケル・ジャクソン「スリラー」は'83年だ。

30分でも、南の島で女子の裸があって最新の音楽が使えるというだけでは何を作っていいのか分からない。結構焦ってきた。M氏は「ストーリーなんか適当でいいんだよ、綺麗な映像でヌードを撮れば。動く写真集だよ、これは」とか言うが、安易な考えだ、30分はそれじゃ持たないと思い、1本はストーリーのあるものをやらせてくれと頼んだが、そのストーリーが思い浮かばない。

こんなのサッサと作って会社に才能あるところを見せないと逆に減点されるかも。

結局、男と女が南の島の椰子の木小屋でセックスしようと裸になったら、シースルーのニンフが現れ、男が浜まで追いかけると、ニンフも素裸になって踊り……というシナリオを書いて画コンテも描いたが、やはり1本しか書けず、結局M氏のものと合わせて全2本となった。

スタッフは東海テレビ系の技術会社ｉｎｆ（インフ）の社員で、僕の画コンテを基に打ち合わせをしても首を傾げ、ロケハンも出来ないから、どこでコレを撮るのか決められない。「助監督不在」でスケジュールが分からず、26歳の僕を「監督」と呼んでいいものか迷っている様子だ。

6月25日に日航ホテルに泊まって翌早朝出発、コーディネーターとｉｎｆのカメラマン、M氏、僕の4人でパラオ直行は無いのでグアム島に行き、ドッグレースを見て、『カリギュラ』のノーカット版を見た。これって、観光じゃん。

6月27日パラオ着で、30日までの4日間でロケハン。そこで初めていろいろ決まった。

7月1日に俳優と本体スタッフが到着して、撮影開始。全部で10人いないチームだった。日々、決定的なスケジュールは出せず、全員連れて日が落ちるまでどれだけ撮れるのかを天空見て探りながら、晴れたり雨に降られたりしながら7月9日まで1週間、海辺やサンゴ礁や砂浜でヌードを撮影。「記憶」は断片的だ。平田めぐみがモーターボートに乗って立ち、全裸で手を振っている姿とか……彼女は日焼けし過ぎてぶっ倒れて1日寝ていた。制作部も1名、僕も1日熱を出して倒れている。マネージャーとか、俳優の健康を管理する人がいなかった。

夜は、楽しく野外バーベキュー。野生のヤシガニを捕まえて焼き、これがとても美味かった。ホントに美味かった。星も綺麗だったな〜……が、「夜、M氏に説教される。暗い気持ちになる」というメモが残っているが、何を説教されたのか。あんまり一所懸命やっているように見えなかったのでしょう……だって映画じゃなくてビデオなんだもん、確かに「やる気」なんて出て来ないのよ。

9日夜のホテルでの打ち上げパーティーでは美人スタイリスト相手にヤケクソ気味に踊りまくった。10日に成田着で、翌週、家庭用ビデオカセットになったラッシュが来たのをウチで見てガッカリ。酷い。ドラマも何も感じられない薄味の映像。映画とは全く違う平板なビデオの画だ。これがオレの映像か！　才能、感じられない。それを日活学院で自分で編集して、なんとか面白くしようとするが、当時のビデオ編集システムは途中を直せず、直した所から繋ぎ直さないといけない。テープをコピーしたら画質が落ちる。こんな原始的な編集しか出来ないのか、だからTVは駄目なんだと苛立ち、ビデオのせいにして大いに疲れた（このビデオ編集の矛盾は、90年代にコンピューターが導入されるまで解決されない）（今や、すべてが解決されている）。

7月15日、『うる星やつら』が正式決定して喜んでいるかと思うと……。

「どうも僕は余暇の使い方を知らない。シナリオが書けないときは時間をもて余す。映画を見ても『映画ばかり見てバカみたい』という冷ややかな声が背中で聞こえるし、要するに女が欲しい。飢えた精神状態である。社交も耐えられないし孤独も耐えられない。これからどう生きたらいいのだろう。パラオに行っているときはただ単に『生きている』ことに充足した感じだった。日本に帰って来てこの落差は何だ。仕事がガンガンくればそう思わないのだろうが、しかし仕事が多ければまたボヤくし、僕って駄目な男ね……」だって、読み直してもダメ感が伝わってくる。

このビデオプロジェクトは**池田敏春**さんにも撮影3日で発注され、僕は脚本を書いて助監督に就き、池田さんは全部書き直して、1日目は雨降る新宿中央公園で30人のダンサーを呼んで丸1日ダンスを撮り、2日目は日活に主役で来た某有名女優が、控室で池田さんとM氏とで2時間話していたが決裂して帰り、そこで企画は潰れた。建てたセットにはベッドがあった。M氏が某女優を曖昧な約束で、エロチックな映像を撮ろうと下心を抱いていたが、現場で拒否されたという訳。

僕の初ビデオ監督作品『セクシー・マリンブルー』は完成しても、正式な会社試写なく、常務は見ても何も言わず、山田は「はよ、脱げや！」と言ったはずが、見た記憶は無いと証言。言葉に困るよなと自分でも分かって頭を抱えた。パッケージにもならず、ホテルの有料チャンネルだけで流れたらしい。M氏も自分の作品を楽しそうにスイッチング編集していたが、裸の女子が南の島で30分踊っているだけで何のストーリーもないんで売れるはずないでしょうが……という訳で、結局潰れた池田組も含めて幾らの無駄使いだったのか？　いつの間にか、M氏の席には新入の**新津岳人**くんが座っていた。新津くんに聞くと、その後、M氏は独立して会社を立ち上げたので招かれて行くと、ビデオマガジンを作る会社で「これからはビデオマガジンの時代だよ」と言っていたそうだ。

上がったり下がったりの精神状態で（今も余り変わらないが）、『うる星やつら』は21&22話「あたる源氏平安京にゆく」、31話「あ、個人教授」、32話「戦りつの参観日」などを書き、好評。

小沼勝監督から依頼された『老女のたのしみ』も書いて、八幡山の監督自宅マンションで手製のカレーをご馳走された。現場で助監督を絞り取ろうとする鬼の顔つきとは全く違う優しい微笑みが、逆に気持ち悪かったです（笑）。スミマセン。

9月19日「うる星やつら打ち入りパーティー」が田町で開かれた。フジテレビ主催でこんな豪華なパーティーをやるのか！　と驚いた。10月14日が初回放送だ。

フジのプロデューサーが「るみちゃん、るみちゃん」と呼んでいる23歳の高橋留美子さんを紹介されるとホントに若くて可愛らしくて驚く。「日活で助監督をやってます」と言うと、「へ〜」と……しか返せませんよね。フジのプロデューサーは「『うる星やつら』は5年も10年も続けていきますからよろしくお願いしますね」と僕に対しても愛想よくニコニコしていたが、後から押井さんから「あの人、金子の脚本は認めないと言っているよ」と言われ、こちらも本職が忙しくなったこともあり、『うる星やつら』は6回書いただけで終わったが、シリーズ構成の**山本優**さんには気に入られ『銀河旋風ブライガー』等を何本か発注された。山本さんからは「お前、書けるんだから、俺のチームに入れば稼げるよ」と言われたが、今助監督やめたら監督になる道は失くなると思い、気持ちが揺らいだことは無かった。父からは「いつ〝助〟の字が取れるんだよ」と言われていた。

押井さんからも「アニメライターになったらどぉ？　ポルノやってても埒《らち》あかないんじゃない」と言われていた。

大学の映像芸術研究会の先輩押井守さんとの出会い

ここで、いろいろな意味で大変な恩人、押井守さんとの出会いの超過去にフラッシュバック。

高校では8ミリ映画をクラスの意見をまとめて作っていた（民主主義のつもり）ので、大学に入ったら「映画研究会で自分の映画を好きに作るぞ」と力んでいた18歳の金子だが、学芸大学で「映研」を探しても情報も勧誘もない。「サークル長屋」というボロボロの建物（戦時中、陸軍の兵営だった）の窓にペンキで「映像芸術研究会」と書かれてあるが、毎日行っても、鍵がかかっているので学生自治会の人に聞いたら「あそこは押井さんという人が鍵を持ってるんだ。押井さんに電話しとくから、明日の3時に部室の前で待ってて」と言われ、翌日、建物の前で待っていると、それらしい小柄な人が遠くからトコトコ歩いて来て、人懐こい笑顔で「新入生の金子くんだっけ。入部したいの？　いいの、ここで（笑）。とりあえず、中に入れば」と、仮置きされた手製の階段を上り、南京錠を開けて窓から入った。二間あって広いがボロボロでかび臭い。奥の間は暗幕が張ってある暗い映写室だ。「部員は俺と河村という男の2人しかいないんだよ」と部室でひとしきり喋って大学東門の向かいにある喫茶店に入ると、河村さんが現れ「よぉ、押井、ブニュエル見たぜ」と言った。

このコトバが結構、カルチャーショックで。当時公開中のルイス・ブニュエル監督の『ブルジョワジーの秘かな愉しみ』のことだが、それを何？「ブニュエル見たぜ」ってなんかカッコいい言い方、これが〝映画青年〟てやつか。その日以来、部員3人だけの映研活動＝「映画について喋り倒す」日々が始まる。押井さんも河村さんも5年目の4年生で22歳。学芸大は6年まで居られるので2年間のお付き合い。ここでも那須さんらと同じ4学年上の人たちと交流があった訳である。

よく喋ったよな。「どうして映画の話しかしないの?」と押井さんから言われたこともあった。映画しか興味が無かった?　いや、女の子にも当然バリバリ興味あったが、42人のクラスで男子は3人で早々にひとり辞めて2人になってしまい、39人の女子たちからは圧迫感があった。いや、みんないい人で可愛く、僕にはとても気を使ってくれて、もうひとりの男子は3年時に進級出来ずにクラスで男子ひとりだけになった僕を2年間さらに優しくしてくれて、4年後にはほとんど教師になっていったんだけど、気遣いされ続けの4年間が「女性一般」に対する「畏怖」を生み、僕をセクハラとか出来ない体質にしたようです。

ある日午後が休講になったので新宿文化劇場で『ブルジョワジーの秘かな愉しみ』を見て、翌日映研の部室に急ぎ「押井さん、ブニュエル見ましたよ!」と言った。「なんなんですか、あれ、けっこう難解な映画ですよね」「単純な映画だよ。ブルジョワをバカにしているだけで」「そうなんすか」「宗教とブルジョワをバカにしているだけで、だから面白い。笑えたろ」「笑えませんでしたけど」。ブルジョワと聖職者が会食しようとすると必ず殺され、それは誰かの夢で、その繰り返し。

そんな話をしていた部室の前では「大東流合気道部」がいつも道着で練習していた。

映研の部室はかつて「映画研究会」だったときに学生運動絡みで内部分裂があり、すでに卒業した誰かが合気道部に部室を半分譲る約束をしていたらしい。それで、僕が入学したこの1974年の6月1日、映研と合気道部との交渉が行われ、その交渉に駆り出された。

自治会委員長はジャッジで中央に座り、合気道部の2人と、僕と押井さんとが並んで向き合った。最初から険悪な雰囲気。合気道部はハンコが押された「覚書」を見せ「映研内の半分は自分たちに譲渡される約束になっている」と主張。押井さんは、その約束をした部員たちは「映画研究会」を脱会して廃部にしたので自分と河村とで「映像芸術研究会」を設立して自治会に申請、部室使用の許諾を得た。脱会した連中は卒業し、自分たちは約束も覚書も知らないと主張。押井さんが出した部室使用許諾は自治会に保管されており、「事実確認」が出来た。

僕は合気道部の覚書に「こんなものは捏造出来る、本物だという証拠が無い」と言って怒らせ、興奮して冷静さを失なったところに正論で攻勢し論破、自治会は合気道部の主張を退けた。彼らは最後は泣き落としになって「僕らには部室がない、15人は外で練習するしかないんですよ」と訴え同情する空気も生まれたが、僕は冷たく拒否して彼らは本当に泣いた。「映像芸術研究会」は3人しか部員がいないのに床面積最大の部室を公式に得た。押井さんは「金子の〝冷酷さ〟を垣間見た」と笑った。僕は高校では生徒会長をやっており、押井さんには秘密で代々木系全学連へ出入りして記録映画『奴らを通すな』を手伝っていたし、正論を押し進める論争は得意。押井さんが話す内容から反代々木系なのは明白で、バリスト（バリケード&ストライキ）派であり、そちらから見るとこちらはミンコロ（民主青年同盟）なので一番ソリが悪い派同士なので、政治の話には触れないようにに映画の話ばかりしていたのだ。

またサークル長屋の奥の哲学研究会には、同棲中のカップルがいると押井さんに教わる。部室に生活用品を持ち込み大学には秘密で暮らしており、女性は既に卒業生で教師になっている。自治会は知っていながら大学当局には知らせていない状態で、噂は広まっていない。国立大学だと管理が甘く、そういうことがママあった。これをヒントにしてストーリーがひらめき、部室で同棲している学生のラブコメが僕の大学での8ミリ映画第1作『キャンパス・ホーム』になった。

数少ない国語科の男子を集め、広く使える映研の部室に、捨てられた家具を運び込み、ペンキで壁を白く塗り、棚を作ったりカーテンを付けたりしてセットにした「分譲住宅研究会」が舞台。ここに男子学生と卒業した新任女教師が同棲している設定で、黙認している自治会委員長は金子が演じ「光熱費タダ、ヤリ過ぎて寝坊しても遅刻しないって、お前らいいね〜」と言う。

学生の登校とは逆向きに出勤してゆく女教師を校門で撮影。そこにユーミンの「生まれた街で」がかかるファーストシーン。だが、部室を持ってないカラテ研究会の3人組が部室を乗っ取ろうと計画。着流しヤクザに影響を受けたカラテ研究会は殴り込みをかけるが彼らはバカで、女教師の色香に負ける。学生課長もサークル長屋をつぶして「迎賓館」を建てようと画策。同棲スキャンダルが発覚したら長屋を潰される理由になると恐れた金子委員長が学生課長を陥れ、カラテ研究会も入り乱れての学内自転車追跡劇となり、金子の父、徳好さんが特別出演の学長役で学生課長を解任。女教師は妊娠し、2人は結婚の約束をするハッピーエンドの30分。今見ても笑えると思います。

11月の文化祭の上映では不入りだったが、押井さん、河村さんには大ウケで、2人から「アンタ、優秀じゃん」と言われて得意になった。押井さんからは「辞めていった映研の連中とはレベルが違う。『金子修介の性と政治』という批評が書ける」と笑われた。早稲田大学の映研で「叛頭脳」＝一部で有名なサークルの人がたまたま見て「これは面白い」と言ってくれたので貸し出し、早稲田祭で大ウケだったと聞いた。石井聰亙に見せた映画もコレ。学芸大では上映直前、モデルである同棲男が「上映をやめて欲しい」と言って来たが「そんなこと言うなら逆にバラすぞ」と脅して上映を強行、彼も見に来て苦笑いで帰って行った。

2年生のときには一転、シリアスなタッチで五月病の女子の話『貝の季節』45分を撮り、押井さんにも少し撮影を手伝ってもらいクレジットに名前を入れた。

この8ミリを見た父からは「やっとまともな映画を撮ったな」と言われた。

僕がよく見た東宝や松竹の青春映画を押井さんはバカにしたが、『仁義なき戦い』と深作欣二、東映実録ヤクザ映画だけは話が合った。監督を野球選手に喩え「今回は中島貞夫が深作に勝ったよな」とか「山口和彦は2番打者だよな」とか「鈴木則文はホームランバッターだが三振の方が多い」とか……山田洋次の話になると喧嘩寸前まで論争。押井さんは寅さん否定派であった。映研の部室で、日本だけでなく世界中の巨匠たちをコキおろして笑ったよなぁ（例外は、ロバート・アルドリッチは神の目線だとか、吉田喜重、ベルイマンなど）。笑いの理由は、自分が監督になったらそんなヘマはしないということであったのかな。押井さんからは「金子は驕慢《きょうまん》な性格」だと分析されていた。「文字通り、驕り高ぶる奴」と笑っていた。そういう監督気分で押井さんと映画を喋り倒していたことが無能助監督が誕生した理由じゃないのか？

映研的に見ると、この'75年頃の日本映画で、映画に独特の世界とリズムがあるフカサクに比べると、他の監督は物足りなかった。〝映画を見ている快感〟がフカサクにはある。失敗作にもある。

それが那須さんとの最初の会話、「フカサクしかいない」に通じる。だが、深作欣二になれる自信は無い。それどころか学芸大から映画界に行けるのかという大きな不安、普通は無理だと思えるところを、実際に映画を撮っているという自信を驕慢で支えていた。8ミリでも「監督」なんだから、と。でもプロの監督になるには助監督になるしか無いという話になり、助監督は体力勝負らしいという話を聞いた押井さんは、6年生になってランニングを始めた。数日でやめたようだが。卒業と同時に教員免許が取れる学芸大だが、教師になるのは「負け」に思える空気を自分で生んでいた。

ゴダールの『勝手にしやがれ』なんて面白いなんてもんじゃないと呟く押井さんだった。美術科の押井さんの卒業制作＝16ミリ映画はスチールで構成され素晴らしく、非凡な才能を感じた。

卒業年、ラジオのＡＤの仕事が見つかり、小さなプロダクションに就職したが、僕が3年のときに押井さんはたまに映研に来て仕事の愚痴をこぼしていた。ピンク・レディーのインタビューをした話はうらやましかったが。その仕事は給料の不払いで1年続かず辞めてしまった。日活助監督試験の情報は押井さんには届かなかったようで、もし受験して合格していたら那須さんと同じ期だ。

その後「ＣＭモニター　押井守」という名刺をもらったことがあり、新大久保のビルの狭苦しい一室でＴＶが何台かある部屋をのぞいたときはゾッとした。ひとりでＣＭを見る人生の袋小路みたいで。押井さんはどうなっちゃうんだろう、と思った。それは、自分の将来にも被るように思えた。

そして突然「教師になる」と言い出し、そのときはがっかりした。いくら才能があっても学芸大からは映画には行けない現実を見せつけられ、そうかぁ、押井守も教師かぁ、と思った。ところが今から考えると何故だろうと思うが、押井さんは採用試験の申し込みを僕の同学年の友人に頼んだ。

『キャンパス・ホーム』でカラテ研究会のヤクザをやってくれた仲西さんという人に。「仲西さん、こないだ頼んだ採用試験の申し込み、出してくれた？」と押井さんが言ったときのことをよーく覚えている。映研の部室。仲西さんが「あ、忘れちゃったあ」と言ったのだ。この瞬間、押井さんの教師への道は断たれた。結果、才能溢れる映画監督への道が切り開かれたが。そんな大事な申し込みを何故、赤の他人に頼んだのか謎で、みんなゲラゲラ笑った。もう押井さん、教師は無理じゃん手遅れじゃんと、深刻なのに笑ってしまうというやつだ。その笑いのなかには、押井さん、教師にならない方がいいよ、という意味もあったと思う。それから暫くして、竜の子プロダクションに入ったというのでびっくり仰天である。駅のホームから見たビルに「社員募集」の文字が見えたのだと、言う。『Ｓｈａｌｌ　ｗｅ　ダンス？』かよ。

「履歴書持って飛び込みで行ったんだよ。アニメ業界って大卒は珍しい。しかも教職持ってるし。国立大の教育学部美術科って言ったら結構ステイタスあって『ラジオのディレクターもやった』って、あることないことでアピールしたらその場で採用。俺も、度胸ついてた」

へえ〜　アニメに関しては、僕の方が詳しかったのに。当時『タイムボカンシリーズ』が始まっており、画コンテを映研部室で見せてもらったことがある。これが、本物の画コンテかあ、と感動したものである。竜の子からスタジオぴえろにどう移籍し、成長〜出世して行ったのかまでは、僕はよく知らない。

池田敏春さんの言葉を聞き『ズームアップ 聖子の太股』を書いて家を出る

話を'81年に戻すと……TVアニメのシナリオを書いているのは会社に秘密にしておらず、知られた方が目立つ計算があったが、狙い通り企画部から電話があって呼ばれ、10月26日乃木坂に近い日活本社ビルに行った。屋上に建てられたプレハブ小屋が「日活企画部」で、防衛庁が丸見えで自衛隊をスパイ出来るという冗談があった。そこで、慶應大学出身の**成田尚哉**さんに初めて会った。7年後には日活を出て、『1999年の夏休み』をプロデュースしてくれることになる入社6年目の企画部員。ベストセラー、馬場憲司の『アクション・カメラ術』をネタにハナシを作れないかと言う。この本には、どうすれば女子スカートの中をカメラに撮れるかの方法が書かれてある。わざと女子の前で転んで瞬間シャッターを押すとか、靴の爪先に小型カメラを埋め込んでシャッターは手元に隠すとか、今なら発禁モノだろうが、これが売れに売れてPART3まで出ていた。

僕も就いた『クライマックス 犯される花嫁』で、原悦子の日活卒業と同時に入れ替わるように初出演してから2年の寺島まゆみが、今や〝ロマンポルノの聖子ちゃん〟と呼ばれ、主演が決まっているので、映画タイトルは『ズームアップ 聖子の太股』。監督は小原宏裕＝ファンキーさん。

高校生時代『スター誕生！』に応募してアイドル歌手を目指していた寺島は、そのときの審査員、阿久悠から「君は学校じゃ人気者だろうが、芸能界はそんな甘いもんじゃない」と言われ傷ついたと本人から聞いた。そう言われた子がいたっけなぁ、と薄ら思い出した。彼女は都下、小平の焼鳥屋の娘で、その焼鳥屋に白鳥信一監督らがロマンポルノ出演を口説きに行ってから2年で日活の看板となり、歌手の夢も追いかけ、レコードを出しライブ活動でもファンを獲得していた。

ファンキーさんは僕を推薦してくれたのかな？　スグにストーリーは思いついた。電車で向かいに座った女・聖子の脚が、風で見え隠れするのに刺激を受けた男が、カメラで聖子を追いかけまわして盗撮から愛し合うようになり結婚する、ハッピーエンドなセックス！　スラスラ書けそうだ。

成田さんは「とりあえず書いてみる？」と言ってくれたので、翌27日はテアトル東京のラストショーで『天国の門』を見た後、執筆開始。1週間で書いて持って行った11月5日、目の前で一読されるなり「これは、神棚にしまっておいてください」と言って返された。あの稿はファンキーさんには見せていないだろうし、神棚は無いからどこにしまったか分からない。そんなにダメであったか……この日から本格的に参加した三浦朗プロデューサーは、「こりゃ頭で書いてるだけだな。シナリオは足で書けや」と仰る。「目黒川辺りを歩いてこいや。あの辺には安アパートがいっぱいある。高級マンションもある。安アパートから見上げる高級マンションていう画が、撮れるだろ」。つまり、『天国と地獄』ですか、クロサワの……。「安アパートに住んでる三流大学の兄ちゃんが、青学あたりのセレブな姉ちゃんをゲットする話にしろや。望遠カメラで盗み撮りしてよ。姉ちゃんも撮られてるうちにその気になるだろ。女のナルシズムが刺激されてよ」というヤクザっぽくアバウトな言い方だが、企画意図とライターの力量、そのライターの志向を見ての、実に正解なオリジナルポルノストーリーの発注であったと思われます。確かに「頭でしか書いてない」のは言われる通り。アニメはよくても実写は違うのだな。僕のホンにはリアリズムが無いのだ。

那須さんに映画の勉強ってどうするんですかと聞いたとき、一言「経験を積むことだよぉ」と言われたのを思い出す。経験は乏しい。エッチも。経験を積むには26歳で実家住まいで良いのだろうかと考えながら、目黒川、青山学院大学辺りをブラブラ歩いて、それらしき場所を見つけてイメージを広げた。

バイトから日活企画部に入社内定している早稲田大学現役女子大生、**栗原いそみ**さんの案内で、早稲田祭にも行った。「映画は終わりだ」という人がいる一方で、新たに早稲田から女子大生が明るく楽しそうに「ロマンポルノをやりに来た」と言うので〝日活まだ終わらない〟感の風が社内に吹き、近頃の女子のセリフも取材出来た。この4年後、栗原さんの企画で『みんなあげちゃう♡』を撮ることになる。栗原さんからは「これは金子さんにしか撮れない」と言われた。ぶっ飛んだマンガ原作で、他に監督候補がいなかった。リアリズムの人には撮れないだろう。

リアリズムのため、ひとり飲み屋に入ることも多少するように心がけ、新宿ゴールデン街は面倒なので、三鷹の住宅街にあるお店で、女性と隣り合ってクドいてふられたりしていた。

実はビデオの仕事のとき、池田敏春さんとゴールデン街で飲みになり、

「金子おオマエいくつだ、26？　まだ実家にいるって、それでオマエ監督になれると思ってるのか」と言われて、はあ……と口ごもった。「冬の寒い日にな、アパートで風呂洗って入るんだよ。そんな経験もないでさ、監督なんかになれないだろうが」

風呂を洗うのと監督になることとの関係ってなんですか、という口答えはせず、やはり曖昧にうな

ずいていた。「26歳実家住まい」のコンプレックスは結構、重かった。

池田さんは前年の'80年、**倉吉朝子**主演の『スケバンマフィア 肉刑』で29歳で監督デビュー、僕は、それを見てこの監督凄い！　と思い、心の中では尊敬しており、根岸さんより上だろ、日活の若手ナンバーワンだ！　と思っていたが、それを言っても素直に受け取るような感じの人ではなかったので、本人には「面白かったです」くらいしか言ってなかった。ラストシーン、倉吉朝子が海岸でクラウチングスタートでヨーイドン！　をして走るスローモーションに熱く共感した。ただ、飲むと怖くて面倒臭い人だったが、インテリヤクザぽくてカッコ良かった。小柄で短髪、ちょっと足を引きずって歩く。一度、「俺むかし鉄道自殺しかけて片足の先が切れて無いんだよ」と、軽い口調で言うのを聞いた。大プロデューサー、岡田裕さんにもゴールデン街で絡み酒でしつこくしているところを見たことがある。「なんとか言ってみろよ、岡田裕ぁ」というような口調が怖い。

この3年後、ATGで、白都真理の海女が銛《もり》を振り回して原子力発電所に殴り込みをかける『人魚伝説』('84)を撮り、その25年後映画のロケ地である三重県、志摩の冬の海に素っ裸で飛び込んだ（2010年12月59歳没）。


僕は『ズームアップ 聖子の太股』が終わった翌'82年の3月3日からアパートひとり暮らしを始めるが、家を出る一番の動機として思い返すのは、池田さんの言葉だったかも知れない。那須さんは、そういうことは言わなかった。僕を否定しないから。

初めて会った女性でも隣りで飲んでいるうちに好きだという感情になって〝モテてるハズだ〟と

錯覚してクドく。という経験は、逐一、那須さんに報告していた。「毎日違う女の子を好きだという気持ちになってしまうんですよね」と言うと、那須さんは「その気持ちを忘れないようにすることだよ金子くん」と、真面目な顔で言ってくれた。

家をなかなか出なかったもうひとつの理由は、親が好きだったってことかも……言い訳としては、東京育ちで家に自分の部屋があり職場にバイクで15分じゃ出てゆく理由が無いと思っていたが、それは表向きの理由で、今思い返すと〝親離れ出来ない〟甘えじゃなくて、友達のように好きだったってことだったかも知れない。裕福な家だった訳ではない。

生まれは初台でも崖下でトタン屋根の3畳4畳半だけの家で、家賃はひと月3000円。小学校5年で三鷹の広い家に越せたのは、父の労働運動つながりで某社組合員用の借家を極めて安く借りられたからだった。3DK風呂トイレ庭つき三鷹駅から徒歩20分でひと月1万5000円という家賃。同じ作りの家が6軒あり、僕が大学2年になった頃、1軒出て行って空いたので、弟と2人のための家としてもう1軒借りた。つまり80坪の敷地内に3万円で2軒家に住んでいたのだ。お坊ちゃま、じゃん。

その頃まで〝親への反抗期〟というものが無かった。親たちが世の中に反抗してたから、子供は反抗せず味方して育ったのかな。小学校1年で「なんでウチは貧乏なの？」と聞いたら父はグラフを描き、世の中は不公平で、多く儲けている人は数が少ないが、一所懸命働いても貧乏な人が沢山いる。それをみんな平等にするために、お父さんたちは戦っているんだよ。正しいことをしているから貧乏なんだ。ナルホド！　正しいから貧乏か。

小学校4年で反戦ゼッケンを付けて出勤し出した父に、僕は母と共に「頑張って」と言って送り出して応援した。恥ずかしいと思わず誇りに思った。両親とも優しく、生意気なことばかり言う子供の人格を認めてくれるから反抗する理由も無いが、結果かなり自己チューで自分好きに育ち、気づくとこの育ちでは〝モテる理由〟が無い。貧乏なのにお坊ちゃま育ちで思いやりが無い。マザコンというほどではないが、切り絵作家の母とも読んだ本の話をしたり画を批評したりしながら、ご飯を作って貰って、描いたマンガや小説を読んでくれた訳だから、やっぱりマザコンですか。

だが、前述の三鷹借家群は6軒とも某社とは直接は関係無い父と同様の傾向の人たちが借りていて、僕が出る前に組合の政権が変わったことで立ち退きを要求されることになり、父を中心に皆で居住権を盾に抵抗したが、僕が出た後に裁判となり、負けて遂に追い出されることになり、その日は戻って事情を聞いたら流石に暗かった。あの明るい家がなくなっちゃうんだ、と悲しく思った。弟もひとり暮らしとなり、両親はそこから20分くらいの距離にある都営住宅が終《つい》の住処《すみか》となった。

57歳の父は、この年8月から「地球から核兵器をなくそう」というゼッケンを付けて歩くようになった。翌'82年に『反核でゼッケン』という本を著すが「静枝さん、ゼッケン作って下さいよ」から始まる序文が、ちょっと痛ましい。かつてのゼッケンは母がミシンで作って父がマジックで字を書いた。その母に、もう一度ゼッケン作ってくださいと呼びかける前書きだ。

「我が家は貧乏だし、2人の子どもに残してやる物質的な財産はなにもない。でも、どんな財産を残してやろうか。それは平和だ。平和という財産を残してやることこそが僕らの任務だよ」と。

ベトナム戦争は'72年に米軍がベトナムから撤退したことで終わり、ゼッケンもそのタイミングで外せたが、それから10年近く経ち、今度は「反核」ゼッケンをやろうとした父の決意は固いようで、でも外すタイミングってあるのか？　というのが家族の心配で、「老醜《ろうしゅう》」と思われやしないか、と、この家族にしては珍しく「世間体」を気にしていた。ベトナム反戦ゼッケンだって、組織から応援された訳じゃなく、批判もあった。仲間であっても、応援しながらも、自分にそこまで出来ないとなれば距離を置くようになる。孤独になってゆく運動だった。死ぬまでヒラ党員、2人とも。

ダイアリーに書いてあるのは、母と弟と3人で話した内容だ。

僕は「イヤミな運動だ」と言って、母は「老残だ」と言った。タテマエとホンネを区別したくない父の性格がすべてにわたって表れている、と3人で話すうち、母は「侍なんだよ」と言った。

僕「侍じゃない。侍になりたいだけなんだ」

母「死んで侍になるんだよ。七人の侍みたいに」

そして3人で「菊千代だ」と、その名を思いつく。『七人の侍』で三船敏郎が演じたキャラクター菊千代は、百姓だが、素性を隠して侍のフリをして壮絶に死んでゆく。侍になろうとしたがなりきれず、死ぬときに初めて侍になった菊千代……オヤジそのものだ（と、書いている）。

母は「悲しくなってきちゃったよ」と目頭を押さえた。

ということがあった翌日の20日、『ズームアップ　聖子の太股』第2稿を脱稿している。

母は、そう言いながらも反核ゼッケンを作り、ひとりだけの反核運動は、父が脳梗塞で倒れる2001年まで続いた（リハビリは'07年まで続いたが亡くなり、母もその1年と3日後に仲よく付き合うように亡くなった）。

こういう家に、飲み屋でクドいた女の子を連れ込む訳に行きませんですよね。離れのような1軒家に寝泊りして、親と顔合わせないで済むとしても。

11月28日には決定稿を、自分で吉川印刷に届けている。

三浦さんからは「まあまあ、書けてるかな。最初のやつと、読み比べてみろや」と言われたが、その第1稿はいまだに読み返していない。

『ズームアップ 聖子の太股』でシナリオ書いてカチンコも

『ズームアップ 聖子の太股』を書いているとき、助監督もやらされるとは思っていなかった。チーフはまだ無理だからシナリオライター様がカチンコ打つんですかい畜生。半年やってないよ、もういいだろカチンコは。でも脚本打ち合わせでファンキーさん「当然就くよね」という顔するので、仕方ないやるか~と思ったのでした。シナリオ書いた作品にライターが命令系統最下位スタッフとして就くのは世界映画史上、珍しいのでは。また大袈裟な、そんなに嫌か。カメラは杉やん。

通常、ロケハンはチーフ＝村上修さんの仕事だが今回は書いた金子も同行、12月10日、シナハンで歩いた目黒川近辺にメインスタッフを案内。こんなところかなと思ったアパートを見せるや否や、「いいじゃん、ここで」と即決するファンキーさん。他は見なくていいんすか？　制作部が交渉してＯＫを取り、写真を撮ってマンション室内のセットを建てる。他にもロケ場所は次々に決定。青学前の歩道橋で盗撮シーンなんか無理だろ、と思ったところも見たら即決。

ライター的にはイメージ通りなら文句ないと言えるが、ファンキーさん、ほぼ考えてないんじゃ？　もっと膨らませて欲しい気も……でも、やること増えると助監督的な面倒も増えるからな。


クランクインは12月19日。『ズームアップ 聖子の太股』の物語は……。

俊彦（**上野淳**）がアパートから望遠カメラを上に構え、憧れの聖子（寺島まゆみ）の部屋を連写するアップから始まる。パジャマ脱ぎ下着から女子大生ＪＪファッションになる聖子に「おはようございます聖子さん、それは原宿で買った服ですね」と呟きながらカップ麺を食べ、カメラバッグ背負ってアパート２階の外階段に飛び出すと、遠景には高級マンション。俊彦「今行きます！　待ってて聖子さん！」と叫び、階段を走り降りる。

聖子が目黒川沿いの道を歩くのを、俊彦は数メートル離れて追いかけ写真を撮りまくる。完全なストーカー行為だが、当時は〝ストーカー〟と言えばタルコフスキーの映画タイトルを思い出すくらいで、凶悪な事件は起きていないから、こういう女子追いかけの描写も、特に「犯罪的」とは思われておらず、ホンの通りに軽快な気分で撮るファンキー監督。

青学近くで友人の奈保子（**岸田麻里**）と会う聖子の股下へミニカメラ仕込んだラジコンカーが走り、スカートの中を撮る。陰で操作する俊彦。『アクション・カメラ術』の盗撮テクニックそのまま書いたシーンだが、動くミニカーに気づかないのは不自然だし隠れている俊彦も丸分かりだなと、書いているときは気にならなかったが……なんて思ってもファンキー監督はバンバン撮って、早い。手抜きと言われることもあるファンキーさん、気にしない。

杉やんは僕に耳元で「今日ファンキー冴えてるぜ、面白えよ、コンテいいよ」と言って手持ちでカメラを振り回す。画が平凡だったり、面白く無いときは物凄い不機嫌になる杉やんだが、テンポ感だけは自信あるシナリオだから結構、ノって撮っていた。

俊彦は写真学校中退、風呂屋の掃除アルバイトで女湯に落ちている陰毛のコレクションをしている。先輩の義男（**川上伸之**）はバイク乗りの順子（**浜口じゅん**）＝三原じゅん子センセイの当時のイメージ＝「ドスのきいた非行少女」とのラブホテル代わりに俊彦の部屋を使い、セックスをのぞかせる。クラクラする童貞の俊彦。

夜、俊彦がマンションで待ち伏せしていると、大学教授の近藤（**小竹林義一**）の車で聖子が送られてくる。近藤に憧れる聖子だが、部屋に誘う決心がつかずひとりで帰る。俊彦は「聖子さんはあの教授にやられちゃった、聖子さんのために童貞守って来たのに！」と嘆く。

お気づきでしょうか、キャラクターは全員、当時の人気アイドルの名前を役名に使っている。出来た映画は評論家から「おふざけもいい加減にしてほしい」と批判された。ふざけてそうした訳じゃなく、日本映画のリアルなジメジメ感から脱却するため、役名は記号的にし、人気アイドルが演じている妄想を掻き立てようと……やっぱり、ちょっとふざけていたか。

山口百恵の引退で終息したと見えた70年代のアイドル時代が、松田聖子と共に明るく軽い80年代に復活、この頃第2期アイドル時代を迎えていた。河合奈保子や小泉今日子や堀ちえみやらに増殖したアイドルは、NHKでも『レッツゴーヤング』のようなアイドルが司会して歌って踊る番組で拡散、それを録画して見ながら「やっとオレの時代が来た！」と呟いていた金子。洋楽やフォークやニューミュージックは苦手だった。おニャン子クラブ設立の秋元康は3歳下、ほぼ同世代。「アイドル映画」は既にメジャーだが、「マイナー＝ジメジメ日本映画こそが文化的には主流」という「感じ方」が一方にあった。何よりアイドルはTVからやって来た「映画の敵」のはずだが、僕はそれを都合よく忘れ、メジャーとマイナーの境界線を走っているつもりが、ロマンポルノでは現実のそこ（メジャー）には到達出来ないウップンを晴らそうとしていた……のか。それが、押井さんの言う「ポルノやってても埒があかない」ってことだったのか。

話を『聖子～』に戻す。……義男は順子に飽き、別れたいから「俊彦にやらせてあげろ」と頼むが、俊彦は「不潔な。僕は聖子さんだけを想っている」と言って拒否。が、順子の股間をインスタントカメラで撮った写真を見ると興奮して順子に抱きついて雑木林で童貞喪失。

盗み撮りを投稿写真雑誌に売り、ファンキー監督自ら演じる編集長に小金をもらう俊彦、青学近くで靴磨きをし歩道橋を降りる女性のスカート内を撮ると、聖子も来た。青山通りを走って横断、反対側歩道に転がり落ちてくる聖子と重なりシックスナイン、聖子のパンティに顔を付け「ああ、いい匂い」と書いて恥ずかしかった。これ、実際の青山通りで撮った。よくこんなこと昼日中の渋谷で撮れたな。カメラに黒い布を被せ、ハラハラしながらチョロチョロ撮影していました。

夜の新宿中央公園ロケで、デバカメ写真を撮りに来た俊彦は、近藤教授が車で聖子を連れて来ていたところに出くわすご都合主義！　聖子は逃げたいが、近藤が助手席の聖子に襲いかかったその瞬間、俊彦がカメラのフラッシュを焚いて「週刊誌に売り渡す！」と叫ぶ。するとデバカメグループが「カップルが逃げるだろ」と俊彦を殴る蹴る。その隙に近藤はカメラからフィルムを抜き取って逃げ、聖子は感動して、傷だらけの俊彦を抱き寄せる。俊彦が目覚めると、そこは自分が毎日撮っていた見覚えのある部屋だ。

※あ、もうネタバレ……遅いか……

では、いったん時系列に従って、クランクアップの12月26日から現場の話に戻すと……。

撮影は8日間。ナイターあれど、さほど残業なしで会社も仕事納め。

27日は夕方4時成田発の便で那須夫妻とバンコクへ飛んだ。

3人でバイクをレンタルしてチェンマイの山道をぶっ飛ばしたのは気分最高。1週間のタイ在。楽しい思い出がいっぱいだが、省略して年を越してゆきます。

『実録色事師 ザ・ジゴロ』ではカメラマンの助手役で出演。

第5章

1982

『聖子の太股』アフレコ作業寺島まゆみとの想い出

1982年1月3日、タイから帰国。

4日は三鷹オスカーで『1941』を見た後、TV放送でもやっていたので繰り返してオンエアを見る。つまり1日で2回見た訳です。好きなんだな、このスピルバーグの失敗作が。

6日に出社して、独立採算制となった日活撮影所株式会社、樋口社長がステージで挨拶、「映像の未来に挑戦しよう」ってスピーチしたが、スタッフも合理化ばかり、撮影日数も縮小ばかりなのに笑うぜ。

その後、アフレコ作業をし、8日に撮影所内に作られた時代劇セットふうの居酒屋「侍」にて小原組打ち上げ。合理化した映画スタッフも居酒屋従業員に配置転換し、外での飲み代を撮影所に回収するという組合の方針（魂胆）。寺島まゆみは忙しいので一曲歌って早めに帰った。

18、19日とダビングで、21日0号。重役たちに見せる合評会では三浦朗プロデューサーに（シナリオライターとして）説教され、落ち込む。「三浦さんの言う通りだ、とばかり思っていいのか、とも思う。確かに『ズームアップ 聖子の太股』はほめられた写真（映画作品のことを古い人はシャシンと呼んでいて、この頃までは通じていた言い方）ではなかった。しかし『もっとリアルに書くべきだった』とか言われても……クソ！　見放されたような侮辱されたような気がする。マイナーであればそれでいいのか！　メジャーであればそれでいい訳ではないのだが……」とダイアリーに綴っている。

それでまた『聖子〜』の物語に戻るが……聖子は部屋で俊彦に、優しくお粥を口に入れてあげる。「あなたに撮ってもらおうかな、私の写真」と微笑みレオタード姿に。俊彦は連写、連写、そのうち、シャワールームで言われるままレオタードを脱ぎ捨てた聖子は素裸に。俊彦も裸になって聖子に抱きつく。ごく普通のポルノシーンになり、めでたく2人は結ばれる。

シナリオで迷い、0号で見てもイケてないと僕自身思ったのは、聖子がレオタードを脱いで俊彦を受け入れる感情で、これは最初からそれを期待されるロマンポルノだから納得は出来るが、「ストーカー行為されている」→「その相手のセックスを受け入れる」心理は助けられても無理筋で、そこを三浦さんは言っているのは分かるが、リアリズムに立脚するとこの話は成立しない。「カメラを向けられ、犯されたかのようにその気になってしまう」聖子の気持ちってシナリオには書いたけどシンドいよな〜と現場で見ながらカチンコを打っていたから、そこは完成してもしんどい。

会社の評判は「まあ、こんなもんだろ」という感じであったが、それでも、寺島まゆみ、体当りで演じてくれて、レコードも出して歌手活動を始めたこともあって〝ロマンポルノの聖子ちゃん〟のキャッチフレーズは本物の松田聖子とともに拡がり、2月26日、**風祭ゆき**主演、武田一成監督の『闇に抱かれて』とのカップリングでヒットし、三浦さんはああ言ったけど続編が決定、僕は脚本をまた依頼される。アイドル時代のお客さんには受けた。僕のシナリオが？　上野淳のストレートでパワフルな芝居は陰湿さがなく、マンガ的なキャラクターに共感出来たお客が結構いたのだろう。

36年後、2018年11月17日、上野淳は俳優続けながらラジオDJもやっていて、FM番組「上野淳の東京☆夜会」で僕がゲストの回のとき、寺島まゆみさんと娘の**行平あい佳**さんを連れて行った。撮影所の初号試写（'82年1月27日）の後「じゃあね」「またね」とお互い言い合ったきり全く会わずの36年ぶりの再会で、3年間で16本のロマンポルノに出演した寺島まゆみと暇なく出まくった上野淳と、イヤイヤ助監督をやっていた金子とで話は弾み、寺島の長女、あい佳主演の『私の奴隷になりなさい第2章 ご主人様と呼ばせてください』を本人が宣伝する三つ巴の展開になり、さらに盛り上がったのであった。僕は「ハッキリ言って、お母さんより娘の方がエロい」と何度も言って、あい佳さんから「何よりの褒め言葉です」と言われたが、普通の社会ならセクハラですね。

『犯され志願』で脚本直し　念願のひとり暮らしがスタート！

ホントーに正直に言えば、家を出る最大のきっかけは池田敏春さんの言葉よりも、'81年後半、撮影所社長秘書として入社してきたQさんが気になっていたが、『ズームアップ 聖子の太股』0号の前日、初めて2人で調布で飲んだら魅了され、翌日からソワソワしだして三鷹、吉祥寺の不動産屋をまわり始め、結局、家から歩いて10分の月3万6000円のアパートを借り（2年後4万になったが）、26～30歳の4年間、初めてひとり暮らしすることになる。が、そこは風呂は無いので「風呂洗い」は監督になってから、30歳で越した下北沢7万のアパートで初めてしたのであった。

'82年1月末に手付金を払い、2月から借りた部屋にカーテンなどを付けていると、いつ本格的に引っ越しするか決められないうちに、日活からシナリオの話が来た。

2期上の中原俊30歳の監督デビュー作『犯され志願』の直しである。

鹿児島ラ・サール→東大のエリートの中原さんは〝東大逆コンプレックス〟なのか「東大ですいません」というオーラを放ち、面白く無い冗談の末尾から自分でケタケタ笑うので、人当たりは良いけど隙が無く、相好《そうごう》を崩しても眼鏡の奥の瞳は笑ってない。撮影のダンドリを考えるのが楽しくて好きだと言っていた。根岸吉太郎監督によるＡＴＧの名作『遠雷』のチーフ助監督を務め、社内で根岸さんに継ぐ「エリート臭」が漂うのを打ち消そうとしていたのだろうか、照れ隠しで。

日活撮影所から多摩川沿いに歩くと1時間かかる「たてべ旅館」に、2月9、10、11日と泊まり込み、連日午前中は中原さんとの打ち合わせと指示があり、一緒に書けるところは書いて、午後はひとりで書いて締切の日は徹夜した。指示は非常に的確で、ストレスの少ない仕事だった。

一度、主演の**有明祥子**が中原さんとたてべ旅館に来て炬燵《こたつ》に入り、どんなふうに演じたいか喋った言葉を参考にしてセリフを書いた。キラキラしてる野性的な長い髪の美人で、頭の回転が早かった。『犯され志願』に僕のクレジットは無く報酬も無いが文句も無く、カチンコより良かった。元ホンは跡形も残って無い。僕の書いたものを中原さんはさらに現場で直しているから「ここは自分が書いた」と言える箇所は思い当たらず。シナリオを渡してからは現場にも就かず、撮影所初号以来見直さなかったのは、悪くは無いが良くも無く、欠点は指摘出来ず、作品にスマートな雰囲気は確かにあった、という記憶だ。やたらに時計が出て来て、那須さんと「時計なんか映画的じゃないだろ」と言い、これはダメだと断定していた。「動かない時計をアップで撮ったって、しゃーねーじゃん」と、アクション映画志向の那須さんは笑って言って、当時は僕もそう思っていた。

というのを確認しようと39年ぶりに見たら、結構面白くエロかった。女が「セックスしたい」と思いたち、女の側からセックスを仕掛けてゆく過程が丁寧に描かれているからだ。

『犯され志願』のストーリーは……。

24歳の捻子（有明祥子）はインテリアデザイナーで、飲み屋に入り浸ってベロベロに酔っ払って男（**小池雄介**）を部屋に連れ込むが2人とも酔い潰れてしまい何もせず、男は翌朝、飛行機の時間に遅れると焦って出てゆくのがファーストシークエンス。のちに、この男は海外土産に時計を持って彼女の家に現れてまた酔い潰れ、そのときは寝ている男のパンツを下ろした捻子が自らHする。

捻子は父親くらい年長の氏田（宇南山宏）の車に乗せられて危うく大事故になりかけ、命の危険を共有しホッとして「めし食おうか」となり、郊外の料亭で酒を酌み交わすうちにムラっとなり、大人のセックスを堪能する。この「性欲を自覚する瞬間」の描写が見事。若いときはそれを見ても分からなかった。女の子がムラっとするのを気づかないので。

だが、氏田の愛人だったデザイン発注先の女（風祭ゆき）から、彼がマンションの頭金400万を盗んで消えたと聞いて驚く。詐欺師だったのだ。捻子に金銭的被害は無く、時計をプレゼントされていただけだったが、ショックを受けた。

また、デザイン事務所の同僚ふく子（**夏麗子**）は、徹夜作業で社長の公一（**鬼丸善光**）と事務所内で早朝セックス。それを知った捻子は、電話で公一を呼びつけ、自分の部屋で公一と夜中から朝までセックス。2年間何もなかった2人だが初めて体の関係を持って「いつかこうなる気がした」と言いながら、それでも捻子は、「ふく子を幸せにしてあげて」と言って身を引く。公一は、遅刻の多い捻子に目覚まし時計をプレゼントしたが、男たちからプレゼントされた3つの時計が、ラストシーンで一斉に鳴り響く。掌編小説のように、確かに上手くまとまっている（※ラストのバーカウンターでスタッフがやるエキストラ＝ウチトラの白石さんが隣りに座って捻子をクドいている）。

当時は（統計取った訳ではないが）ロマンポルノ1本内で描かれる4、5回のうち、1回以上は主人公女性との合意無きセックスになっている作品が大半だったから、『犯され志願』はタイトルとは裏腹に、女性が自らしたい行為だけを描いた画期的な作品だったかも知れない。それを証明するには1100本見ないとならないが。

そう言えばQさんも24歳。脚本作りのときには、Qさんの顔がチラついていた。

「いったい26歳にもなってこの現象は何だ！　自分が恥ずかしい。メロメロになってしまった。メロメロにしてやるつもりだったのに」だって、ダイアリーに書いている。

『犯され志願』は、**美保純**主演、**川崎善広**監督の『セーラー服鑑別所』とのカップリングで3月26日公開された。成績は悪くなかったのではないか。中原さんは助監督に戻らず、この年5月に『奴隷契約書 鞭とハイヒール』、10月に『聖子の太股 女湯小町』と3本発表し、ヨコハマ映画祭の新人監督賞を獲って、根岸さんに続く日活若手のホープと目され、僕の「仮想敵」というか「目標」というか「目の上のタンコブ」……になった。確かに優秀な監督だった。

続いて、まだ引っ越せない2月26、27、28日と3日間だけの撮影だが、『私の一日レポート 検察庁日記』という16ミリ30分の文化映画で鈴木潤一さん監督作のチーフ助監督に就いた。30分といえども初チーフ昇進で張り切り、3日間のスケジュールを切って、撮影所に泊まり込んだ。同期の瀬川からは、「よっ、チーフ」と声をかけられ、嬉しかった。カチンコ、もう叩かないで済む解放感たるや！

この作品はネットで探しても名前も見つからないが、実際に東京地検からの発注だから、今でも地検の倉庫のどこかに眠っているのではないだろうか。**若原瞳**が検察官役の劇映画仕立てで、**塩見三省**が追及される犯人役。法廷なども、実際の場所で撮影しているから、実は貴重な作品だ。

演劇集団「円」から来た当時34歳の塩見さんは世間的にはまだ無名だったが、すっごいリアルに怖い殺人犯を演じ、それまで目の前で直接見てきた役者の演技とは〝質が違うもの〟を感じたので、現場で休み時間に話しかけて仲よくなり、いつか一緒に仕事出来ないかと思った。自分の作品で、この人を起用して映画に出せば評判になるだろう、と思わせる俳優だった。

次の仕事からはもうセカンドでは無く、ロマンポルノのチーフか脚本の仕事が来るはずと思っていたが、来たのは2時間TVのまたもセカンドで心底ガックリした。加藤彰監督が初めてTVでビデオ撮りするので、ビデオ撮影経験のある助監督を希望したためだ。さすがに3人体制でカチンコは1期下の金澤克次がやるので免れたが。木曜ゴールデンドラマとして4月29日オンエアされた**市原悦子**主演の『運命の殺意 北信濃母子心中』である。

そのオールスタッフ打ち合わせが3月3日の午前中にあり、午後、実家から赤帽に頼んで荷物を運び、引っ越してアパート暮らしが始まった。『キネマ旬報』や本の数がハンパなかった。本は重い。段ボールが2F廊下に積み上がった。これを部屋に入れるのは自分ひとりしかいない。

3月6日イン、21日アップの14日撮り。加藤さん、芝居粘るからキツかった〜。

そして、『運命の殺意』はとんでもない物語である……。

かつて義理の弟にレイプされた女（市原悦子）は、夫と息子との平穏な生活を送っていた。が、自分の本当の父親が叔父であることを知りショックを受けた息子（**坂上忍**）は、母親を犯してしまう。最後には母息子で過ちを償い信濃の雪の中で心中する、という壮絶なドラマ。これをお茶の間で見てたんですね、当時は。加藤さんは「俺はこういうのに向いてる」と現場で呟き、後年、TV版『失楽園』（'97）で、ロマンポルノで培った演出力で川島なお美を大胆艶技させ、高視聴率を獲った。ほとんど悪口を言われない、真面目一方で尊敬を受けていた方であった。

天才子役と呼ばれていた坂上忍は15歳の美少年、僕が『うる星やつら』『ズームアップ 聖子の太股』のシナリオを書いたのを知って衣装合わせ後、食堂へついて来て、僕のことを遠巻きに見つめて「そんけいのまなざしぃ〜」とか言うので、こそばゆかった。将来はシナリオライターになりたい、TVではライターが一番えらい、監督じゃなくて、と言っていた。9年後に『就職戦線異状なし』でオファーしたときは、器用な役者、と感心したが天才では無く、勉強家の秀才だと思った。

しかしロケ現場では、僕はやはり役に立たないセカンドだった。北信濃に向かい走る列車内の撮影で、トンネルが多いので入って暗くなる前に撮ろうとして、僕が窓から顔を出して進行方向を見、トンネルがないタイミングを見計ってキューを出すが、VTRが立ち上がる時間が分からず、撮影可能になったらトンネルに入り暗くなるというトラブルが何度も起こった。フィルムであれば立ち上がりの時間はかからない。そういうことを知ってるはずだと思われていたから頼まれたのに、パラオビデオのときはのんびりやっていたからVTR立ち上がりの時間は特に意識しなかった。窓からでは、トンネルが迫る距離が読めないので何度も同じ失敗を繰り返し、VTRエンジニアが怒ってしまって、キュー出し係は交代になり、坂上くんからの、尊敬の眼差しは返上となった。

『聖子の太股　ザ・チアガール』脚本書いて大失恋

巨漢プロデューサーの海野義幸さんから電話があった。

『ズームアップ　聖子の太股』がヒットしたので続編決定したが、寺島まゆみ＝聖子が女子大生という設定以外は全部刷新、寺島にはチアガールをやらせるという企画で脚本書いてくれと。3月26日に新宿のちょい高め居酒屋「くらわんか」に呼ばれ、監督の川崎善広さん、企画の**進藤貴美男**さんらと飲みながらの打ち合わせとなった。これはアイデア出しの楽しい飲み会だ。

海野Pはクジラのような肥満体だが優しく、僕のことを「お前ハンサムだからモテるだろ」と言ってくれたこともあったり（多少、前よりモテだした）、厳しいことを言わない。川崎監督は34歳の若手、我が強く無い職人肌。これが3本目で、打ち合わせでも発言は少なく様子を見ている感じだ。先輩風は吹かせずライターとして接してくれて、僕主導でアイデア出して書いていったら結構イージーな脚本になってしまった、と、再見すると思うが、当時はサラサラと結構上手く書けたといい気になっており、川崎さんは頭を抱えていた。読むだけなら軽く笑えるが、画にしても面白くならんだろうコレは、という監督の悩みに僕は気づかないでヘラヘラしていた。読ませる筆力はあるが、根本的なドラマが無いのには自分で気づかない。助監督で就かなくても済み、書いたことに責任取らなくても良いというのは気が楽だ。

　企画部を通して紹介されて取材した某女子大チア部の部長さん21歳も可愛い人で、これまたなんとかしようとしたことをダイアリーに書いている（汗）。

　その彼女に取材して作った物語は……。

　T大の女子大生になったばかりの、ド近眼のメガネちゃんの聖子（寺島まゆみ）は、百恵先輩（『ズームアップ 聖子の太股』で順子を演じた浜口じゅん）に憧れてチアガール部に入る。入部テストで、ラジオ体操をしてリズムがズレまくるが入部。百恵先輩に夜中に体育館に呼び出された聖子は、何者かにレイプされる。実は百恵から「レイプごっこ」を誘われた梨本（**平光琢也**）が、聖子を百恵だと思って背後から犯し、百恵は上の隠れ部屋からのぞいて楽しんでいたのだった。

　聖子はメガネが割れ、相手が誰だか分からない。梨本は罪の意識に苛《さいな》まれるが聖子には言えず、聖子は相手はワセド大学の応援団だろうか？　と考えて次々ワセドの学生とHして試すがナニの大きさが違うと……つまり、レイプされたのにシンデレラの靴のようにサイズを求めるトンデモ展開になっている。このアイデアを思いついたときは、ヨシ！　と思いましたが……。

聖子はコンタクトにして可愛くなる。六大学の決勝戦がT大とワセド大になり、そこにチア部が間に合うかどうかのタイムサスペンスを設定し、ワセドの応援団をT大チア部が海岸での集団セックスで籠絡、全員腰砕けで倒れて神宮に行けず、ワセドは士気が落ちてT大が優勝という展開に……。

ちょっと『うる星やつら』みたいなメチャクチャ感。川崎さん、真面目によく撮ってくれたよな〜。海岸で聖子も梨本とセックスして、あ、これだこれだこれがピッタリなのよ、となる。

ラストは、出演女性みんなでチアダンスを踊って太股を見せまくる、という大団円。


この『聖子の太股 ザ・チアガール』は7月23日、美保純主演、上垣保朗監督の『ピンクのカーテン』とのカップリングで大ヒット、3本目の『聖子』も決定した。ハッキリ言って『ピンクのカーテン』のおかげ。でも脚本からは外された。監督が嫌がったのか？　会社から「金子はまだまだ」と思われたのか？　『聖子』の3本目は中原俊監督の3本目、『聖子の太股 女湯小町』で、**前田順之介**、脚本デビューの人情ものである。

'82年の日活ロマンポルノは、4月23日、**五月みどり**主演、西村昭五郎監督の『マダム・スキャンダル10秒死なせて』が大ヒット、美保純や寺島まゆみのアイドル路線も相まって、前年比2割増近い興行収入を得ている。前年の「映画はもう終わりだ」感は薄らいで、崖っぷちの焦りはなくなっていた。その、ぬるま湯気分のなかで書いたシナリオもいいお調子加減だったが、この頃僕の生活も、ひとり暮らしを初めて夜遊びが増えている。

4月4日は井の頭公園の花見にひとりで行って、見知らぬいろいろな花見グループに顔を突っ込んで「たかり酒」をした。こんなアホなことが自分に出来るのか、というカイカンがあった。

乱舞している集団に混ざって踊ってシンバルを叩いたり、知らない女子と手をつないで踊り、女子グループにナンパふうに割り込み迷惑がられ、バブル時代の予兆が空気として漂い初め、僕も影響を受けて浮き足立ち、アニメのシナリオもときどき書いて財布に余裕があり、時代と一緒に軽薄化していた。「日本の現実を描きたい」なんて言っておきながら、時間のあるとき、社会問題を取材しておくようなタイプではなかった。


もうホントにロマンポルノのセカンドは無いだろうと思っていたら、ファンキーさんからエロス大作だからやってくれと言われ、断る訳にはいかなかったのが『白薔薇学園 そして全員犯された』。**伴一彦**さん脚本によるバスジャックの話である。猟銃を持って名門女子高のバス旅行に乗り込んでくる犯人は、ピンク映画で「犯し屋」という異名を持ち強姦魔にはピッタリ、凶悪な風貌で演じきれる**港雄一**と、『ズームアップ 聖子の太股』で俊彦を演じた上野淳らで、引率の先生は可愛らしい美乳の**三崎奈美**。見た目通り優しく、周囲にとても気を使う感じの良い人。

観光バスをセット内に入れての撮影と、ロケは新宿スバルビル前から出発して本栖湖まで行った。走るバス内で集団強姦するが、何故バスジャックしたのか犯行動機は分からない。結末も不条理狙いである。だが、これは根岸吉太郎監督の『キャバレー日記』（6月25日公開）とのカップリングで大ヒットした。エネルギー全開の根岸さんが羨ましく思えた。

『白薔薇学園 そして全員犯された』撮影前の4月27日、那須博之監督デビュー作『ワイセツ家族母と娘』のオールラッシュが所内試写室で行われた。那須さんに与えられた予算500万円撮影5日間のところ、1日延びて6日間となったが、撮影中は俳優陣が食堂で那須さんを囲んで賑やかに盛り上がっているのを見て、監督っていいな、うらやましいな、と思った。

この日はその後に『聖子の太股 ザ・チアガール』の「本読み」(重役がホンを批評する)があり、オールラッシュを試写室の一番後ろのベンチ席(正式な出席ではない)で見ようとしていたら、**黒沢直輔**さんもこっそり見に来て僕の隣りに座った。

黒沢さんは既に2年前『ズームイン 暴行団地』で監督デビューしているが、納得いかない企画は受けずにチーフを続けている。落ち着きがあり人望が厚い人。TV『運命の殺意 北信濃母子心中』も黒沢チーフだった。当時の早稲田映研で「3人のクロサワを知っているか」という入部テストがあったそうだ(もうひとりは天才の噂だけで、本格的実作はまだ撮っていない黒沢清)。

黒沢さんは「さー、那須ってどんな映画撮るのかねえ」とわくわくしている表情を見せた。やっぱり、助監督仲間同士でも那須さんは変わっていて、注目されていたのだ。

ヤモメ暮らしの金持ち老人(汐路章)は大きな屋敷に住んでいるが、そこに、17歳の踊り子、愛子(森村陽子)が転がり込んでセックス。数日後、愛子の母親、晶子(志麻いづみ)もやって来て同居してこちらともセックス。母娘はカラダを使ってこの屋敷を乗っ取ろうとし、老人の甥(**阿藤**

海／快）と妻もやって来て、屋敷を取り壊してホテルを建てようとする。両者の戦いを描くブラックコメディで、那須さんは「テーマはアジアと日本だよ」と言っていた。

「俺が監督になったら金子くんは助監督やってくれるかい」という話をされたとき「いやあ、やりたくないですねー」とはっきり言ったかどうか、那須さんの助監督になったら〝美しい師弟関係〟は危うくなる恐れを感じ、そのことを繰り返し考えた記憶がある。那須さんのカリスマ性には逆らえないが、言うことはときどき矛盾し、その矛盾が人間的魅力で、僕を考えさせ成長させたが、那須監督から「仕事」として矛盾することを言われたら無能助監督は、どう対応すれば良いのか？と恐れ、仕事を避けた。慕っている相手に、自分勝手もいいところの理屈だが。

この3年後の正月アジア旅行、ジャカルタの窓の無い狭いホテルで、2人でひとつのベッドで寝た。他のホテルを探せる時間では無かった。蒸し暑く、扇風機を点けてお互い背中向きで寝たが、僕はその夜、那須さんに締め殺される夢を見た。


無能助監督は、自分が就いているその監督を〝監督している〟つもりの助監督だから無能なのだ。自分の将来の映画のことばかり考えてる僕のような助監督に就かれたら監督は困るよ、冷静に観察されて批評され要求された仕事はちゃんと出来ない。那須さんも、それを見抜いていたのだろう。「金子くんとは、仕事関係にならない方がいいかも知れないな」と言われた記憶はある。だが、真知子さんはそれを知らない。「金子は裏切った」と、何度も言われた。

『ワイセツ家族 母と娘』は、その真知子さんの脚本であった。とにかくエネルギーが凄い。みんなテンションが高い。だが上映の最中、隣の黒沢さんが「那須、分かんねえ」と頭を抱えて言い出した。後半では「分かんねえよ、那須、分かんねえ」と、ベンチ席に寝転んだりしながら悶えていた。

確かに悶える映画だ、これは……スッポンの首を切り落とすドアップがあった。

オールラッシュは紛糾して、とにかく短く切れ、スッポンも切れ、ということになった。真知子さんは、泣きながら会議室から飛び出して行った。

完成、公開となったこの映画を初日、吉祥寺ロマン劇場でお金を払って見たら、那須夫妻とその友人（映画にも出ている）が現れ、そのまま朝まで飲んだ。映画は短く切られて、エネルギッシュではあるが、ある意味、普通のコメディになっていて、面白くなりそうと思ったところでスパッと終わる。那須さんは悔しかったろうが、愚痴や不満を語ることは一切無く、その後バイクでひとり旅に出てフェリーで韓国に渡り、僕は真知子さんから聞いていたが、助監督部では「那須は行方不明」という話になった。社員身分の那須さんの次の仕事は、「休ませないで直ぐ助監督をやらせろ」と家に連絡しても、真知子さんは「どこに行ったか分からない」とシラを切っていた。制作部は騒然としてたが、僕が口を割ることはあり得ない。「那須はどこに行ったか、知ってるか」と、何度聞かれても、「分かりません」と答えた。やがて、1ヶ月後に帰って来た那須さんは「懲罰委員会」にかけられた。委員会の議長をしていたのは**武田靖**製作本部長で、恐ろしいことを那須さんに言ったそうだ。「これは自衛隊なら反逆罪に相当する、ってな、言うんだよ」

と、なにか嬉しそうだった。那須さんは退職願を書いた。だがその後、根本社長が、たまたま地方で『ワイセツ家族 母と娘』を見て「面白いじゃないか」と言って社長室に呼び、退職願を那須さんに返した。「ということで、首が皮一枚で繋がったんだよー」と、やっぱり面白がっていた。

那須さんがデビュー作で忙しかったので、この時期急速に進行していたQさんとのことは報告していなかった。彼女とは両親の話や政治の話も出来て、かなりメロメロになっていた。

小原組で、女子の声が足りずアフレコを手伝ってもらったりしたが、労働条件のことで会社と揉めて、長電話で詳細を聞き、もっと話を聞いてあげたいとか言って、日曜のデートで井の頭公園を散歩し、吉祥寺のお洒落な店でお酒を飲ませ「インドで撮った8ミリ映画でも見ない？」と言ってタクシーでアパートに連れて来た。「金子さんは策士ね」と言われた。

月曜、策士のカレシになったつもりで三鷹の駅まで送り、戻って僕はバイクで出勤、撮影所で会えるかと思ったがすれ違い、携帯の無い時代なのでその週は連絡し合えず、2Fの社長室にいることは分かっているが、偶然に降りて来たときにバッタリ会わなければ会えない。そのまま金曜を迎えると、なんと彼女は会社を辞めることになり、土曜に送別会があると別人から聞いた。まさかオレのことで？　と思ったが、土曜当日明け方4時に電話がかかって来て、理由は労働条件のことで5月いっぱいで私の任務は完了になりますと言った。送別会では隣りに座り〝実は秘密の恋人気分〟でいたが、彼女は向こう隣の奴を口説いている。ハンサムで有名なスタッフ。え？　そうなの、そいつ口説いてるの？　僕と日曜にさ、え、あ？　え？　と思っているうちに、そいつとスッと立ち去ってしまった。エ〜！　と、恋狂いも頂点に達した。結局、何角関係だったんだよ〜。

6月8日の誕生日、2年後輩だが同年齢のTV部員で部長にまでなった後に日本テレビに入って安達祐実の『家なき子』をプロデュースして大出世する**佐藤敦**と、2年後輩だが2歳年上の制作課員で、のちに『プライド』や『青いソラ白い雲』をプロデュースしてくれる新津岳人に、調布の居酒屋に付き合って貰って、苦しい胸のうちを告白。酔っ払って店から出て公衆電話でQさんのウチに電話している背後には、その2人が立っている。もう深夜0時過ぎている。

電話しているうちに泣き出し「さようなら、君のことは忘れません」と言った。

佐藤敦は「この歳で女に電話して、さめざめと泣ける男って新鮮でいいねえ。なかなかいいものを見たなあハハハ」と大笑い、新津岳人は気の毒笑いしながら「まあまあ」と肩を叩いてくれた。後から、Qさんは「しつこくされてたけど、あきらめてくれてホッとした」と言ってた、と聞いた。「何もなかったのに」だって……。

僕は27歳になった。

風祭ゆき主演『女教師狩り』でようやくチーフ昇進

やっと来たよ、本格的初チーフ助監督は『私の1日レポート 検察庁日記』に引き続いての鈴木潤一監督、てことは気に入られたのかな。鈴木さんロマンポルノ3本目で、風祭ゆき主演の『女教師狩り』だ。

撮影は7月26日~8月5日までの9日間。

脚本は、のちに那須さんの『セーラー服 百合族』『セーラー服 百合族2』を書くが、'94年に42歳で早世してしまう**斎藤博**30歳のデビュー作。この2年後の僕の監督2作目で百合族3作目である『OL百合族19歳』では、女の子のセリフ、特に**山本奈津子**の甘えるようなセリフが上手い〝斎藤さん、なりきって書いてるな〟と思った。その後もTVで中原俊さんと組んだ『桃尻娘』が評判となり、'86年の小泉今日子主演の『ボクの女に手を出すな』に繋がって「俺たちの時代が来た」と言っていた。若松プロ出身で、高校生でピンク映画に出演、内田裕也のマネージャーをやっていた時期がある。童顔で優しい顔つきだが言葉は辛辣。斎藤博が亡くなったのは下北沢の有名バー「レディジェーン」で、前の日に草サッカーで勝って喜んで酔っ払って机に突っ伏したまま朝になったら息絶えていた。監督になった僕と『恐怖のヤっちゃん』、『山田村ワルツ』、『卒業旅行 ニホンから来ました』の3本映画を組んだ脚本家の**一色伸幸**氏は葬式のあとで「いい死に方だなぁ、うらやましい」と泣いた。

★『女教師狩り』の物語、5L後にネタバレします

物語はレイプの連鎖とでもいうか……高校生の大介（**井上肇**）が「同級生をレイプした」という告発が学校にあり、教師、島子（風祭ゆき）に疑われ憤慨するが言い訳せず、自ら退学。湘南でバイトしているところへ大介の無実を知った島子が謝りに来るが、大介は島子を夜の海の家で乱暴する。この2人の心理は分からない。学校に戻った大介はもともと関係があったのに「レイプした」と疑われた同級生の緑（**伊藤京子**）を、大介に嫉妬して告発した男子学生に雨の中でレイプさせてやり、さらに自分も泥だらけになって緑を襲うという結末になる。

ロマンポルノ初出演の伊藤京子さんは散々酷い目に遭って可哀想だと思ったが、なんでこの人を学校内で真っ昼間にレイプする必要があったの？　誰も気づかないの？　と思うし、島子が夜のプールで全裸で泳ぎ、そこにボロボロになってやって来た緑と理解し合うというラストは救いがあるが、う～ん、分からん、かなり本筋が乱れている、と思った。

撮影は**前田米造**さんで手堅いカメラワークに重厚感があって、鈴木演出による芝居も手堅いので本格的なものを見ている感覚はある。会社は合格点を出した。

風祭さんは僕が思うに〝ロマンポルノ史上最細女優〟だ。'80年に小原宏裕監督の『赤い通り雨』で日活デビュー、いたいけな〝犯され〟演技力に撮影所内には衝撃が走り、続けざまに小沼勝監督の『妻たちの性体験 夫の眼の前で、今…』では学生たちに集団暴行されても品を失わない美しさ、根岸吉太郎監督の『女教師 汚れた放課後』でも確かな演技力が評判を呼び、あっと言う間に日活のエース女優になった。かと思ったら、薬師丸ひろ子主演、相米慎二監督の『セーラー服と機関銃』でも組長の謎の愛人として登場し存在感を放ち、日活外の世間でも売れっ子ぶりを発揮した。

風祭さんはロマンポルノオファーを1年間迷ったが、大島渚監督の言葉で出演を決意したそうで、彼女の当時の所属事務所「植物園」社長は大島監督の妹、瑛子さんであった。

チーフになるとマネージャーや事務所から名刺をもらい、そうした事情を直接聞くことになる。大島監督に「女優は肉体労働だから体操だと思ってやってきなさい。1本の映画を背負う主役をやるのは1度は経験しなきゃ」と言われたとか。風祭さんは5年でロマンポルノ出演20本以上となり、後年僕の『ラスト・キャバレー』にも特別出演、キャバレーラストショーでスプリンクラーの水を浴び、ロマンポルノの終焉を身体で表現してもらったのであった。

『絶頂姉妹 堕ちる』でチーフ この僕が「鬼」ですか？

続いてチーフ助監督を担当したのは黒沢直輔監督、倉吉朝子&江崎和代主演の『絶頂姉妹 堕ちる』。8月24日～9月2日の8日間で撮影。脚本、**いどあきお**。カメラ、森勝。

倉吉さんも江崎さんも姉妹のキャラ違いが際立って一所懸命で好感が持てたし、黒沢さんも好きで尊敬心もあったが、物語が暗過ぎて好きになれず。見た人の評価は今でも好評なんだが……。

★以下、書くなりラスト、ネタバレします

母親と姉妹とで売春をしていて社会の底辺から抜け出そうともがくがまた堕ちてゆくという話で、こういう右も左も真っ暗闇の物語はどうにも苦手であった。再見すると、丁寧に心情を追い映像感覚も鋭いが、最後に裸の真由美（江崎和代）がエリート婚約者の副島（**中丸信**）を刺すところはドラマとしてイキナリ感がある。刺された男がマンションのドアに倒れ込み押し開けると夜のビル街が見える、それをやりたかったのはよく分かるんだけど。

部屋のドアをセットから切り離し、新宿の屋上に組み立てるワンカットに黒沢さんは拘《こだわ》った。

だが、ドア一面だけでは、人物の後頭部が大きく画面を占めてしまうから、カメラを引けるように両側壁も外して運び、雑居ビルの屋上に組み立てるのは結構たいへんな作業。美術スタッフを先行させるスケジュールにして、さらに日没直前の「スカイライン」の時間帯でないと、ビルの合間に見える空が蒼暗くならない。この数分を逃して完全な夜になると、全体が真っ黒になりビルの稜線が見えずに窓の灯りが点々としか映らないから、30分前から待機、普通の明るさのものとギリギリのものとを2パターン撮っておく。また、江崎さんの裸が周りから見えないようカバーしなければならない。だから屋上にはこんなに大きくなるのか、というセットが建った。

ここまで苦労してワンカットだけ撮る必要があるのかいと思ったが黒沢さんにはあるのだろう、だから、面倒でもスケジュール作ってあげよう、という気持ちであった。撮影は成功。

もともとロケ場所自体が多い映画だった。初日は会社に泊まって朝4時！ 出発。新宿東口駅構内→都営アパート表→千駄ヶ谷喫茶店→フジタ工業前電話ＢＯＸ→新宿歩道橋→花園神社→東口ガード下→歌舞伎町馬券売り場→夕景の幡ヶ谷アパート、夜は無しというロケ移動が記録されている。これは今見ても移動が多く過酷で、１日が終わると黒沢さんはとても疲れて見え、「金子の顔が鬼に見えるよ」と言ったが、そのときは何の意味か分からなかった。

は？ この僕が「鬼」ですか？ ワンシーンが終わる度、チーフの僕が「次は○○です」と急がせるから休む間も無く次の現場へ向かい、そこが終わるとまた僕が目の前に現れ、ということで仕舞いには穏やかな僕の顔が〝鬼〟に見えたらしい。

でも、あなた自分でこのロケ設定の多いホンを作ってＯＫしたんでしょ、こっちはそれを８日でスケジュール組まなきゃいけない、セット４日ロケ４日と決まっている。初日の芝居は重くならないように軽いロケ設定だけを集めたら場所移動が多くなってしまい、その責任はこっちには無いのに鬼は無いでしょ鬼は……と、そのときはムッとしたが、今から思うと監督や作品に対して優しい気持ちが無かったことも理由だったかと分かって、もっと優しく言ってあげればよかったのかな〜。監督になってからは助監督に気持ちが救われることが多く、本来の意味での優秀な助監督に支えられている。僕のような冷た〜い態度の助監督には会ったことが無い。

今見ると、この映画はロケ効果がよく出ていて、黒沢さんの世界が作られていると思える。

『実録色事師 ザ・ジゴロ』にも就いて チーフ2本立て

『絶頂姉妹 堕ちる』は10月15日、小原宏裕監督の『実録色事師 ザ・ジゴロ』とカップリングで公開され、これもチーフをやったので金子チーフ作品2本立てとなった。

『実録色事師 ザ・ジゴロ』は、9月13日〜9月23日のうち8日間で撮影。脚本、**佐伯俊道**。カメラ、杉本一海。カリスマホストとして名高い**伏見直樹**本人が主役で登場、冒頭、手に鎖をつけて歌い、ホストを極めたジゴロの生き方を訓示する。「女は金だ！　プライドを捨てろ！　歌、話術、芸を磨け！　だまされるなら自分で騙せ！」というのを確認しようと思って再見したら、僕がカメラマン助手役で出て来たので驚いた。意外とイケてるじゃん、この27歳。忘れてたー。

ジゴロ予備軍アキラ（**滝川昌良**）の恋人、真理子（**渡辺良子**）は、ビニール本のモデルをやっている。アキラが真理子から撮影に付き合って欲しいと言われてスタジオに行くと、チャリティ番組の黄色いTシャツを着たカメラマン助手役の金子くんが「右手出して」と言ってアキラの手を握り、上からコンドームをかぶせてワセリンを塗るので、アキラ「な、なに」と慌ててると、金子が真理子に振り返り「まりっぺ、大丈夫か、この兄ちゃん」と言う。なかなか自然な芝居だ。

カメラマン役は、漫画家の**高信太郎**さんが演じている。金子はアキラの手をつかんで真理子の下半身を突く動作をして、苦しむ真理子の顔をカメラが激写。「大丈夫か?」と心配なアキラ。「平気よ」と真理子。アキラ「もうやめてもいいんだよ」、真理子「やらなきゃギャラもらえないでしょ」。すると金子「よぉし、よく言った。さ、もっとのけぞってホラ!」という具合に結構、自意識を捨て、演じているではないか。「開き直り」感がある。

ファンキー監督自身もドラッグの密売人役で、真理子にクスリを売るシーンで出て「売ってやるからアソコ見せろよ」と言ってしゃがみ込んでパンティ下ろさせてライターの灯りで秘部を見るシーンがあり……この撮影が終わってからファンキーさんが寄って来て小声で「……見ちゃったよ」とアセっていた。渡辺良子はこのとき21歳だが大人っぽかったし、根性が据わっていて芝居も上手く、僕は好きになった。ソフトボールと陸上で鍛えたそうだが、スタイルも抜群で、綺麗だった。タイプ。

ビデオカラオケ販促ビデオを監督『影武者』を思い描いて撮った

『実録色事師 ザ・ジゴロ』の直後、日活カラオケビデオを売るための〝販売促進ビデオ〟の監督に指名され、主演というよりナビゲーターが渡辺良子になったと聞いて嬉しかった。助監督ナシ。2日間の撮影で、1日目は仙川や新宿のカラオケスナックをロケ、撮影所に帰り、セットで商品撮影。商品とは温泉旅館などにあったカラオケマシーンのことで、その販売促進と、使い方の説明がメインのビデオである。日活撮影所は、カラオケビデオ事業をかなりやっていた。空いている監督たちは、女優を連れて温泉地でカラオケ映像を撮りに行っている。

5月には上垣保朗監督が飛騨高山に**井上れい子**を連れて『奥飛騨慕情』を撮り、大阪にまわって『雨の御堂筋』を撮ったりした1週間7曲のロケに、セカンドなしのチーフで就いて仕切った。那須さんは『銀座の恋の物語』を旧作映画からカッコよく編集した。あれ、また見たいが。池田敏春さんは白都真理で、ワンカットのみで海に入水してゆくのを手前でカメラがフォローする画を撮ってカッコ良かったが、歌は何だったか覚えていない。

撮影2日目は、日活の経営する鎌倉ハーフムーンビーチホテルまで行き、渡辺良子にミニスカートでカラオケマシーンの説明をさせて浴衣姿で「聖母たちのララバイ』を歌わせたらとても上手かった。何をやらせても上手い。聴いている浴衣の客が座敷でゴロゴロしていたのに、次第に聴き惚れて正座になって聴くというカットを『影武者』を思い描いて撮った。影武者＝仲代達矢をバカにしていた根津甚八らが、信玄の真似をして髭を触る影武者を見て居住まいを正し泣き出すというカットである。その真似だ。構図も似せて。渡辺良子に「これは『影武者』へのオマージュなんだよ」と言ったら、「すごいですね」と言ってくれるので可愛いなー、と思った。いつか良子を起用して映画を撮りたいと思ったが、先ず監督になることが先だ、役者はそれからだという思考をするので、「俺が監督になったら映画に出てよ」なんて撮影所モノにありがちな〝助監督役の定番セリフ〟は恥ずかしくて言えない。言えたら、モテたろうか、良子に……。

カラオケと言えば、よくファンキーさんにはカラオケに連れて行ってもらったが、あるとき大ヒット中の深作欣二監督の角川映画『蒲田行進曲』の話題になって、ファンキーさんが「あまりに面白くて、椅子から転げ落ちたよ」と言った。僕自身は、カラオケビデオの仕上げの最中10月19日に新宿松竹で見て、やはりその面白さに驚き、それまで敬愛してきたフカサクとは追求しているものが違う気がしながらも、時代が大きく変わっていることを感じた。ラストの「カット、オッケー」でセットがバレる衝撃に酔った。『仁義なき戦い』では社会の不条理を映し出し、怒りを駆り立てるようなところがあったフカサクが、『蒲田行進曲』では、純粋に映画屋の映画作りの楽しさ厳しさ苦しさ喜び悲しみを伝えようというエネルギーに満ちていて、それに酔った。

これがフカサクの独創でなく、つかこうへいの芝居が素になっているというのが悔しい気がした。同級生の野田秀樹もどんどん有名になっている。演劇の世界はニューウェーブが席捲し始めていた。

こうしちゃいられないと思ったが、またファンキーさんから次の仕事が来た。売れっ子ですよファンキーさんは。正月映画の美保純主演の『OH！タカラヅカ』だ。正月映画と言っても、撮影は11月14日〜11月25日の間の、やっぱり8日間である。女だけの島、宝塚島の女子高に赴任して来た教師がもみくちゃにされる話だ。女子高生は、みんなピンサロから出て、登校する。

『ピンクのカーテン』が大ヒットしていた美保純は、カップ焼きそばのCMにも起用され、人気が沸騰している。現場では明るくサバサバしており、引き締まったヌードはキレイ、というよりカッコよかった。「金子さん、金子さん」と寄って来る美保純は可愛かったな。気軽に話せて、話をしていると楽しかったが「俺が監督になったら……」というセリフはやっぱり言えなかった。言えればモテたか……。風祭ゆきや美保純の成功で、渡辺良子、山本奈津子、小田かおる、**浅見美那**、**中村れい子**といった、アイドル路線を作れそうな、可愛く華やかに美しい女優がラインナップに集まった。入社した頃より、お互いの年齢も近く、仲間意識も生まれていた。

ロマンポルノの新時代が来ていたのかも知れないが、渦中にいるとそんな意識にならなかった。

『ピンクカット　太く愛して深く愛して』で森田組に初参加

『OH！タカラヅカ』の撮影中に山田耕大から電話で「次の森田（芳光）組やって欲しいんだわ、森田さんから金子の御指名あって」と言われ、咄嗟に「え〜、またモリタ入るの？」と返した。

寺島まゆみ主演の『ピンクカット 太く愛して深く愛して』である。「なんでオレ?」

森田芳光監督は'81年に『の・ようなもの』で商業映画監督デビューする以前から8ミリ映画で名前は知っていて、どんなもんかねと高を括って見に行ったら結構面白く、『遠雷』『嗚呼!おんなたち猥歌』『泥の河』『駅 STATION』と並べ、密かに自分のベストテン上位にマークした。

噺家修行の青春譚が、棒読みだが味のある**伊藤克信**を主演に、都会的センスの明るい笑いで描かれる。秋吉久美子がインテリのソープ嬢エリザベス役で色っぽく、主人公の恋心は揺れても深刻にはならず、カラっと軽い映像もカラフルで、特に大きなドラマもないのにラストには切なさが漂い、「映画をデザインする」的な才気が感じられた。

その森田さんが日活でロマンポルノを撮ることになり、那須さんがチーフに就いたのが、**岡本かおり**主演の『㊍噂のストリッパー』(9月15日公開)であった。

新人監督枠が外部の森田さんが入ることによってひとつ減るという不満は皆口には出さないがあって、『㊍噂のストリッパー』が武田靖本部長に好評だったというのも驚きだが、その森田さんがまた入るというの衝撃ニュース。食堂での初顔合わせでは、不味いコーヒー飲みながら……。

一所懸命に面白がって話すのでついひき込まれるが、こちらは、そんなことで軍門に降るまいと斜に構える。ディスクジョッキーの訓練もしていたと聞き、なるほど発声や滑舌はよく、人をノセる。根岸さんより1学年上だ。僕が『聖子の太股』やアニメの脚本を書いていることまで知ってるので自尊心がくすぐられ、那須さんの舎弟だとは言いづらく「寺島まゆみ、いい子で、やりやすいですよ」と、言った。他にも渡辺良子、**山口千枝**、**山地美貴**ら、カワイイどころが大挙出演。みんな気を使わなくても良い若手女優たち。伊藤克信も出るので、楽しくてラクな現場になりそうだ。ただ、8ミリの話となると石井聰亙くんに対するような〝同志感〟とは別な、フクザツな感情が湧いた。嫉妬ね。やはり、この人は助監督経験が無いという「目」で見て、本来なら「助監督とは何か」を教えるべきなんだろうが「何か」のほとんどは「嫌いなこと」なんで忠実にやらなくても分からないだろう。だったら叱られるはずもない、という気楽な気分になった。

プロデューサーは翌年、僕と『メイン・テーマ』もやることになる**中川好久**さんで、森田さんとは同じ日大芸術学部出身で、もう気が合っているようだ。「森田は面白いよ」と言っている。

ストーリーは〝女子大生のまみ（寺島まゆみ）が大学へ通いながら亡き両親の家業である理容店を切り盛りしている〟という設定で、ロケハンは、大学候補地の東京農工大からスタートしたが、森田監督は制作担当の**三浦増博**が見つけて来た中庭に立つなり面白い、となり、その場で決定した。

監督がロケハンのときにロケ場所に立って「面白い」と言うのを初めて聞いた。その後も聞いた覚えないな……だいたい監督というものはスタッフには簡単に心のうちを見せないように感情を隠しているものだ。でも、森田さんはどこへ連れて行っても先ずいいじゃないかと肯定的な事を言って決まるので、安心というより拍子抜けな感じもあった。

『女教師狩り』のときの鈴木潤一さんはどこへ連れて行っても先ず「ここはちょっとな……」と難色を示したが、その帰り際には、いつも毎回「じゃあ、最悪ここで」と言って次へ移動しても、結局そこで決まらざるを得なくなる場合が殆どだから、カメラの前田米造さんは「俺たちゃ、どこへ行っても最悪の場所でやってるって訳だ」と笑っていた。

そういう意味では、森田さんの面白いの連発は、スタッフにやる気を出させる言葉だった。

下北沢、代沢小学校の交差点に立つなり面白い、と。理容店を見つけ、タバコ屋の赤電話で電話した明（伊藤克信）が、交差点を渡って理容店に行くというファーストシーンを自分で演じながら歩いて説明し、我々は笑ってついてゆく。森田さんの動きは、常にどこか動かしにくい所でもあるのか、可愛らしくもあるから。ロケハン初日で半数近くのロケ場所が決まった。

伊藤克信は根岸さんの『キャバレー日記』にも出演、激しい栃木なまりでキャバレー客の呼びこみをするオカシげで賑やかなキャラクター。日光の旅館の跡取り息子で、一流企業に就職が決まっていたが、日本テレビの学生落語番組で敢闘賞を獲ったのを森田さんが見て『の・ようなもの』の主役に口説き。就職内定を蹴って出演を決意したそうで、衣装合わせのときは「〇〇に就職決まってたんですから〜」と何度も未練ありそうに言っていた。彼の実家である日光の旅館は、渋谷区の小学校が修学旅行で使うところで、僕も森田さんも泊まっていたという奇遇が発覚。

森田さんは俳優たちの喋り方を「アメリカ青春ＴＶドラマの吹き替え口調」でやりたいと希望。だったら『グリース』のＴＶ放送版が参考になると僕は提案し、録画していたベータのビデオテープがあるので持って来ようとすると、撮影所にはＶＨＳのデッキしか無いのでバイクの荷台に自分のベータデッキもくくりつけて運び込んだ。寺島まゆみや渡辺良子に吹き替え版『グリース』を見せ、その口調をマネしながらセリフを言ってもらうと確かに微妙なニュアンスの違いが出た。

この床屋は、可愛い女子店員ばかり集め、サービスたっぷりに応じるが、森田さん自身がこういうサロンがあったらなと思って考えたそうだ。サロンは制服が大事だとロケハンの途中、評判になっていたアンナミラーズ赤坂店へパイを食べに寄り、ウエイトレスの可愛いミニスカ制服を見て「いいな、いいな」とみんなでニヤニヤ鼻の下を伸ばしていたが、結局、白のテニスウエアでやることになった。現場には何やら大学映研的な雰囲気が出て来た。

撮影は12月10日~20日までの8日間で、ライブ活動をやっていた寺島まゆみに合わせた。この映画にも彼女の歌が何曲も使われている。

美術は新進気鋭の社員デザイナー**中澤克巳**で、のちに同じ森田作品『家族ゲーム』にも続いて就くが、下北沢の理容店の入り口をドアで繋げ、実際の店よりも大きめのセットを作った。

明が下北沢でドアを開けるとセットになって、テニスウエアの女子店員たちが笑顔で振り返り「いらっしゃいませ」「いらっしゃいませ」と案内し着席させる。ニヤニヤしてしまう明。ライティングで、ちょっとファンタジックな画調になっている。このサロンのセットは撮影4日目だった。

座っている客を、渡辺良子がハサミで調髪しながらもよおして、腹を押さえてトイレに行って帰って客から口説かれるという面倒な動きが台本に書かれてある。客「キミ、いいカラダしてるよ」。良子「お客さん、いいオトコね……あ、ごめんなさい」とまたトイレへ。

森田さんは鏡の中に映る良子と客の姿を2人とも入れたくて、しきりにアングルファインダーでカメラ位置を探ったが、カメラを構えると鏡の中にカメラが映る。では鏡を外して壁に穴を開けてそこから撮ろうかという案が出たので僕が「だったら壁バラして、後は全部移動でやったらどうですか」と進言。壁ごと外せば、鏡側から見たサロン全体が捉えられる。それをレールで移動しながら3人の客の点描がワンカットで撮れて早い。「その方が早い」と納得したらスタッフみんな一致協力する。壁が美術スタッフによって取り外されたのを見て、森田さんも興奮している様子だ。カメラマンと相談してレールの位置を「このくらいですか」と決め、森田さんに「どうですか」と聞くと、気持ちは一致しているようだ。僕にとっては珍しく、監督との気持ちがひとつになっている。助監督人生で最大の「働き」がこのカットであったかも知れない。渡辺良子への指示もビデオカラオケの仕事をしたことで、すんなり伝わった。他の女優だったら、あそこまで的確に出来なかったろう。フレームを理解している動きだ。

撮影の終盤に森田さんから、この後すぐATGをやるが、助監督やらないかと言われ、「日活がOKならいいですよ」と普通に答えた。

山田耕大著『昼下りの青春』によると、『遠雷』で成功した日活＋ATGの企画第2弾として、山田が『家族ゲーム』の映画化の原作権を獲り（TVとは別）、監督は『の・ようなもの』で「天才だ！」と思った森田さんにオファーしたのが前年だった。準備期間が長かったので、その間にロマンポルノを2本撮ることになり、年明けに『家族ゲーム』が入る直前だったが、企画部以外そのことは知らないし、撮影所の特に新人監督や助監督には漏れないようにしていた。漏れたら「なんで日活から出さないんだ、第1弾は根岸さんだったのに」の声が上がるから。噂はあったがまさか、と思って驚いた。

『ピンクカット』に戻ると、明とまみは同じ大学なのに大学で出会わず、サロンの客のまま恋をし、夜のサロン、理容台でセックス。まみは大学教授と付き合っており、卒業に足らない単位をおねだり。

明にも由加（**井上麻衣**）という恋人がいて、部屋で初詣の着物を脱がせてセックス。由加は明に「早く就職を決めて」とプレッシャーをかけていたが、明を見限って新しい恋人を作る。

そういう事情はお互い知らないまま、終盤になって大学でバッタリ会って笑い合う。お互いの背負ったもの、みたいなのはカル〜く流して楽しくセックスしよ〜。

この映画軽いけど、悪くないかも。旧来のロマンポルノはもっと面倒くさかった。

★ネタバレというほどじゃありませんがいちおう

就職が叶った明は、まみの前で採用通知を破り、このサロンで働くことを決めた。ラストシーンは、サロンの新装開店で、制服はレオタードになり、僕もお客として座席に座っている。「ヘルシータイム！」と寺島まゆみがカメラ目線で叫ぶと、彼女が歌う「ロックンロール・タイフーン」が始まり、ワンコーラスワンカットでクレーンでバックし、店員もお客もリズムに合わせて踊り、僕もシェービングクリームを顎に付けたまま踊り、フレーム上から紙吹雪が舞い落ち、今度はドーリーアップで再度寺島まゆみの顔となり、エンド。こんなロマンポルノは今まで無かった。

12月27日に0号試写と打ち上げ。大学のコンパみたいな雰囲気であった。

井上麻衣は「もう森田組にしか出ない！」と宣言（この直後、中原俊監督の『宇能鴻一郎の姉妹理容室』に主演）。僕は、お互い酔って終電を逃した伊藤克信と、新宿のレンタルームに泊まった。

公開は'83年1月21日、**山東ルシア**主演、菅野隆監督の『セクシー・ドール 阿部定3世』と同時上映。

恒例の年末アジア旅行は、那須さん夫妻はアメリカに行っており、僕は自立のつもりで、初めてひとりでスリランカに旅立った。大晦日のことである。

27日の打ち上げ前に『家族ゲーム』の第1回打ち合わせがあったが、スリランカ行きのことでソワソワしてやる気を見せず、制作担当の**藤田義則**君から「いつ帰って来るんですか」と言われても「さあね、何が起こるか分からないからね」とうそぶいていたのだが、行ったら確かにヤバかった……帰国の日に、有り金全部盗られた……。

第6章

1983

スリランカでひとりの正月から『家族ゲーム』の現場にたどり着く

スリランカに着いた日のホテルは決まっていたが、1983年1月1日からは「何も計画せず毎日違う街へ行く」をテーマに、初めての街にバスから降りると、全く見たことないカラフルな風景でピーカン酷暑、理解出来ない言葉のシャワーを全方向から浴び、頭の中は「が〜ん」で呆然と30分その場にブッ立ち、暫くして「ホテル、ホテル」と呟き、宿を探してキョロキョロ歩き始める。

宿には英語が喋れる人がいて情報を得て名所を巡り、ひと晩泊まったら翌日は次の町へバスで移動して「が〜ん」を繰り返し、それがクセで快感になる、まさに「深夜ミニ特急」の旅だ。

有名なシギリヤ遺跡では、イラナイっちゅうのにカタコト英語のヒゲモジャ男が案内、「ここは王様のお風呂だ」と汗かいて懸命に説明するのでフムフムと頷くと、帰りに360度誰もいない平原でナイフを出して「金を出せ」と豹変。マンガみたいであまり怖くなくホントに現金を持ってなかったので、バッグをひっくり返して虫除けスプレーを渡したら男はブンむくれて立ち去った。

田舎町でパスポートを預けレンタルバイクを借り、周りは皆飛ばすので危険を感じる熱帯道を僕もブッ飛ばし、停車で横倒してかすり傷をつけてしまい、返すときにその傷を見つけられ高額な修理代を請求され、パスポートを返してくれず取り囲まれて最終バスに乗り遅れたら、前日に泊まったゲストハウスのインテリ主人が天の助けで話をつけ、パスポートも取り返し、そこにもうひと晩泊まり「昔この辺にはゾウが出たものだよ」と、酒飲んで世間話して「奴らは悪者だ」と苦い顔をした。今から思うと、この半年後に始まったスリランカ内戦の、タミル人対シンハラ人の民族対立感情が背景にあったのかも知れない。どっちがどっちだか分からないが。

最後の1月8日には、コロンボ港の悪童たちに「高いレートで換金してやる」と言われてトラベラーズチェックを騙し盗られ、警察に行ったらニヤニヤされるだけで空港へ行く現金も無くなり、食堂で客たちにセリで時計を売ろうとすると「なんだカシオか、セイコーならいいのに」と言われて値切られたその金で深夜、空港へ到着出来た。１：５０発のフライトの1時間前だった。セーフ。

1月9日にソウルでトランジット4時間待ちの間にバス往復で市街地観光。そのときバスガイドさんから「私は日本に創氏改名されたのです」と不条理を訴えるのを聞かされた。

そして成田に帰着。翌1月10日にトラベラーズチェックの盗難届を出し（これは現地で使われたらしいが、のちに新札で戻って来た）、11日から『家族ゲーム』のロケハンがスタートして、夜には那須さんにスリランカの報告をして焼肉をご馳走になって、ロケハン初日のことはよく覚えていない。森田さんにはスリランカのことを話すような関係では無いので、「今晩、那須さんにどう面白く話そうか」と考えながら窓外の東京の風景を見ていたのだった。

1月13日、松田優作さんが衣装合わせに来た。家庭教師、吉本役の優作さんは、サングラスでカーキ色のジャンパーを着て『野獣死すべし』の殺し屋が休日に遊びにやって来たみたいにカッコよく、サングラスを外すと用意された長いコートを羽織ったが「何か持ちたい、拳銃なら俺にぴったりだって分かってるんだけどさ」と冗談を飛ばすと、森田さんが図鑑はどうかと言い出した。次の本格的衣装合わせでは小道具係が何冊か図鑑を用意して来て、植物図鑑を選んだ。大きなひまわりが表紙で、胸に抱えていると不思議な雰囲気。聖書を抱く神父？　アンドロイド？　森田さんと優作さんは2人でイタズラを企む兄弟みたいで、仲間に加わるにはハードルが高い。

現像されたスリランカの8ミリフィルムに音が入っていない、大ショック、それでも那須さんに見せようと編集しながら一方で撮影スケジュールを書いていたから身が入ってなかったかも知れず、ある日、優作さんの付き人が走って来て、「食堂で優作さんが呼んでますッ！」

「え、オレ？　なに」「スケジュール表のことで」と言われてドキドキしながら食堂に行った。

与えられた撮影期間は3週間だったが、そのうち母親、千賀子役の**由紀さおり**さんが一番忙しく、使えるのが2週間だけ。組むと2週まではキツい。が、ラスト1週は楽なシーンばかり。……というふうにしか組めないでしょ、これは。

食堂で座ってスケジュールと台本を見比べている優作さんの前に立った。

「おぉ、金子ぉ」「はい……」「ここな」と、優作さんは指差して「ここな」は腹に響くバリトン。特に感情はない。日付にシーンナンバーと、そのシーンの出演予定俳優には「○」を付けているはずが、「抜けてるぞ、俺」と指摘された。ドキッ！　あっ……確かに抜けてしまっている、優作さんの「○」が無いい！　「それから、ここもな」あっ、1ヶ所じゃない、ドキドキ!!　「ここも、な」3ヶ所、ドキドキドキ！！！　何故3ヶ所もっ！　単なるミスでした。なんでこんなにミスが多いんだ、オレ。それも優作さんの出番を書き落とすとは「すいません！！！」と平謝り。謝るしかない。すると、優作さん、「オーケー、オーケー」とバリトンで言いながら、自分で「○」を書き込んだ。

オーケー？　優しい!!　この僕に？　チーフの最大の仕事、スケジュール作りで主役の出番を3ヶ所も落とした助監督なのに（スリランカ旅行の映像編集の方に夢中で、上の空だったんじゃないの）（いつもミスはするのよ）（このときだけじゃないし）。「じゃ、よろしくな」と、言われ、優作さんの優しさに泣けた。だが、こりゃあ「抜けた助監督」として睨まれたんじゃないのか、と不安になったが『家族ゲーム』の撮影中、優作さんは嫌な顔をすることは一度も無く、現場進行を第一に考えてくれて、何を言っても「オーケー、オーケー」であった。

続いて父親の孝助役、伊丹十三さんは衣装部にやって来るなり、森田さんと「あの映画はどうだった」「こうだった」と映画の話を始めて、なかなか衣装合わせが始まらなかった。

この頃の伊丹さんのイメージは、ちょっと変わったマルチタレントで、ドキュメンタリーを製作したり『ｍｏｎ ｏｎｃｌｅ（モノンクル）』というカルチャー誌を刊行して責任編集を務めたり、妙に理屈っぽい発言をする人で、俳優としては戦前からの巨匠、伊丹万作の息子として、青年時代はインテリ二枚目スターで華やかに活躍（特に『執炎』）していたが、年を経て、若い女を追いかけるシツコイ中年男という役柄が似合うようになっていた。藤田敏八監督の『妹』（'74）では、便器に顔を突っ込んで自殺する変な親父、黒木和雄監督の『夕暮まで』（'80）では、**桃井かおり**扮する愛人と素股セックスするスケベ小説家とか……のちに監督になるとは全く思わなんだ。

由紀さおりさんは、緊張した面持ちで笑顔なく衣装合わせに現れ、何か警戒しているように見えた。現場が始まると、穏やかで優しい人柄が分かり芝居も自然、演技者として一流の方だと証明されたが、このときはまだお芝居の出演歴は少なく、初映画は相当な緊張であったろう。その緊張感のなかから色気がムンムン匂い、選んだピンクのふわっとしたセーターがお似合いだった。のちに僕の『プライド』('07)にも音楽大学教授の役で出演して頂き、素敵で尚、厳格な演技を見せてくれた。

弟、茂之役の**宮川一朗太**は、「大人を馬鹿にしているんじゃ?」と思わせる態度の中学生。生意気を言う訳ではないが常にニヤニヤして目を合わせず不遜な態度で、映画のイメージそのもの……その後、大人になって物凄く腰が低くて謙虚で愛想よく懸命に役を演じる宮川一朗太とは別人だった。

オーディションは日活だったので「ロマンポルノに出されるんじゃないか」と不安になり、わざとやる気なく演じたのを森田さんは気に入ったらしい。その後、松田優作の出演を知りびっくり仰天、緊張もあったし、愛想をよくしようとして笑顔を作ったら、こちらをバカにするようなニヤニヤ顔になったのかも。

兄、慎一役の**辻田順一**は、本当に普通というか芝居は未経験で、この後の芸能活動記録は見当たらない。淡々とした味はあったが……映画では優等生ながらタロット占いに凝っていて、母親と仲よくレコードを聴く。と言っても、この映画には音楽が一切使われていないので、レコードが回っても無音でリズムをとるシーンになっている。

世間一般的な4人家族を戯画的にカリカチュアし、そこにさらに浮いた存在の家庭教師を投じたときに起こる波紋を、映画的にデザインした映画……そうだデザインなのだこれはと、思った。茂之はジェットコースター模型を部屋に飾り、鉄球を乗せてゴーゴーする音を効果音に使っている。

模型越しの人物や大きなジェットコースターのポスターなども効果的に見せている。

この家族の住む都営住宅はウォータープロントにしたいという森田さんの希望（当時は珍しい言葉で、は？　と聞き直す）によって、晴海埠頭へロケハンに行き、そこから見える大きなアパートを見つけたときに、僕も「あ、あれだな」と思った（現在は、高層マンションに囲まれて目立たないが、当時は空に抜けていた）。目の前を通勤用の連絡船が通りかかると、船で家庭教師がやって来たらどうかと森田さんが言い、冗談かと思ったがそれに決定。

この都営住宅の外観と部屋を基にして、美術の中澤が撮影所にセットを組んで出来上がった1月20日、森田さんが希望していた2カメラ体制は「予算的に無理なんですよ」と前田米造カメラマンが告げた。そのときまでは森田さんは、家族の食事シーンは2台のカメラで同時に撮り、目まぐるしく細かく編集したいと言っていた。カメラ1台となったら、膨大な量の食事シーンを何度もポジション替えて撮ることになるのか、と重い気持ちでセット確認のためにメインスタッフで入った。

ダイニングキッチンは狭い。四角いテーブルに4人、それぞれの辺に座って正面から口を撮るとなるとカメラ位置も4回替える〝めんどくさー気分〟に陥ったとき、森田さんが中澤に窓側の壁をバラして欲しいと言い出し、中澤は助手と一緒に壁を外した。

お、これは……と、「早く撮れるのが何より」と思うチーフ根性でワクワク。

しかし壁をバラして見ると、ダイニングキッチン全体は撮れるが、4人のうちひとりは背中になるから、結局反対側からも撮らなくてはならず余計タイヘンになる。いっそTVドラマでよくあるお茶の間スタイル、誰も背中にならない食卓座りにしたらいいんじゃないの。でもそれって、見るからにTV的になっちゃいますよね……ということを言ったり考えたりしていると、森田さんが「テーブルを半分に切って長くして皆こちら向きで座ったら、食べるときに顔を見ないですむ」と、〝コロンブスの卵〟的な発想の転換をした。それ、いい！　ワンカットでいける。早く撮れるよ。しかもTV的では無いし4人の微妙な関係性も出せる。大皿料理はテーブル前側でキャスター付きの台車で移動させ、皆でそれを取って食べるという森田さんのアイデアで映像が浮かび、中澤は、急ぎそのテーブルを作り、「映画史的事件」とも言われる、家族横一列で食卓に並ぶ『家族ゲーム』のメインイメージが出来上がった。森田さんは前回より、何倍も落ち着いて自信が出ている。「自信で撮っている」という感じがするときがあった。確かに冴えている。

クランクインは翌、1月21日、アップは2月12日で、実働18日間。

物語は、兄が進学校である西武高に行っているのに、弟は成績が悪い。何人か家庭教師をつけたが、成果が上がらないのでこの吉本がやって来た、というところから始まる。

吉本は彼に勉強させせようとするが反抗され、遂に引っ叩いて鼻血を出させる……これを予期出来ない緊張と緩和の連続で面白く見せる演出だが、撮影中は〝ニュアンスが出るか出ないか〟を監督だけが判断できるので、何がOKなのか分からない。劇場で見たとき、吉本と茂之のシーンは爆笑の連続で、呟きのセリフが聞き取れないくらいだったが、撮影中はウケるか否かではなく、変なニュアンスと緊張感が一貫しているか、であった。

茂之が帰り道、書店でマンガを立ち読みするのを兄が家で待つ吉本に告げ口すると、吉本はダッと走り、逃げる茂之を捕まえ書店前でコブラツイストをかける。そこへ店員が出て来て「お客さん、本の代金払って下さい」と言う役を僕が演じた。森田さんが金子の役だと言うので。

吉本はコブラツイストのポーズのまま5000円札を僕に渡すと金子が「あ、おつり……そのまま、ちょっと待って下さい、そのまま、待って下さい」と言って書店内に戻る。すると吉本は「え？このまま？」と呟く。で、カットというシーンであった。これも劇場ではウケてたな。

脚本ではおつりのセリフまではなく、現場で森田さんが思いついた。それで僕も「そのまま」を強調して2回言ったら、カメラ脇の森田さんがプッと吹き出しスタッフも笑い、採用となり本番は1回でいけて、なんかちょっと物足りない気がした。もっとやりたかった……。

予告編も担当した。『家族ゲーム』は数々の賞を獲ったが、予告も、予告編大賞を獲っている。

予告は最後に宮川一朗太のナレーションで締めるが、それは僕の撮影開始時の〝実感〟であった。

「あいつと俺と父と母と、それから兄貴も混じって、ちょっと奇妙なゲームが始まった」

『家族ゲーム』クライマックスは食堂でお茶打ち上げで森田さんが語った一番大変だった撮影

『家族ゲーム』のクライマックスと言えば、茂之が受験に成功、西武高に合格して家族パーティーに吉本も参加、4人がけのテーブルに5人が座ってギチギチの窮屈な様相のカットである。

そこで吉本は食卓を滅茶苦茶にして家族全員を倒し、食卓を斜めにして食器を落としても感情的にならずに一仕事を終え「お疲れ様でした」という感じで一礼して去るフィックスのままの7分間。

最後まで優作さんが何をするのか予測不能、不穏な雰囲気がキープされる。

これは2週目の最後の1日がかりで2テイク撮った記憶は間違いで、最近1テイクだと分かった(僕と宮川一朗太との対談で判明した/週刊現代「熱討スタジアム」2022年11月12日号収録)。

このカットでは僕は特にやることもないので、現場進行はサードでカチンコを叩く明石に任せ、食堂で読書していた。憧れの「現場はセカンド以下にやらせてチーフは食堂でお茶を飲む」というスタイルで小さな幸福を感じていたが、落ち着かなくなりセット前まで行くと、明石が出て来て不機嫌そうに「もう1回やりますよ」と言った記憶だったが、本人に聞くと「まだ本番行ってませんから」であって、その時12時だから僕が自動的に「じゃ、メシ入れようか」の〝官僚的態度〟に明石はカチンと来たらしく「芝居見ててよ、続けてやるから」と言って中に入って行き、直後に本番となり一発OKになったということだった。午前中はリハーサルでカメラは回らなかったのだ。

やることないと言ってもチーフは現場進行を見守り、キャストとスタッフの空気を読み、12時過ぎたら昼食時間を押してこのシーンを撮り終えたら皆の気分が良いか、特に優作さんの気分が良いか、或いは食事を入れてブレイクするか、その場で判断する義務があったが、それを最初から明石に任せて自分は食堂でサボり、昼になったら現れ、本番行こうとしてるのに「メシにするか」というのでカチンとなったわけで、その気持ちは分かります……。

優作さんとしても最大の見せ場で、それまで不穏な空気を発していた吉本が一気に爆発するよう、予測不能はキープしたいと、朝から相当な緊張をしていたのだろうが人には見せない。僕はその見えない緊張を嗅ぎとって本能的に逃避していたのであったのだな……。

だが、優作さんは、このシーンが3週間の撮影の2週目の最後にしたのを褒めてくれた。
「普通はこういうシーンは最後に組むもんだが、これを2週目にやって後の1週間は消化試合にするというスケジュールの組み方は素晴らしい。最高のスケジュールだよ、金子は最高のチーフだよ」と優作さんは言ってくれたのであった。由紀さんのおかげです。要領いい無能助監督。

『家族ゲーム』を今見直すと、子供に「受験を勝ち抜き、上層人生を目指せ」と教える父親の考えを「滑稽な思い込み」だと笑いのネタにしていることに懐かしさを覚える。今は受験「戦争」から逃げられる。だが当時は家族たちは反発しても結局は父親の考えに従い、それを吹き飛ばす方法は無い世界がデザインされ、常に違和感を発散している松田優作によって、そのデザインが際立った。だが40年以上経っても、「本当に良い方法」は見つけられず、「受験戦争」という言葉がノスタルジーとなり、いい成績を取って上層の人生を得る前に奨学金の返済も重く、社会へ出ようとする若者の閉塞感が世の空気を醸造している……のではないか。松田優作がブチ壊されるような空気ではない。ここにあった「軽さ」「明るさ」を、日本は失った。

僕もその空気を中学生の頃から「期末テスト叙事詩」に封じ込めて、結局城戸賞に落ちたが、通底するテーマをベースにしながら、このときの森田さんがもっと軽やかに映画にデザインして成功してゆくのを目の前で見ていた訳で、その成功は、那須真知子さんが僕の姿勢を批評して「日本刀を振りかざして〝教育問題〟を語ろうとしているみたい」な『冬の少年たち』を書いた「作家、金子修介として」は、ショックなことであったはずだが、そのときは気づかないフリをしていたのではないか。そして、自分の作ろうとする映画にも「軽さ」「明るさ」を求めるようになった。森田さんの影響であろう。

「教育問題」を抱えた「少年」を映画的に「少女」へとデザインし変形したものが『1999年の夏休み』になったということは、自分のなかでも意識していた。

茂之が日直のとき、やはりこの映画がデビューである15歳の**前川麻子**が演じる由利子と、朝の教室で2人きりでいるときに「沼田くん、好き」と告白される。前川麻子はその後ロマンポルノで『母娘監禁 牝』('87)にも主演したが、この頃は少女としての色気が異常なくらいあった。

彼女が高校生のとき、劇団「品行方正児童会」を立ち上げたのを代官山まで見に行った。18歳のとき『それから』('85)を渋谷で一緒に見たこともあり、TV『マイ・フェア・レディーズ お嬢様を探せ!』('85)ではヤク中の女子高生役で出てもらった。その後、芝居の作、演出、出演を続け、2000年小説家にも転身、『鞄屋の娘』で小説新潮長編小説新人賞を受賞している。

『家族ゲーム』アップ9日後の2月21日、渋谷「シェフ」での打ち上げで森田さんは自ら司会を務め、マイクを持たせたらプロはだしだったが、そこで撮影の思い出を語るなかで、一番タイヘンだったのは金子が1日17シーンもの予定を入れて来た日だった、と言うので、僕は、エッそうなの?となった。その日は、前日にカメラの前田さん中心に撮り方を研究し、この方向からカメラ固定してシーン飛ばして撮れるだろう、などと勉強したので21時には終わった。チーフとしては読み通り。

なので、そんなにキツイことも無かったんじゃないの？　と、思ったのだが……。

森田さんは毎日、日活撮影所に来る京王線の中で下り方向なので座れ、台本を集中して読んでいたと、その姿を見かけた人に聞いた。脇目もふらずに台本を見つめている姿が印象深い、と。

映画の1シーンとは、1行であろうが1ページであろうがシーンとしての意味の重さがあり、撮る直前には全体からの観点で意味を考え把握すべし……なのは僕も、監督になってから分かったことだ。森田さんは、毎朝京王線で集中してシーンのコンティニュイティー（有機的・効果的な組立て）を必死に考えていたから、1日17シーンというのは、タイヘンだったのですね。


この打ち上げでは由紀さおりさんがアカペラで『夜明けのスキャット』を歌ってくれて、とても幸せな気分になっていたところ、伊丹さんがスピーチした。

「今日、ここに来る前に東宝の2本立てを見ましてね」と始まり「1本目は『うる星やつら』で、これは甘い甘いお菓子のような映画でしたが、併映の『ションベン・ライダー』は神々《こうごう》しいまでの素晴らしい映画で……」と評論家のように語った。

ここで伊丹さんの言う『うる星やつら』とは、傑作と名高い2作目の『ビューティフル・ドリーマー』では無く、1作目の『オンリー・ユー』であって押井守監督の映画デビュー作となる。

僕は面白く見たが、伊丹さんの「甘い甘いお菓子のような映画」という感想も、ちょっと悪意は感じたけれど、「エンターテインメントなんだからお客へ媚びてもいいんじゃないの」という想いはいつもあったから、この話って面白いでしょ、という意味で、後で押井さんに笑いながら言ったところ、押井さんは僕に怒った。

押井さんの言ったことは細かく覚えてないが、周囲に気を使って作家性を抑えて作ったので、そのように言われる筋合いは無い、自分も『ションベン・ライダー』のような勝手な映画を作りたい、映画は勝手にやった方が勝ちだ、みたいなことを延々と言って僕に絡んだ。いや、「僕に」ということでは無く「実写映画人に」とでも言うか……「僕に怒ることは無いんじゃないのよ」と理不尽に感じたが、押井さんから見ると、伊丹さんと十把一絡げの「実写映画人」と思えたのかも知れない。

それにしても、この話をして以後、押井さんとの関係は変わってしまい、「仮想敵」視されているような気がするようになり……こちらは恩を感じながら敵視まではしていないつもりなのだけど……。


『家族ゲーム』公開は6月4日で、この年のキネマ旬報ベストワンになる。

鈴木潤一監督の『宇能鴻一郎の濡れて学ぶ』で脚本&チーフ&出演

2月11日には品川中学から横浜実景へ移動する中アキに、横浜にっかつで伴一彦脚本、鈴木潤一監督の『お姉さんの太股』をひとりで見た。主演の岡本かおりは、森田さんの『㊍噂のストリッパー』で日活デビューし、『家族ゲーム』でも慎一の好きな同級生の姉役で2シーンに出ていて、活発なコで僕も好感を持って見たら、かなり笑えて楽しい映画になっていた。

当時、『週刊宝石』の巻末に「あなたのオッパイ見せてくれませんか」の写真コーナーがあり、原宿の歩道橋の上あたりでカメラマンから「オッパイ見せて」と言われて服を首まで捲りあげ、本当にナマを見せちゃっている10人くらいの女子（OLや女子大生）の写真を毎週載せる〝ほとんどビョーキ〟な時代だったが、『お姉さんの太股』ではそのエピソードを入れた。当時の女子たちの明るさ、溌剌さがヒロインのキャラクターにぴったり合っていた。鈴木さんはデビュー4本目にして快作をモノにしたな、と思った。

『家族ゲーム』仕上げの最中、岡本かおり主演で鈴木潤一監督の『宇能鴻一郎の 濡れて学ぶ』の脚本とチーフ助監督を担当するように言われ、3月1日、プロデューサーの**秋山みよ**さん、企画の成田尚哉さん、**小松裕司**くんらと旅館「藤美」に泊まり、女子大生がセックス絡みのアルバイトをしてゆく大まかなストーリーを考えた。原作は一切読んでいないが、『学ぶ』だから主人公は女子大生なのだろうくらいの認識。「女子大生ブーム」の時代でもあった。

だが3月2日、鈴木さんは撮影所の大江戸食堂での打ち合わせに入って来るなり「かおりに宇能鴻一郎は合わない。宇能鴻一郎はもう古いんだよ」と言い出して、秋山、成田、小松の3人の目がテンとなった。そりゃ、確かに古いし、僕も飽きてるところもあり、なるほど「会社からのお仕着せ企画」だが、巨匠、衣笠貞之助のスクリプターからキャリアを始めてプロデューサーに至っている大ベテランの秋山さんは「鈴木、アンタ何様のつもりよ」という顔をしていた。確かにそういう発言もあったと記憶する。だって宇能鴻一郎って決まっていることなんデスから。

日活の初宇能鴻一郎モノは1973年の曽根中生監督の『ためいき』（立野弓子主演）で、以来、何十本あるのか、数える気にもならない（21本目だそうです）。僕も何本就いたっけ？　3本？

中学生のときに父が買って来た週刊誌から、いやらしい小説を見つけてコッソリ読んだが、その当時、宇能鴻一郎の「あたし○○なんです」という画期的なスタイルが始まり、読んでは女の気持ちになって〝女はどうされるとエッチな気分になるのか〟想像して興奮した……のは60年代だから確かに古く、鈴木さんの主張も分かる。鈴木さんが『モア・リポート』という本が面白いと教えてくれたので僕も買って読んでいたが、これはリアルな性告白書で「私は○歳から机の角を使ってオナニーを始めた」というようなOLや若い主婦らの告白が何十人ぶんも細かく読め、そのひとりずつ違う性体験の告白に驚かされた。「女性にも性欲がある」という言い方がされ出したのは日本では80年代からで、それまでは「男が刺激したら女の性欲が目覚める」という考え方が支配的で、宇能キャラ女は「刺激されるとすぐ感じて」「快楽が全ての行動に優先する」から女優は「ちょっとおバカ」な芝居に作られる。鈴木さんは、デビュー2本目で『宇能鴻一郎の濡れて騎る』を撮っていてるから慣れており、『お姉さんの太股』で鈴木演出とかおりの組み合わせが成功したならば〝さらにエッチな宇能モノにして欲しい〟と監督依頼したのだろう。鈴木さんとしては、彼女の潑剌さを引き出した自負があり、積極的な明るさで〝今〟的にしたのに「古くなった宇能鴻一郎の型にはめておバカなヒロインにしたくない」と思ったのではないか。我々には「分かって欲しい」という気持ちだったろうと思うが、言い方が「君たちも分かるべきだ」という態度に見えて、反発を招いたのだった。

企画部は「今やレジャーランドと化した」と言われている大学で、女子大生がエッチなバイトをする話にしたい。当時、深夜のTV番組『トゥナイト』でピンク映画の監督でもある山本晋也が性産業の実態を面白おかしくレポートして「みんな、ほとんどビョーキだよ」という決めゼリフを使い流行語になり、『宇能鴻一郎の 濡れて学ぶ』での僕の案は〝エッチバイトの元締めが山本晋也キャラで「ほとんどビョーキカンパニー」を運営、そこに登録している女子大生たちの物語〟というものだったが、鈴木さんは「そんな迎合したものにはせず、普通に生きている女子大生の青春を描きたい」と希望した。そういうことならば若手監督の気持ちとしては理解は出来る、と秋山さんは軟化してきた。監督のやりたいことは、基本的にはやらせたいという日活の歴史がある。

議論の末、成田さんは「何やってもいいが、宇能鴻一郎の定番イメージは外すな」と言い、鈴木さんは「中原くんの『宇能鴻一郎の 姉妹理容室』を見たが、ちっとも宇能鴻一郎的じゃないじゃないか」と、今封切られている中原俊監督作を例にあげて抵抗した。

確かに『宇能鴻一郎の 姉妹理容室』はナンセンスな笑いでは無く、下町人情話ふうで〝宇能鴻一郎的〟とは言えない。鈴木さんとしては中原くんはよくて、自分が許されないのは理不尽に感じる。が、成田さんからすると、中原は〝作家〟として認められつつあるが鈴木はまだそこまでになっていないだろ、ちゃんと会社の要請通りの定番映画が作れるのを証明してみろ、と同時に「中原が少し宇能モノを曲げてしまったから、ここで元に戻そう」という企画部全体の意図もあった。

最後には、いったんは鈴木の好きにさせてロングプロットを立ててみようということになり、僕と鈴木さんとで、3月3日、藤美に入った。

藤美では「ほとんどビョーキカンパニー」の話は出さず、鈴木さんの構想通りに地方出身のひとり暮らしの女子大生の生活をかおりのビジュアルで想像し、彼女の友人関係、恋人関係、性体験、失恋から立ち直ってゆく姿を主体的な女性像として活かすストーリーを頭をひねってアイデアを出してふくらませ、レポート用紙に書いては直した。鈴木さんは熱い人ではないが理不尽なことは言わないしバランスある理論的な人なので、そんなに困ることなく丸2日、基本的には楽しく、なかなか良いストーリー作りが出来た。これは東宝青春映画だ！　でもハダカありの、みたいな。

女性が主体的なのがよく、とても活き活きした映画になって鈴木さんの評判上がるよな、オレもライターとして一般的にも名前が知られるようになるだろう、という気がした。「ロマンポルノでも、このように爽やかな青春映画が出来ることが証明された」みたいな批評がキネ旬に載るだろう、もう見えてしまったよ、フフ。

が、2日目の夕方に成田さんがやって来て、一読するなり「これは宇能鴻一郎ではありません」と断言。脚本にすることは許さないと言って、プロットのアタマから逐一批判していった。鈴木さんは、当然抵抗したが、成田さんに権力があるのは分かっている。その権力が、2日かけて作ったプロットを1時間で全否定……。僕が黙って聞いていると、鈴木さんは「金子くんも何とか言えよ。君だってこれ書いていて思い入れあるだろう」と珍しく感情的になったが、成田さんが「金子に責任を押し付けるなよ、鈴木がやりたいように金子は書いただけなんだから」と、僕には何も言わせなかった。それで、結局、僕は鈴木さんと引き離されることになり、「ほとんどビョーキカンパニー」のストーリーを自分ひとりで書くことになったのである。

3月6日の日曜日、家で1日構想を立てていたが、「能率あがらず」とダイアリーに書いて、バッティングセンターに行ったりしている。何も思い浮かばない。

3月7日には、新宿「くらわんか」で、成田さん、鈴木さんと3人で飲んだ。

鈴木さんは、冷め切った顔で僕の「ほとんどビョーキカンパニー」の構想を聞いて、多少の意見を言ったし多少の笑いもある会合で、成田さんとしてはやりたいことを押し潰した鈴木さんに気を使って酒で宥めた、ということだろう。鈴木さんは別に酒好きでは無いが。成田さんと鈴木さんは同期入社であった。「ほとんどビョーキカンパニー」は、名前以外、特に何も考えていなかった。主人公は「道玄坂大学」だとか「お茶の葉女子大生」だとか、その程度の構想だったから、ひとりになると、完全に行き詰まってしまった。その『宇能鴻一郎の 濡れて学ぶ』の物語は……。

★最初からネタバレ

道玄坂大学の桜かおりは満員電車で痴漢されるが、バイトのお芝居だ。ホームに降りたら痴漢が5000円出す。にこやかに「お仕事がんばってくださいね」と送り出すとポケベルが鳴り「ほとんどビョーキカンパニー」の所長、山本（錆堂連）に電話。「次は渋谷」と言われるが、かおり「授業出ないと厳しい先生なんで落第しそう」。かおりが大学に行くと、憧れのマラソンランナー、青田先輩（**永田豪史**）に会う。かおりを好きだが言えない堅物の青田。かおりと一緒にジョギングし、そのまま渋谷のラブホに入ったかと思ったら反対側から出て来るとか、牛乳を一気飲みするとかマンガ的キャラクターを作ったが、金子お得意のアニメ感覚には至らず、『聖子の太股 ザ・チアガール』

で誇張し過ぎた反省や、宇能鴻一郎という縛りもあってギャグは爆発せず。

かおりは単位目当てで赤松教授（**鶴田忍**）を自宅マンションに呼び、意図を理解しない教授を酔ったふりしてお色気で籠絡、ベッドに押し倒して「いかんいかん」と言う教授に自分で……と書いていて、下らなすぎる、なんとかならんかオレ、と苛立った記憶がある。

テンポ出そうとするとエロスへ至る動機が描けなくなり、ただの記号的セックスシーンになってしまい、かおりの感情は思いつかず描けず、ドラマにならないまま……投げやりな気持ちが芽生えたかも知れない。人の書いたものは批判出来るんです、金子くんは。

ベランダから必死にのぞく青田先輩は、かおりにあげる花束を持っていたが、転落して大怪我。転落を花びらのストップモーションで表現した鈴木さんの演出は上手いと思った。

ライター金子は、かおりのドラマを作れないまま「ほとんどビョーキカンパニー」を経営する山本が渋谷の街を眺めて演説するセリフ「見たまえ、世界で最も文化もファッションも優れているのは東京だが、性を抑圧している。君たちはそれを解放して人類を救う、愛の戦士なのだよ！」という妙な理屈は思いつく。かおりは、真面目な顔して「愛の戦士！」ときりっとして胸を張ってエッチバイトに行く。どれだけバカバカしく恥ずかしいことをやるか、と考えフンドシして裸で踊ったら、と「赤フン・ディスコ」のお立ち台を思いつく。バブルの空気に侵されているみたいに。こうして1週間（3月9日〜15日）で書いた第1稿は、相当、不評だった。

秋山さんの家に行って徹夜で直し、赤フン・ディスコは採用になった。

一段落した4月3日、本多劇場で「夢の遊眠社」の『大脱走〜太田幸司さん、いかがおすごしですか』を見て、実家に夕食に寄ったら父（58歳）が港区長選挙に立候補した、と聞いて驚いた。

六本木の日活本社の直ぐそばに選挙事務所があったので、『宇能鴻一郎の 濡れて学ぶ』撮影中の日曜日に陣中見舞い。現職区長が圧倒的に強く自民党も社会党も含んだ6党推薦だった。対する父は日本共産党単独推薦で1党VS6党で、当選するはずは無いが、本人の強い希望で党公認ではない「無所属」の出馬だった。無所属の方が、反戦民主勢力を結集出来るという考え方。かなり無理矢理に引っ張り出されたふうだったが「選挙ってもんは、やってるうちに本気になって投票日が迫ってくると当選するかもっていう気になってくるもんだ」と、言っていた。意外に票が伸びて「次点」になったので、当時の規定でもし半年以内に現職が死んだら区長になってしまうよという笑い話をしていたら、冗談でなく、1年経たないうちに現職が亡くなった。ギリギリ区長にならずに済んだ訳だが、日活関係者からは「区長の息子」とからかわれた。

……ということが、4月6日〜18日の撮影期間（実働9日）の間に起こった。

『宇能鴻一郎の 濡れて学ぶ』に戻すと、僕は半ばヤケクソ気味にハードゲイ役で出演、男役（**井沢清彦**）と革ジャン同士でディープキスした。このハードゲイは女子同士の性行為を見ないと興奮しない設定にして、その場面も書いた。かおりとお茶の葉女子大学の新入生が愛し合うのを僕らに見せるバイトをする。僕は井沢君と舌を絡めてみたが特に何も感じなかった。人生で男とディープキスしたのはこの1回だけ。ただ鈴木さんは編集でそのカットを切ったので、映画にはディープキスは映ってない。気持ち悪かったのであろう。彼と股間を触り合いながら、僕は「潤一!、潤一!」と、書いてないセリフを叫んだ。

この映画のタイトルには、脚本、出演、助監督と、3回も「金子修介」が出て来て恥ずかしい。

赤フン・ディスコは、鈴木さんも開き直ってセットを建て、きちんと映像化した。

かおりは、撮影が始まりセットに入ると、全く嫌な顔を見せずに頭にポンポン飾りを付けただけの姿でダンスした。現場での彼女の明るさは救いで、楽しい気持ちが湧いた。

★最後のネタバレまでいっちゃいますよ
かおりは「林の中で襲われ抵抗する強姦ゴッコ」の仕事で、お客は「もっと悲鳴をあげてください」と頼むが、そこへ青田が通りかかり、男を松葉杖で殴り、「これ演出?」と泣く男を撃退。かおり「お客さんだって言いそびれちゃったんです。助けられたことが嬉しくて」のナレーションの後、自宅で牛乳を一気飲みする青田と激しく愛し合い、青田がプロポーズして新幹線で九州へ行くことになるが、かおりは発車ベルが鳴るなか「きっとあなたとは合わないわ」とホームに出る。すがる青田に「いい思い出ありがとう」と笑顔でサヨナラ。発車する新幹線。

続いて鈴木演出は、赤フン・ディスコセットの上から軍旗を下ろしてクレーンダウン、ワーグナーの『ワルキューレの騎行』を入れた。その音楽を被せながら、かおりがステージで踊る。山本の腕には腕章が……脚本には指定ない。これは、エロいというより、シュールな感じというか、不条理感を与える演出に見えた。

さらにかおりがホテルに派遣されると父親（**野上正義**）が客で、お互い指差し合って驚く。怒った父に連れ帰られる新幹線で、窓から東京の高層ビルを見たかおりが「性」を感じるという無理筋脚本。ナレーション「あたし自分が『愛の戦士』だったことを思い出したんです。お父さんと戦わなくてはなりません」と悶える。新幹線の走るロングショットに「皆様　悪いビョーキがはやっております　おからだご自愛下さい」のテロップは鈴木さんが考えて足した。

4月22日のオールラッシュでは、ワルキューレなどの音楽は入ってないが、不評だった。コメントをダイアリーに記録……樋口社長「山本の演説、赤フン・ディスコ、工夫がなくてしんどかったなあ」と切り出し、次第に興奮し「脚本ではもっと面白くなると思ったのに、若手のホープがこれでは困る」、**佐々木史郎**企画部長「企画が悪い」と一言。成田さん「人物をカリカチュアし過ぎなんだよ」と怒り、僕も「反省する点は大いにある」と天井を向き、頭を抱え込み、何をする気力もなくなってしまった。……と、書いてある。重苦しい合評会の雰囲気はよく覚えている。

鈴木さんは、感情が薄いホンを立体化しながら〝本来の良き「性」が疎外されている世界〟、即ち「宇能ワールド」は人間性を抑圧している、と言いたかったのだろうか。それは社会批判にも通じる。真面目にバカな行為を描いて正面突破するみたいな戦略だったのだろうか。

翌日はアフレコのリテークとなり、樋口社長は会社内の階段のところで僕とすれ違い「昨日は言い過ぎたかな」と気弱そうに言った。僕が「音楽を入れればテンポは出ますよ」と言うと、「そうかい」と、いいオジサンのように寂しげに笑った。

ダイアリーの記録はこれだけだが、鈴木さんが失敗作を作ったというのは撮影所中に噂として広まった。合評会の後、鈴木さんは「俺、若手のホープだったの？」と苦笑いしていた。

その〝若手のホープ〟は、この後、2年間干された形となった。プロデューサーとして児玉高志監督の『ケンちゃんちのお姉さん』（12月2日公開）を担当するが、日活の場合、監督→プロデューサーは降格のイメージがあった。

'84年には日活専属契約を離れてフリーとなり、'85年に脚本も書いた『制服肉奴隷』で「すずきじゅんいち」の名で日活復帰するまで監督作は無い。その後は見事に復活して何本もロマンポルノを連続して撮って返り咲き、日活外でも『マリリンに逢いたい』、『砂の上のロビンソン』などで活躍、アメリカへ渡り、戦中の日本人部隊のドキュメンタリー映画『442 日系部隊』を日米でヒットさせた。

一方で鈴木さんが撮っていない2年の間に僕は監督デビューして4本撮り、一般映画も撮った訳だから、僕がその時期の「ホープの席」を奪ったと言えるか……計画的に酷い脚本を書いて鈴木さんの足を引っ張り、その座に入れ替わったというようなストーリーが……しかし、ワザと酷く書いたのでは無く、絞り出しても上手く書けなくなってしまったので。気合いが入らなかったのは事実でした、スミマセン。そして、宇能鴻一郎は古くて危険、という教訓を得ていた……。

『少女暴行事件 赤い靴』の愛なきスケジュール事件

壁にぶち当たったまま書いた脚本作品が会社に酷評され、渡辺良子主演、伊藤秀裕監督の『猟色』

との同時上映で6月10日に公開、客の入りも悪かった。ご贔屓の渡辺良子は『猟色』の芝居の評価が高かったが見に行かず、良子が遠くなった気がした。重たい焦燥感に迫られている。ちょっと休みたい。……だが会社は社員を休ませる訳もなく、井上麻衣主演、上垣保朗監督の『少女暴行事件 赤い靴』の台本を渡され、チーフをやれと。上垣さんは僕でOKなのかな？

『宇能鴻一郎の 濡れて学ぶ』初号の翌日、5月28日に都内ロケハン、その帰りに小金井のスタジオぴえろに寄った。『うる星やつら』では文芸担当で毎回シナリオ締切督促電話を「いかがですか？」と聞いて来た**伊藤和典**さんが出世し、「原案・シリーズ構成」する『魔法の天使クリィミーマミ』の打ち合わせだ。10年後に『ガメラ 大怪獣空中決戦』の脚本を書いてもらう伊藤さんからの直接電話によるお誘いで嬉しかった。〝少女が変身してアイドルになる魔法モノ〟と聞いて、そりゃ新しくて面白そうなアニメだ！　書きたい、と思った。『うる星やつら』が大成功して信用を得たスタジオぴえろは、オリジナルの魔法少女モノの企画を日本テレビに通したのだった。日活には内緒で、クランクインまでに1本、書くことになって、翌日は『赤い靴』の茨城、古河ロケハン。

★あ、コレも最初からネタバレです、ご注意を

『少女暴行事件 赤い靴』は、実際にあった女子中学生殺人事件を基にした作品で、主人公を高校生に変え、北関東の若者の性的青春群像を描き、最後の最後に主演のロマンポルノの百恵ちゃん＝井上麻衣（またも言われているが麻衣が一番百恵に似ていた）が砂浜のボート脇で死体になっているというもので、暴行事件自体は全く描かれない。

上垣さんは『ピンクのカーテン』が前年大ヒットして2を作り、'83年3月25日には『ピンクのカーテン3』を監督。これは小森みちこ主演の『あんねの日記』（監督はTVディレクターの北畑泰啓）との同時上映で大ヒットとまではいかず、シリーズも3作で終わりになったが、上垣さんは実力とヒットの4番バッター的な風格を醸し出していた。イマイチ僕のホンを評価してくれない三浦朗プロデューサーが手塩にかけて育てている、という印象だ。そんなことで僕は、まさに上垣さんに嫉妬していた。嫉妬ですよ。これから述べる件の背景には男の嫉妬があります、正直……。

演出は下手じゃない、というか上手いけど、『ピンクのカーテン』のヒットは美保純を得たからだろという羨望の眼差しで見ていたが、上垣さんは「また傑作、作っちゃったよ」と悪びれずに言うので、そんなこと言うタイプだったっけ、助監督のときは無口で暗かったくせに～、僕も美保純はデビュー作で使いたいよな。渡辺良子と美保純のコンビなら身長差がある美形で面白いんじゃないかな、とか妄想していた。'71年スタートのロマンポルノも12年経ち、監督は新旧交代しつつ、若手が引っ張る時代到来だが、オレの出番は、まだかいな?

この『少女暴行事件 赤い靴』は、『ピンクのカーテン』ヒットのご褒美的に上垣さん本人の出した企画が通った〝作家的作品〟で、脚本を読んで、本来はこんなものがやりたい人だったのかフ～ンと思った。そのフ～ンというのは、僕が日本映画で結構キライな〝等身大の青春〟というやつで……宇能鴻一郎みたいな「バカバカしさ」は許容出来ても、挫折とか傷つけ合いとかが描かれる「リアルで暗い」青春を映画で見せつけられると文句を言いたくなる傾向が、入社以来、育っていた。自分がリアルに挫折しかかっているから、それを映画で見たくないという心理かも知れない。自分も高校から大学まで8ミリ映画で描いていたのは「等身大の青春」だが、「失恋もの」と「お笑い路線」を交互に撮ってバランスをとっていた。「傷つけあい」や「挫折」などを同級生たちに演じさせ、「深刻な若者群像」を映画にしていた……が、人がやるとケチつけやすい。見る側としても大学生までは日本映画のリアルな青春ものは好きだったが、現場に入ってからは、暗くいじましいものからは脱却したい気持ちと「今の日本映画に必要なのは、強固なフィクションだ」という「理論」で、黒澤やスピルバーグの描く「強いフィクションこそが映画だ」と思った。黒澤はリアリズムではないから面白い、小津は過大評価されている、鈴木清順なんてエセ芸術だ、いや映画はエセ芸術だから面白い、深作欣二はそれだ、あのエネルギーが今の日本映画の最高峰。ハリウッドに勝てるのはフカサクだけ。あ、いや、『宇宙からのメッセージ』は壮絶に失敗しとるんじゃがのぉ（広島弁）。那須さんと飲んで話し倒して遊んで影響を受けて、そんな話で酔い、笑った。

藤田敏八や神代辰巳のようにリアルに撮りながら俳優の魅力を引き出して、意表をつくストーリー展開で笑えたり感動したり出来るのならそれは良いが、パキさん（藤田敏八のニックネーム）以外にそういうことは出来てない。みんなパキさんや神代さんの上っ面を真似して失敗しているじゃないか、と思っていた。

上垣さんもパキさん一派だからな。「金子は経験不足」だと言ってパキ組（モモ・トモ『天使の誘惑』）に入れてくれなかったことを思い出したぞ、チーフだった上垣さんがぁ、そうだった、思い出した……。

同じ時期に『魔法の天使クリィミーマミ』の企画書を読んでいた。これは面白いと思ったキモは、10歳の少女、森沢優（両親は自宅前のキッチンカーで人気のクレープ店をやっている）が、夢の世界フェザースターの妖精から魔法のステッキを手に入れて16歳のアイドル歌手、クリィミーマミに変身する、そのマミの大ファンになる13歳の俊夫に、優は恋心を隠してマミに嫉妬、マミは自分なのにという〝変則的三角関係心理ドラマ〟にあった。切な〜。

伊藤さんが1〜3話を書き、僕は8話の「渚のミラクルデュエット」をノって書いた。

スタート時は全26話の予定だったが7月1日の放送開始から人気が出ると1年続いて52話となり、僕は、半年後にもう1本29話の「ロープウェイ・パニック」を書いている。

伊藤さんは僕をローテーションに入れようとして呼んでくれたのだが、2年前の『うる星やつら』のときのようには時間が取れない。準備中なら書けるが、撮影が始まってしまうとチーフでは無理なので、ゲスト的にやらせてもらうことにした。

『少女暴行事件 赤い靴』イン前日の5月11日に、三浦半島のロケハンから調布の撮影所に帰って来た夕方、所内に置いたバイクで小金井のスタジオぴえろへ向かい、書き上がっていた「渚のミラクルデュエット」の原稿を渡して三鷹の自宅に帰っている。

翌12日は、古河ロケに向かう朝、撮影「一番手」に上野の陸橋から「去ってゆく列車」をスケジュールに入れた。簡単なものから撮ってペースをつかみたい。主人公が古河と東京を行ったり来たりするので、ヒロインが死んだ後「列車だけが故郷に向かう」という意味になる、台本上映画のラストカット。その日はナイターもあって初日から終わりが遅くなる読みだから、スタッフは個々に上野駅に7時集合し、この実景を撮ってから古河に向かえば、撮影所6時30分出発するより効率がよくスタッフ受けも良いだろ、いいスケジュールだろ、というチーフ判断であった。

爽やかな朝で、撮影部がテキパキと陸橋の上にカメラを構えて、時刻表で調べた列車を狙っていると上垣監督が現れ、「愛情の無いスケジュールだ」と言ったので、僕は一瞬で心が凍ってムッとなった。が、無言であり無表情だったろう。「ラストカットを初日の一番手に撮るなんて監督に対して愛が無い」という意味、そんな意味は即分かりますよ。その後何も言い返すことは無かったが、ずっと頭で反芻していたのは……「愛情なんかないです。憎んでいないけど愛してもいない。仕事でやってるだけですから。何故アンタを愛さないといけないの？」この頭の中の言葉はよく覚えている。何十回も繰り返したから。言いたかったけど、本人には言わなかったから。

映画は撮影の効率を考えて順番通り撮らないなんて当たり前のことだ。そこに何？　愛情なんて入る余地無いところで仕事してるんじゃないすか、オレたちはさー。

しかし上垣さんは、僕が田中登から怒鳴られてベソかいてヤケクソにカチンコを叩いていたときに肩を叩いて「腐るなよ、助監督なんて屈辱だろ」と言ってくれた人だし、社長秘書Qさんとの恋愛沙汰のときに、カラオケの仕事をしていて地方ロケで一部始終を喋ってしまったという弱みも握られている。と言っても、「愛情」と呼べる感情までは無いですから、奢ってもらったことも無いですから～。僕が愛を感じてるのは那須博之だけですから～。

『ワイセツ家族 母と娘』で干されていた那須さんも、6月24日公開の山本奈津子、小田かおる主演の傑作『セーラー服 百合族』で華々しく復活を遂げる。

ここまで書いて『少女暴行事件 赤い靴』を見直してみたら、きちんとした脚本構成（佐伯俊道、望月六郎）でセリフも悪くない。今見ても当時の若者の姿を真摯に描いており、ポルノシーン演出レベルは最高水準と言えるほどでエッチ度は高い、さすが上垣さんと思った。また、上野の陸橋から撮った電車はラストカットとしては使われておらず、別な箇所に挿入されていた。台本上はラストだったと思うが、実際の映画は、古河の風景で終わらせている。少女の父親（野上正義）がボート製造業なので、淡々と作業する姿で哀愁を感じさせる。

この映画の良さは、古河で育った少女、雅美（井上麻衣）が、両親の離婚によって母親と共に東京に移り住むが、地元のゲーム喫茶に集う友達に会うために毎土曜、電車に乗って古河にやって来てバイク乗りの恋人とモーテルでセックスするというような若者の点描が、東京と古河の対比する風景に溶けこんで、こんな青春もあるだろうなと、リアルに感じさせるところだろう。

のちに加来見由佳の名前で『残酷！少女タレント』で主演し、上垣さんと結婚する**小泉ゆか**も雅美の友人、メグミ役で好演、古河のパン工場勤務で、雅美の恋人、オサム役の**中根徹**を誘って鉄橋の下の夕方の河原でセックスするシーンがある。そこへ、土手にランニングする女子高生運動部が現れ、見えるか見えないか、見せてやろうか、みたいな見事な描写もある。

彼らが現地で遊ぶと言えば、シャコタン（改造車）とバイクを走らせるくらいしかなく、暴走族まではいかないセコさ。騒音を発しながら夜道を蛇行して面白がる場面を、工夫を凝らして走りのバリエーションを増やしているが、現地は地明かりが少なく、持って行ったライトも限られているので、ほとんど真っ暗な画面でシャコタンとバイクが走り、若者たちが身を乗り出して花火をぶん回す。とても楽しそうであるが、〝こんなことが楽しいのかい貧しいよね君ら〟と感じてしまう。

映画の撮影で「車の走り」は最大のタイヘンさで、台本上に1行書かれただけでもスタッフは頭を抱えて対策を練る。カメラも一緒になって移動するとなると難易度が高まり、作業にやたら時間がかかる。このとき、セカンドに就いて『家族ゲーム』以来の付き合いとなっている明石知幸も言っている。「車の走りはバケモンだからね〜」と。

上垣さん自身も助監督での経験が余り無かったらしく、時間がかかり過ぎるのは想定外だったようだ。「初めてだからさ」と、疲れた顔で言っていた。それで現場に向かって走るロケバスの中で上垣さんが、制作部の三浦に「次の飯時間、ちょっと短縮出来ないかな」と相談しているのを後ろで聞いた僕は瞬間湯沸かし器のように感情が沸騰し、立ち上がって激しく抗議し「監督にそんなことを言う権利は無い！　労働者の休憩を奪う権利は無いぞ！」と怒鳴った……ロケバスのなかで、チーフが監督に大声を張り上げるなんて、スタッフもキャストも呆気に取られたであろう。

結局、飯時間はチーフ判断できっちり1時間取ったから「車の走り」は撮り残しとなり、後日まわしとなった。上垣さんは、僕が噛みついても、反論はしないで「まあまあ」と宥めた。

5月12日から始まった撮影は24日まで実働11日間だったが、そのうち6日がナイター撮影。撮影最終日の24日は京王プラザホテルでワンシーン撮り、そこは1日借り切っているから、ナイターで花園神社を撮った後に、僕は撮影した部屋でひとり寝た。

一晩だけの大名気分。このくらいしないとやってらんねえぜ。

翌日はホテルを出て、新宿松竹で根岸吉太郎監督の『俺っちのウエディング』と、新宿スカラ座で『ガンジー』を見て帰った。さらにその翌日は渋谷東映で『楢山節考』、渋谷パンテオンで『E．T．』、日曜日には吉祥寺スカラ座で市川崑『細雪』を見ている。

『E．T．』は撮影所のなかで「見た？」「見た？」と大きく話題になったが、スタジオで仕上げ中の上垣さんが「なんで死んだのが生き返るんだよ」と文句を言っていたのをよく覚えている。一応、仲直りはしていて、上垣さんが言ったところは確かにそうだよなと思い、スピルバーグ好きとしては感動したにはしたが、それほどでも無かった。

『少女暴行事件 赤い靴』打ち上げの後2週間くらい経ってから、制作の三浦が電話して来て、上垣組演出部と女優とで飲み会をやろうと言う。調布の「とりまつ」で軽く飲み食いしてからカラオケ「メルヘン」へ。上垣さん、三浦、明石、サードの工藤、井上麻衣と小泉ゆかというメンバーで楽しく飲んで歌った。上垣さんの奢りであった……いろいろあったから僕を慰労しようという上垣さんの計らいで、三浦と相談して皆を集めたのだろう。監督も気を使ってタイヘンですね。

この仕事を振り返ると、アタマには『クリィミーマミ』があってファンタジー脳になっており、リアルを殊更嫌っていて、これが名作だとは分からなかったんだな、と反省。その後、一緒に仕事する機会はなかったが、偲ぶ会（2019年4月22日）では、上垣さんの遺影に向かって「愛なきスケジュールですみません、いろいろありがとうございました」と呟いたのであった。

ＴＶ月曜ワイド『白い涙』役者の入り時間を伝え忘れ……

『魔法の天使クリィミーマミ』のシナリオは書いていて楽しく、もっと書きたかったが『少女暴行事件 赤い靴』が終わるやＴＶ2時間ドラマ『白い涙』（月曜ワイド劇場）チーフを命じられ、次のマミのシナリオ依頼は断らざるを得なかった。

ソーシャルワーカー（中井貴恵）の世話する妊婦（伊藤公子）が事故に遭い脳死のまま出産、その乳房から涙のように白い乳が流れ出るという悲惨な話だが、医師など登場人物がやたら多い。

監督の**佐伯孚治**《たかはる》さんは東映出身で労働組合の活動歴が長く、ＴＶでは『帰ってきたウルトラマン』も撮っており、この翌年、美保純主演で『高原に列車が走った』を組合制作で撮るが、とても紳士で穏やかな人であった。現場では僕は何度も失敗して、思い出すのも恥ずかしい。

失敗というのは……ＴＶで顔を知られた俳優っていかにスケジュールが忙しいのか思い知る。空いている日を縫う作業に慣れていないので、基本的に頭が毎日混乱している。それ以前に「何で自分はこんなことをしなきゃならないんだ」という気持ちが解消されず仕事にきちんと向き合っていないから、10人以上の会議のシーンで3人の役者の入り時間を伝え忘れていたのをメイクさんから言われて気づいた朝、慌ててそれぞれ自宅へ電話を入れたら向こうも慌てて家を飛び出てくれて、現場は1時間以上「待ち」になり何とか撮れたが、ある女優さんから「私たちは、助監督さんの指示によって仕事と生活のスケジュールを立てているのですから、こんなことが二度とあってはなりませんよ、電話がなければ出かけるところでしたから」と、至極当然のお叱りを受け、恐縮した。

この日が終わったら、監督の佐伯さんは穏やかな笑顔で、

「今日は金子さんにとっては最悪日でしたね」と言うだけでお叱りもなかった。

待ちが1時間ほどで済んだのは、佐伯監督が「抜き撮り」でこなしてくれていたからだった。

こんなチーフでも現場が何とかまわっていったのは、フリーのセカンド、**萩庭貞明**が優秀であったからだ。日活にはいないタイプで判断が早くて押しが強いので、現場を見事に仕切ってくれた。'91年に『遊びの時間は終らない』で映画監督デビュー、東京ファンタスティック映画祭での上映に行き「おめでとう」と再会を祝し乾杯した。その後Vシネ『ミナミの帝王』57本を監督。優秀な助監督で、かつ優秀な監督。そういう助監督もいるのよ、もちろん。

『魔法の天使クリィミーマミ』の脚本に参加
島田満さんとの想い出

『白い涙』のダビングが終わり、7月26日、青山一丁目の「ダンケ」にて『魔法の天使クリィミーマミ』の打ち入りパーティーがあるというので一転ハイな気分になって駆けつけた。青山一丁目なんてロケ以外では初めて。『うる星やつら』のような大パーティーでは無くこぢんまりとした感じだが、日活の調布居酒屋打ち上げなんかよりはずっと華やか。パッと見てアイドルですか!? という感じの目立って可愛い女の子がいるし。ひらひらのついたブラウスにミニスカート。スーッと近

づいて自己紹介すると、「脚本の**島田満**《みちる》です」と言うのでビックリ。第4話を書いた人で生原稿も読んでいるが、男性だとばっかり思っていて、〝しまだまん〟と読んでいたが、そう言えばちょっと丸文字だったな。

24歳。こっちは27歳。突然、「結婚」の文字が脳裏を渦巻き……と、ダイアリーに書いている。

「金子さんの優ちゃん、可愛いですね」と言ってくれて、その笑顔に胸ズキューン！

二次会が新宿の「北の家族」だったが当然行きました。信号を渡るときに「僭越《せんえつ》ですが、僕の電話番号を教えます」と言うと「僭越ですが、私も電話番号を」と、教えてくれた。

こんなにスムーズに電話番号を教え合う、というのは初めてだ。

3日後に電話したが、男性が出た。お父さんであった。初デートはだいぶ先、翌年監督になってからで、池袋に『転校生』と『家族ゲーム』の2本立てを見に行った。

しかし、書いているうちに筆が鈍って過去に戻れなくなる……この出会いから35年後、ロケ先の中国で島田さんの訃報に接しました。

フォローしていたX（旧Ｔｗｉｔｔｅｒ）に「島田満の娘でございます。僭越ながら母に代わりお伝え致します。母、島田満は本日12月15日11時30分に昨年から患っていた病の為、永眠致しました。享年58歳でした。38年に渡る長いキャリアの中で執筆してきた様々な作品を愛してくださった方々、誠に有難うございました。」（２０１７年／原文ママ）。

新たに文章を書くエネルギーが出ないので、その2日後12月17日に、中国でＢｌｏｇに書いた追悼文を編集して、この章を締めます。

島田さんはアニメ演出志望で早大卒業後に新卒で東映動画にトップで合格したが、女性なので体力を心配されて脚本に回されたそうだ。「宮崎駿監督をいちばん尊敬してるんです」と言っていた。アニメの知らないことをいろいろ教わり、SFもお互い好きだったから、ハインラインの『夏への扉』の話で盛り上がった。ミュージカルも好きで、ブロードウェイに『ファントム・オブ・パラダイス』を観に行った話も聞いた。

接点は『クリィミーマミ』だけ。彼女はどんどん売れて忙しくなり、僕はその年の暮れに監督になって、翌年2作目の『OL百合族19歳』は、吉祥寺で一緒に見て、批評してもらった。

島田さんに出会って2年後『みんなあげちゃう♡』のとき、はじめ脚本で組んでいた**高田純**さんも既に亡くなっているが、一緒に旅館にこもって高田さんが風呂から上がって部屋に戻ると、僕は島田さんの書いた『魔法の妖精ペルシャ』のTV放送を見ていた。それが高田さんにはショックで「俺が風呂から上がると金子は少女アニメをニヤニヤしながら見ていたのでこいつとは組めない」と言って降りてしまい、『シナリオ』誌のベテラン脚本家同士の対談でも、そう語っている。のちに高田さんからは謝られたが、巨匠の神代辰巳監督と高田さんが組んだ直後だったので世代間のギャップも大きかったろうし、見ていたアニメは好きな女性が脚本を書いているとは言えなかった。

『みんなあげちゃう♡』の脚本は伊藤和典さんに頼んだが、伊藤さんは「僕より向いている奴がいる」と25歳の**井上敏樹**くんを推薦してくれた。島田さん、井上くんと何度か食事したり飲んだりして井上くんの結婚式にも行った。『みんなあげちゃう♡』も3人で見た。僕と島田さんが先に入っていて、井上くんが後から来た。映画の後、3人での食事は、とても楽しいものだった。2人は

『Dr.スランプ アラレちゃん』で脚本家デビューした同期生であった。

島田さんと僕の夢の方向は、重なっているところもあったが、かなり違った。

恋心と、成長しようとしていくひとりの作家への敬意と……そういう想いを乗り越えて、というと正確ではないかも知れないが、初めて僕の作品を書いてもらったのに実現出来なかった『ウルトラQ ザ・ムービー』は**じんのひろあき**、島田満、伊藤和典の3話オムニバスで、島田さんには怪獣の出ない、夢と夢が合成する話「夢中デ眠ル」を書いて貰った。とてもミステリアスでファンタジックな物語で、これだけでも今から撮りたい気持ちが残っている。

'97年『学校の怪談3』をオファーされたとき、お互いの家庭のことも話せて、絶対向いていると思って島田さんに脚本を頼んだ。プロデューサーから厳しく言われて書き直しさせられても、全くへこたれない。運動会に出られないで死んだタイチの話は島田さんのオリジナルで、「運命は自分で変える」というポジティブな言葉が島田さんらしかった。

その後、新井素子原作の『ひとめあなたに…』をかなり脚色して書いてもらい、地球滅亡の隕石衝突までの一週間に別れた恋人に会いに歩くというスケールの大きいダークファンタジーとなったが、これも実現出来なかった。脚本だけでも、読みたい人に読んでもらう方法は無いものだろうか。

ずっと申し訳ない気持ちでいたところ、「締め切りに追われるアニメスタジオのすったもんだを小劇場で舞台化したら面白い」という話を持ち込まれてお会いしたのが、まさかの最後になってしまった。このときも、初めてお会いした頃の少女のような輝きで話され、細かいギャグまで語っていたが、お互い別な仕事で忙しくなり、実現には至らず……。

島田さんのアニメにおける膨大なキャリアのなかでは小さな話かも知れないが、彼女のあくまでポジティブで前向きなエネルギーが、実写の世界では『学校の怪談3』だけに結実した、ということが悔しくてならず、ご健康のことを想像することも出来なかった不明をお詫びしたい……お詫びしても仕方ないが、テニスの話もされていたし、小柄だが頑丈な人だとばかり思い込んでいた。

撮影中の中国で突然の訃報を聞き、体に変調をきたすほど驚いたが、年明けまで帰れず、葬儀にも参加出来ないので、井上くんからも叱られると思うが、ご家族の方、関係者の方にお悔やみ申し上げ、心からご冥福をお祈りしたい。

……と言うことになるとは思いませんでしたよ、島田さん、会った日のことを何度も何度も思い返して気持ちは乱れ、この文も何度も書き直し……。

井上麻衣主演作『のぞき』の脚本直しも頼まれながらビデオ『ブルーレイプ 襲られる』を監督

那須博之監督『セーラー服 百合族』が公開になったのは'83年6月24日だが、5月27日に僕は『ワイセツ家族 母と娘』のときと同じように、スタッフでも無いのに撮影所オールラッシュに潜りこんで見ている。心配だったというのもあるし、やっぱり那須さんの新作は見たかった。

ファーストシーンの〝夜の高校プールで全裸で遊ぶ2人の女子〟から引き込まれ、傑作だと思ったし、眩しかった。自分が真似しても超えられないくらいにエネルギッシュな映画だが、『ワイセツ家族』には無かったバランス感覚もあって、名作になってる！　いつそれを学んだんだろうと、那須さんに改めて畏れを感じた。企画した山田耕大によると、武田本部長は撮影前に斎藤博の脚本には良い評価を下したが、「那須を外せ、あいつはビョーキだ」と言うので、山田が「那須さんを外すなら脚本は引き上げます」と突っ張って那須監督の実現にこぎつけ、本部長はこのオールラッシュには憮然として臨みながらも見終わったら一転、恵比寿顔で褒めちぎった、という話である。

僕も那須さんから、武田さんの豹変は聞いたが、〝顔が全てを言い表す〟と言ってもいいくらいの人で、ニコニコすると全面的にＯＫ。ダメか良いかのどちらかで、中間は無かったんじゃないか。

映画はヒット、小田かおるもだが、山本奈津子のアイドル的人気が急激に高まった。

那須さんは、そんな奈津子を実に上手く乗せて撮っていた。乗せる現場を見た訳ではないが「お前はスターなんだからな、って奈津子には毎日言い続けてたんだよ」と言っていた。

この数年後『ビー・バップ・ハイスクール』で快進撃していた那須さんの言葉を思い出す。

「なんでもかんでも話すんだよ、役者とさ、思いついたままにあることないこと喋りまくる。すると彼ら彼女らはウンウンとうなずくだろ。ウンウンてな。次第に俺の言ってることを音楽のように聞いてさ身をゆだねてくるんだよ、ウンウンてさ、そして気がつくんだよ奴らはさ、『これはＴＶじゃない、映画なんだ』ってことにさ」真似出来ないッス。

8月1日、井上麻衣のビデオを脚本、監督せよと言われた。

1週間後の8月5日に六本木本社で麻衣と顔合わせし、夜、渋谷で那須さんに奢ってもらった。ビデオながら監督昇進をお祝いされたかった。会社的には映画を撮らせる前のテストというニュアンスもあっただろう。那須さんも、映画デビュー前にビデオを5本撮っている。

8月8日に修善寺ニューライフホテルにロケハンに行った。この時期、大京観光が経営を肩代わりしていたが、大昔は日活の持ち物で、ここを舞台にして撮れば、ロケ費は格安。

タイトルは『プレイバックメモリー』としたが『井上麻衣 ブルーレイプ 襲られる』で発売。

かなり悶々として苦しんで書いた。アニメのように楽しんでは書けない。自分で撮ることを考えると、無理なく撮れるように書くので、創作的自由度、面白さが失われる。9月8日から2泊3日で撮ると決まっているし、登場人物も4人までが限度だ。出演は他に、のちにクミコグレースと改名する**大沢ゆかり**、宇南山宏、上野淳らで、四角関係を作った。テニス部の井上麻衣が上野淳の後輩で、プールの更衣室でHしたり、宇南山さんが謎の中年男で、言葉巧みに麻衣を誘惑してホテルの部屋でHしたり。最後に、麻衣が全裸で遠景が抜けている窓に這い上がって絶頂を感じる。

カメラの**青柳勝義**さんはチーフ歴の長い人で（のちに撮影所の映写技師になる）、照明の**山田茂**さんも同じ。2人とも僕が無能助監督のときとは全く違う態度で監督としてリスペクトしてくれて、それに照れながらも嬉しく恐縮していた。もちろん、スタッフみなさん「監督」と呼んでくれた。新人のときに「金子ぉ！」と叱られた人から「監督」と言われるって、ちょっとこそばゆい。

青柳さんが大浴場のシーンで「監督ここさ、こうした方がいいんじゃねえか」と言って、麻衣のオッパイに泡を吹きかけ、フーッと吹いて飛ばし、感じさせるというアイデアを出してくれたので、即採用。麻衣も「わぁ、感じちゃうわ」と笑った。

時間内に予定を上げることを最大目標にしており、急いで撮ってチーフ兼セカンド（助監督はひとり）の明石から「〝監督努力〟が感じられました！」と言われてホッとした。最近、本人に聞いたら、麻衣が途中でもうやりたくないわ、と拗ねていたのを、明石が宥めて進行してくれたらしい。『プレイバックメモリー』タイトルの意味は、麻衣が出した自前のＣＤの曲を使って、現場でプレイバックしてワンコーラス歌わせるということから来ていて、そこは楽しく撮れたのだが、後から「なんでポルノビデオで歌なんか歌わせるんだ、そこでエロ度ガタ落ちじゃないか」と言われ、**板持隆**ビデオ部長に削られ、タイトルも変えられた。

撮影所のビデオ試写室は小さく数人の座席しかなく、映画の試写室が50は席数があるのとは違って、マイナーな感じ。10月12日、完成試写が行われ、常務がひとりでニヤニヤしながら「金子もこれでおしまいか」と言って入って来たが、試写が終わると「まあ、いいんじゃない。けっこうエロかったし」と、言ってくれた。

これを実家に持って行って両親に見せると、父が「爽やかだな。若い男女がセックスする姿ってのは爽やかなもんだな」と言ってくれたのであった。母は特に何も言わなかった。

高校大学で作った8ミリ映画は必ず両親に見せていたが、お茶の間で親子で食事しながらポルノビデオ見るっていうのも、妙な感じで……やっぱり特殊な家でしたね。

『ファイナル・スキャンダル 奥様はお固いのがお好き』のチーフでホン直し

この年のお盆映画は大谷直子&石田えり主演、荒井晴彦脚本、藤田敏八監督の『ダブルベッド』と高瀬春奈主演、TVディレクター柴田敏行監督の『武蔵野心中』と2本立て、でまあまあヒット。秋は「日活70周年」と銘打った巨匠、浦山桐郎監督、木村理恵主演の『暗室』は2時間の文芸ポルノ大作1本立て公開したが大コケ。でも、那須さんが続けた『セーラー服 百合族2』はヒットという状況のなか、正月映画は五月みどり主演、小沼勝監督の『ファイナル・スキャンダル 奥様はお固いのがお好き』と、〝映画大好き俳優〟として知られ、日本アカデミー賞の司会もする山城新伍（東映時代劇『白馬童子』で人気があったが、この当時はバラエティ番組などもやっていた）が監督した、早乙女愛主演の『女猫』という2本立て。

続く正月第2弾は、新東宝→東映→松竹を渡り歩いた人情喜劇の名手、瀬川昌治監督が奈美悦子主演で『トルコ行進曲 夢の城』を撮り、那須さんが山本奈津子はじめ、渡辺良子も入れて若手オールスター女優で『美少女プロレス 失神10秒前』を撮るというラインナップが発表された。那須さん、正月映画キタ～！　武田本部長が、正月は那須と山本奈津子で行け、と命じたのだ。これは後の『ビー・バップ・ハイスクール』に繋がる激しいアクションをスタントなしで役者にやらせる那須方式の傑作だ。プロレスアクション、レオタードの渡辺良子もキレイだった。

そして僕はビデオ試写の翌日、小沼組『ファイナル・スキャンダル 奥様はお固いのがお好き』

のチーフを任命された。正月映画のチーフだ。そして直ぐに「脚本打ち合わせ」。以前も『制服体験トリオ　わたし熟れごろ』で全面的に書き直した脚本家のシナリオが、またもや全面書き直しとなって、その書き手としての打ち合わせである。なんで毎度僕がこの人のシナリオを全面書き直しするのか謎だ。

打ち合わせに来た五月みどりさんがマリリン・モンローのようにやりたいと言う。高田馬場にある質屋「スズヤ」をひとりでシナハンし、10月18日から旅館に3泊して朝4時に脱稿、昼まで寝てメシ食ってまた寝て、八幡山の小沼監督宅へ行き、深夜2時までいろいろ言われて、バイクで撮影所に行って泊まるが眠れず、5時過ぎアパートに帰る……と書かれている。

22日は「五月さんとホントにH出来るかも」という宣伝をして一般公募で集めた学生たちの衣装合わせで、リハーサルもやっている。25日イン。

シナリオがどんな原型だったか覚えてないが、五月みどりが質屋のおかみさん＝珠子で、大学生が何人も下宿している、というのは元からあった。この学生たちは「男のモノ」を質草に入れて金を借り、返せなくなって下宿人になってしまった。学生数は10人、みんな偏差値30、ひとりだけ優秀だが優秀でも50というあたりから金子の創作。ご飯の時間になると鐘を鳴らし全員揃って歩いて来て「♪ごーはんだごはんーだ、さーたべよー」と歌いながら食卓に着く。ごはんが終わると、今日は誰の番かな～？　シャワーを浴びた珠子さんと「お楽しみのレイプごっこ」が出来るのは……それを学生たちで写真に撮ったりしているうち本気のHになる。

★大したネタバレじゃないが、いちおう……

珠子にはレッキとした旦那（**天田俊明**）がいるが、裏で焼き物を作って妻を放任。ここに姪の幸子が家出して来て、パパっと全裸になっては「おじさん、好き！」と抱きつくが、応じない旦那。下町映画によくあるように青空はるおの不動産屋が「変な学生が住む下宿とご主人の仕事場3億で買います。普通は1億ですが珠子さんの魅力に2億上乗せ」と申し出て鼻の下を伸ばす。珠子は「母が学生の世話をしているのを子供のときから見て育ってるから売りたくない」と断るが、幸子が3億に目が眩み不動産屋とセックスして家の権利書を渡してしまう。下宿が潰されると知った学生たちが、偏差値50のリーダーシップによって不動産屋に殴り込みするため〝昔の学生が使ったもの〟で裏の倉庫で埃かぶっていたヘルメットとゲバ棒を持ち出して「一度こういうカッコしたかったんだ」「かっこいい！」と過激派学生の姿となる、というのは楽しんで書いた。「うちの親父、革マルだったんだぜ」「うちのママ、中核！」「僕なんか、バリケードのなかで生まれたんだ」というのはノって書け、岡田裕プロデューサーに「時代だねぇ」と笑われた。

サイドストーリーで、超早漏の下宿学生が人生をはかなんで銭湯の煙突に登る物語と、珠子が恋した現場監督の津村（**鹿内孝**）が、彼女を連れ去ってゆく待ち合わせの話を結びつけた。

珠子が待ち合わせに行く途中に煙突を見上げて早漏学生を見つけ、実際に高田馬場の大煙突に命綱つけて登るロケを敢行（よくぞやれた）、煙突のてっぺんは所内オープンセットで組み、そこでイチモツをさすってやり早漏を治し「あなたは早漏じゃないわ」「まだいかないで」とBIGBOX前でバイクで待つ津村への「いっちゃいや」というセリフをダブらせるが、時間が来たら「さよならくらいは言いに来てくれるかと思ったが」と、津村はヘルメットを被ってあっさりと去ってゆく。

珠子は早漏学生の「絶頂か〜ん」と共に落ちるが、皆が心配するなかで目覚める。

この映画での五月さんの抱いているモンローへの憧れと、小沼監督の考えるモンローのイメージとでは、随分違うように思えた。と、いうか、2人は性格も合わない。

五月さんが「竹を割ったようにサッパリとした」性格なのに対して、小沼さんは粘着質で「シツコクまとわりついてくる蛇」を連想させるような雰囲気を持っている。

ので、端で聞いていて、会話が噛み合わず、五月さんがイライラしているのが分かる。

小沼さんは「なんとかしてよ、金子ぉ」と自虐的に薄笑いしながら言うが、それ、無能助監督に言っても無駄ですから。別に火に油を注ぐような真似はしなかったが、10月31日の清里牧場ロケで、「監督と五月、ぶつかり中止」とある。

11月1日、2日は、撮影休止してみんなで頭突き合わせて善後策を練ったが、詳細は忘れている。

「これ、本当に中止になるかも知れない」と何かワクワクしていた反面、「小沼さん、降りないかな〜、小沼さん降りたら、俺、この後を継いで正月映画で監督デビューだぜ」なんて思いながら、心でニヤニヤしていた恐ろしいチーフ助監督。いや、みんなそうでしょ、違う？

僕もシナリオを書くことで一緒に作った「珠子」だが、多分、五月さんは珠子を慈愛溢れて性に飢えた学生を思いやってHしてあげるモンローにしたかったのが、小沼さんは本人がそう思っても正直に感じる肉体の震えとエロチックな恍惚の表情とで芝居させたかった、その想いが微妙にズレていた、ということじゃないでしょうか……そこで、津村に清里の牧場に連れられてキスという展開のときに、どう今までの生き方と折り合いつけていくのか、監督と女優お互い違うことを考えていた。ちゃんとホン書かれてないので……じゃ、ホンの問題じゃん、スイマセン。なんか本当に些細なことだった覚えがあるんですよ、なんでそこで対立するのか分からんというような。

でも、小沼さんが降りることは無く、3日から8日までは撮影は淡々と続いた。

2人とも、現場では、プロとして仕事をしていた感じである。

11月9日の撮休日に常務に呼ばれ、2Fの撮影所長室に向かうとき、一瞬「あ、やっぱり小沼さん降りた?」と思ったが、常務が階段の上から振り返り「いい話ですよ」と言うので、「あ、違う映画で監督デビューかな、オレ」と分かった。

樋口社長に「年内撮影で来年2月番組、山本奈津子主演で『宇能鴻一郎の濡れて打つ』なんですが、予算は500万円、尺は50分で監督やってもらえますか?」と言われた。大関昇進の内示みたいだな、と思った。「はい」と答えた。「よろしくお願いします」とか「がんばります」とか、言ったかなぁ……自分の方の言葉は覚えてない。部屋を出るとき、ニヤニヤしていた、と思う。やはり、日活に入って、それまでで一番幸福な感情の中にいた。入社が決まったときのキラキラ感とは違って、もうちょっと落ち着いていた。というか日活が潰れる前に間に合ったよ、という気持ちが強かったのだ。山本奈津子かぁ、50分かぁ……よぉし、凝縮した元気な映画にしよう、と考えていた。

「宇能鴻一郎が危険だ」ということは忘れていた。

第 7 章

監督デビュー

初監督作品『宇能鴻一郎の 濡れて打つ』脚本作成からクランクインまでの日々

11月9日の監督内示の後、15日までは小沼組ラストスパートで連日残業、そして所内に煙突頂上部分だけ作ったオープンセットから五月みどりさん落ちてクランクアップ。

翌16日、撮影所食堂13時集合で『宇能鴻一郎の 濡れて打つ』第1回の打ち合わせだ。

脚本は**木村智美《さとみ》**さんで『あんねの子守唄』でデビュー、『ピンクカット 太く愛して深く愛して』では森田芳光さんとの共同脚本。企画の小松裕司に紹介され、「ども」と挨拶する。地味な感じの人だ。

プロデューサーは『少女暴行事件 赤い靴』の現場でぶつかった上垣さんがやるとのことで、これも心配しつつ、まあ拘らないでやってくれるだろ、別に愛はなくても仕事なんだから、と希望的観測で待っているとヌッとその場に現れ、席に着かず立ったまま、「俺は、やっぱり監督に専念する。だからこれは降りる。悪いな」と言って立ち去って行った。シーン……。

別にシコリが残っていたとかではなく、上垣さんが言った通りのことだろう。このところ、若手監督に同輩か後輩監督のプロデューサーをやらせる監督行政が行われていて、反発があり、従う人もいれば、拒否する人もいた。でも、これって〝打ち合わせ初日にプロデューサーが消えた〟という緊急事態なので流石に焦った。焦ったが表情に出さないよう「上垣さんがいなくても、べつに流れないよね?」「大丈夫だと思いますけど」「じゃあ、3人で打ち合わせしようか」「ちょっと、本社に電話します」と小松くんは去って、木村さんと2人だけになった。

机には小松くんが持って来た東京スポーツで連載中の宇能鴻一郎の小説『濡れて打つ』のコピーが12枚置かれている。連載開始から12回目までということだ。どの回も「わたし、女子高のテニス部員なんです」から始まっており、初回は「わたし」がエレベーターに乗ったら途中で停止して閉じ込められ、一緒に乗っていたおじさんが「大事故で出られないから死ぬ前に愛を交わしたい」と言って「わたし」はそれを受け入れる。それでいやらしいことがエレベーター内で12回目まで延々と続きこの先何回も続いてゆくだろうという原作であった。「これ、なんか参考になる？」と金子。

「いやあ……別に……」と木村さん。そりゃ、これでは、どうにも出来ないよね。

とにかく主人公は女子高のテニス部員で、それを山本奈津子が演じて50分のうちHを何回か、他の女優も2人くらいはイタす、そこに気持ちが入って見られる物語を短時間で作り上げなくてはならないが、ネタは「エレベーターの中のイヤらしいこと」だけ、という状態だ。木村さんはプロデューサーがいなくなって途方にくれているように見える。22歳か、23歳だったか。『あんねの子守唄』は自伝的な話だと聞いたことがあった。小松くんが戻って来て、この日はひとまず解散。

2日後の11月18日に本社に呼ばれると、ピンチヒッターとして三浦朗プロデューサーが来て「ホンまでは俺が面倒みてやるから」とにこやかに言うが、自分も忙しいので特に何かしてくれる訳では無く、ちょっとした打ち合わせの後、木村さんに「じゃあ、とにかく書いてみろや、締め切りは12月1日だ」と宣言して帰った。三浦さんに何か「ああせいこうせい」みたいなことを言われなくて助かったと思ったが、木村さんは自分の青春を反映して書こうとしてるんじゃないか、と勘ぐった。それやられると困るな、私小説みたいなのは。文学少女ぽく見える人なんで。

僕は高校のテニス部員だったら少女アニメ『エースをねらえ！』が参考になるんじゃないかと思ったが、木村さんは全く知らないのでびっくりした。この年齢でそんな女の子がいるんだ。

2回食事して話したが、手練れたプロという感じではない。ハコ書き無しでいっきに書いてしまうタイプかな、『ズームアップ 聖子の太股』のときの最初の僕みたいに。ちょっと大丈夫かな……。

ひとりで脚本を待つのは落ち着かないので、近所のテニスコートをロケハンしたり小沼組のアフレコに行ったりした。

小沼組セカンドで就いていた3期下の**後藤大輔**が予告編を繋いでいるのをのぞいたら下手なので、優しく指導していたら夜中になってしまい、疲れたらしい後藤が投げやりに「金子さん、繋ぎますか」と言うのでコノヤロー、自分でやれよ、先輩に取られて泣いたんだぞ、こっちは。言うなら「繋いでくれますか」だろ、と思った（後藤は最後のロマンポルノ『ベッド・パートナー』でデビュー、日活外のピンク映画で名を成した）。

アフレコに来たかおりがブースに「金子さん、監督やるんですって？　頑張ってね！」と顔出してくれたので「ありがとう」と笑顔で返すと「どんなのやるの？」「ああ、『宇能鴻一郎の……』」とタイトルも言い終わらないうちに「なんだぁ、宇能鴻一郎かぁ、なんだあ」と露骨にガッカリしてアフレコルームに戻った……。

映画の題材なのに全然馴染みがないテニスくらいトライしようと思って成城学園近辺のテニスコ

ートに行ったら、かなり綺麗な若妻らしき女性に「お相手してくれませんか」と言われて焦って必死に断ったが、断りきれずにやることになり散々恥ずかしい思いをした。赤面ですよ。空振りばかりで返せないし。スイスイとラリーが出来るような実力があれば、「この後ってお時間あります？」と言いたいくらい綺麗で感じの良い人だったし、スコートから伸びた脚がまぶしい……スポーツマンにはこういう出会いがあるんだろうな〜と痛感したのであった。惜しい！

1週間で書いてきた木村さんの脚本に対しては、「本社で第1稿読む　愕然」としか、書いてない。三浦さんの言葉で覚えているのは「男が腹に出すところで『つめた〜い』と書いてるだろ、体温なんだから『あったか〜い』なんだよ、アレは」ということだけだ。〝テニス部女子の性春〟をやろうとしていることは分かるが展開が幼い感じだった……木村さんの書く丸文字も幼い。

皆で頭を突き合わせていると三浦さんは「俺は帰るから、後はうまくやれや」と言ってスッといなくなった。「小松くん、さんざん『宇能鴻一郎的に』と口を酸っぱくして言う」だと。

これが12月2日のことだから、クランクインまであと20日しかない。

確かに木村さんの書いたホンは宇能鴻一郎的では無く、『宇能鴻一郎の 濡れて学ぶ』の件を思い出した。会社はそこに拘る、そこ軽視すると絶対に突っつかれる、それしか言わないんだから。でも小松くんに代案は無い。だったら『エースをねらえ！』をパロディ的にしたら宇能鴻一郎的になるんじゃないだろうか、と暫く前から考えていたことを言って、木村さんをアパートに連れて来た。録画したアニメ映画『エースをねらえ！』（'79）を見せるためだ。

革命的TVアニメ『あしたのジョー』（'70）を産み育てた**出﨑統**《でざきおさむ》監督によるこの作品は、'73年から放送されたＴＶ版とは独立した新作劇場用アニメで、僕は『エースをねらえ！』と言えばキラキラ少女感一杯のこれしか見ておらず大変好きだった。原作マンガもＴＶアニメも馴染みはないので、この出崎監督映画版が『エースをねらえ！』のイメージのすべてと言って良い。何度も見た。

主人公の岡ひろみは「お蝶夫人」と呼ばれるゴージャスヘアの竜崎麗香先輩に憧れてテニス部に入部したスレンダーで可愛いショートヘアの1年生。ＪＫ描写の都会的センスは、後のアニメに大いに影響を与えていると思う。新任鬼コーチ宗方仁は、着任早々、ひろみの資質を見抜いて代表選手に抜擢、猛特訓を開始。虐めのような特訓に耐えながらも実力をつけて成長する展開は、スポ根モノの定番だ。しかし周囲の部員は嫉妬するし、お蝶夫人も微妙な感情でひろみに接するようになる。そして師弟対決。ひろみ対お蝶夫人のゲームが始まる……というドラマの基本構造がある。黒澤明の『姿三四郎』と同じだ。師に憧れて精進し鍛錬し、師やライバルと対決するというドラマ。クロサワだ！　透過光を効果的に使った、最高にカッコいいアニメ映画なのである。木村さんは見るなり「これ、面白い！」と言うので話は早かった。

これでいこう、時間ない。同じものを「面白い！」と感じてくれる人に出会えたという喜びもあり、木村さんがパッと輝いて、愛らしく見えた。憧れの先輩、美沙をレズビアンにして、新任コーチを変な奴にして、そのコーチにエレベーターで主人公が犯されるとかして、それが「テニスの指導のためだ」と強引に理屈づければ「宇能鴻一郎的」になるだろう、「テニスが強くなるよう腰のバネを鍛えるため」セックスするというナルホドだけど、アレ？　と思う妙な理屈を考えついた。これは宇能鴻一郎的だ。さらにそんな理屈に騙される以上に女が信じ切ってしまった方がオカシくて笑える。おバカではなく信じるのだ、ということを話しながら、木村さんと一緒にアパートで書き出した。旅館に入るような予算は無い。木村さんは柔軟で一途な人だと分かり、話が合ってきた。雑魚寝になったり、僕だけ歩いて実家に泊まったり、木村さんも帰って寝てまた来たりして書いていると、どっちがどこを書いているのか分からなくなって来る。4日間で書き上げ、2人で読んで笑い合い、気持ちがひとつになれたのだった。本読みは12月8日、クランクインまで13日。

本読みでは「まあまあ、分かりやすい。特に問題ないんじゃないか」ということになった。

『宇能鴻一郎の 濡れて打つ』新人監督の撮影現場日記

カメラはファンキー組で気心知れた〝杉やん〟＝杉本一海さんに頼んだ。日活では最年少カメラマンだが気性が荒い職人気質。つい2ヶ月前『セーラー服 百合族2』の現場で、那須さんと大喧嘩した。でも、那須さんは杉やんをそれほど貶《けな》さない。那須さんのデビュー作『ワイセツ家族 母と娘』も杉やんだったし、お互い「アイツ変わったな」と言っていた。2人とも天才肌だからな……。

その杉やんに画コンテを見せると「俺、こういうの大好きだぜ」と見てくれている。

画コンテは日活では『戦争と人間』の山本薩夫監督以来だそうで、これまで就いた監督は誰も描かなかった。僕は高校8ミリ映画のときから画コンテを描いていて、子供の頃から中学までマンガを描いていた延長みたいなもので、TVアニメの画コンテは雑誌とかに出ていたから真似して描き、大学の8ミリでも続けていた。杉やんは理想が高いから、これ見たらノって現場を仕切ってくれるだろう、と思っていて、その通りになった。

22歳で入社した僕も28歳になり、やっとやっと監督デビューが決まり、その演出部は、チーフは1期下の池田賢一27歳、セカンドは3期下の明石知幸25歳、サードのカチンコには新人の川越修25歳、という布陣になった。杉やんは31歳だったかな。3年後くらいに塗装業に転職した。

ヒロインの山本奈津子は撮影時18歳。

映画の始まりは主人公の〝目覚め〟からにしたかった。

日活マークに鶏が鳴きタイマーが音楽カセットテープを起動、ヘッドホンを付けて寝ていた「あたし」が起きて裸になり着替え、先輩から貰ったラケットに頬ずりし、バックスイングして打つ瞬間にカットをテニスコートに変え、スコーン！　と打球音で素早くズームバックし画面ストップ、そこにメインタイトルと共にナレーション「あたし、高校のテニス部員。まだ1年生なんです！」を入れ、音楽スタート！　と、いうふうにもう、頭の中で完全に決め切って画コンテを描き、その通りに撮った。「入部したのは、あの素敵なお方……」で、「お蝶サマ」と呼ばれる美沙先輩の紹介カット。木下恵介の名作『野菊の如き君なりき』のように画面の四辺を楕円形でぼかす古風なテクニックを使い、あからさまにパロディに見せようとしたのは脚本のときに決めていた。撮影では、レンズ前にワセリンを塗ったガラスを付けて撮り、レトロな映像になる効果を狙った。

あたし＝ヒロインのひろみに憧れる童貞少年、報道部員の玉本（**高山成夫**）は、最新型のビデオカメラで彼女を盗撮。まだ一体型ビデオカメラが無いので、肩がけデッキに接続したカメラを構え、ひろみのスコートの中を撮ろうとする眼鏡の玉本に自分を重ね、感情移入していた。

後日、作品を見た押井守さんには「あれは金子だろ」と見抜かれた。

美沙先輩は「あたくしのようになりたかったら男の存在を忘れなさい」とひろみの肩に触れ、「はい！」と良い返事をするひろみだが、学園の二枚目プレイヤー坂西（小沼組『お固いのがお好き』で一般公募した学生役に目をつけて選んだ**原田悟**）が現れ、「胸キュンだねえ」とウインク。美沙は「手を出したら承知しなくってよ」と釘を刺すが、ひろみのナレーションで「あたし、つい手を出しちゃったんです」と、朝の井の頭公園（高校1年のときに作った8ミリ作品でもロケして懐かしかった）で待ち合わせて坂西とキスするエロお茶目なキャラを、奈津子と宇能的ヒロイン像に合体させた。そこに「監督　金子修介（第一回監督作品）」と出る。その後、ひろみと坂西のビニールハウスでの最初の絡みシーンに……。

美沙の言葉使いは書いていて面白かったが、キャスティングを間違えたら大失敗する。

企画部からは小田かおるを促されていたが、悪くないけど「百合族」と同じになってしまい、那須さんの舎弟でも、それは真似し過ぎで不味いだろう。僕は、**林亜里沙**にお願いしたかった。

実は中原俊監督の『3年目の浮気』（'83年7月公開）で彼女と〝共演〟している。ウチトラ（スタッフがやるエキストラ）好きな中原さんに呼ばれ、夜の車の中で〝裸OK少し高いエキストラ女優〟の胸を揉みしだく役があてがわれ、喜んでキスしていると、窓ガラスを酔った亜里沙演じる主人公が叩き、「わたしも仲間に入れてよ」と言うので車の外に出て、「電話番号教えてくれたら後で電話するから」と耳元で囁いてバシ！　とひっぱたかれる役であった。見直すと僕も結構サイテー男の芝居してる（金子は芝居上手いと言われていたんだよなー）。

亜里沙はプライドが高そうな都会的顔立ち、笑くぼが可愛い美人で、美沙先輩にピッタリと思い、ぜひにとオファーしたら受けてくれてヨシ！　これで成功するぞ、と思った。

衣装合わせでメイクさんが面白がって、ゴージャスヘアを作ってくれたうえに縦ロールの付け毛をすると、まさに「お蝶サマ」となった。芝居も完全にセレブお嬢様を地でゆき、気品がある。

吉祥寺にロケに行ったときに、ロケバスから現場へ歩いてゆく亜里沙を指差した女児が「お蝶夫人だ！」と言ったら、彼女も「そうよ！」と胸を張り楽しんで成り切っていた。

クランクインは12月21日。

その日はピーカンで朝からテニスコートのシーン。玉本のビデオ目線で、ひろみのスコートのなかをアオリで何カットか撮ったら、奈津子が不満そうだった。

「エッチ目的の画」でしかないと直感的に感じ（那須さんのように）演技をきちんと付けて撮ってくれていないという意味でイラついているのが分かり、どう言い繕おうか焦った。彼女はポルノじゃなくて「映画」に出ていると思っている。『美少女プロレス 失神10秒前』に出た直後で那須さんの3本以外は僕が初めての監督だが、那須さんのような力ある言葉は出せない。弟分がオドオド何か言ったらバカにされると思った。僕は彼女に画コンテを広げて見せ、こうしてこうしてカットを繋げて説明していくと、目を潤ませた彼女は、

「わたしは、この映画に賭けてるのよ！」と拳を握った。奈津子初の単独主演作だ。

それに対して「僕も、この映画に賭けてるんだよ！」と即座に返した。

この「即座」は効いたかも。反射的に出た。ウルウルしている彼女と握手して「明日も頑張ろう」と言い合った。画コンテを理解するというより、拙《つたな》くてもちゃんと説明する姿勢に共感してくれた。

エレベーターのなかでイヤらしいことをするコーチは『お姉さんの太股』で面白かった**沢田情児**をキャスティング。澤田幸弘監督から名前を貰ってアクション俳優を目指している直情径行な人だった。わざと笑わせようとかはせずに真剣にやってくれと頼んだ。

エレベーター内はセットにしたい。縦長の空間を引きで撮り、画面の両サイドを黒く潰す画にしたく（アニメでも似た画があったから）（今だとスマホ画面と同じ）、俯瞰を撮ったりアオリを撮ったりしたいから天井を取り外し出来るようにして欲しいとリクエストしたが、三浦朗Pは現場には来ず、「セットは予算にハマらない」と同姓の三浦増博主任が言った。

既に日活スタジオ内に建っている他の組のセットを飾り替えすれば「ひろみの部屋」は作れるが、エレベーターのセットは小さくても新規になるのでその予算は無い。だがこんな内容の芝居をロケでやったらアップばかりで、息がつまるシーンになる。結局は美術デザイナーの**斉藤岩男**（2年前一瞬恋敵となった後輩美男子）がやりくりして何とか建ててくれたが、撮影終了すべき日（12月26日）を過ぎていたので美術費にはカウントされない（表向き、正式に撮影していないことになるから、予算も計上しない）という裏技のようなことをやってくれたのだった。

ひろみはエレベーターのなかで変な男（コーチ）にフェイクで閉じ込められ「脱水症状を起こし

たら死ぬ！　調べよう」とパンティを下ろされ、妙な理屈を言われるままに服を脱ぎ、「注射をする」と言って、バックから……。沢田さんは、よく理解して真剣にやってくれたが、こんなことで〝感じてしまうひろみ〟の気持ちは無理筋もいいところで、奈津子には感情が理解出来なかったが、宇能鴻一郎的であることは間違い無く、上から下から細かくカットを割って狭い空間を映画的に撮るのが面白く、それに僕は興奮して、奈津子の気持ちまでは頭が回らない新人監督だった。

　翌日、エレベーターの男はコーチとして高校グランドに現れ、ひろみと美沙を代表候補にし「1週間後に試合し、勝った方が正選手、負けた方が補欠だ」と宣言。ひろみに「お前の腰は最高だ。天才テニスプレイヤーの素質がある。目指すは世界だ！」とまくしたてる。そこにナレーション「あたし、思い出しちゃったんです、コーチの注射」を入れ、ヘナヘナと腰砕けになったところに美沙がやって来て「あなたの素質を見抜くとは鋭い目を持ったコーチね。思い切りぶつかってらっしゃい、あたくしも手加減しなくってよ」と気位高く言うところで青春ドラマの定番ソング『太陽がくれた季節』を入れた。「青い三角定規」のオリジナルは使えないので、当時売り出し中だった三宅裕司のスーパー・エキセントリック・シアターによるパロディ「暗い三角定規」のレコード使用許諾を取り、クレジットにも出している。

　ひろみと美沙が真剣に見つめ合っているところに〝チャチャチャチャチャッチャチャチャッチャーン×2〟の前奏を入れようと、それを頭の中で演奏してからカットをかけたので、終わった後、2人は「ながーい」と言って吹き出したのが、可愛かった。1コーラス目が始まると、ひろみの特訓のシーンとなり「旧来の青春映画」の匂いを感じさせようと、撮りながら青春ドラマを思い出していた。生徒会室では玉本が撮った井の頭公園でのひろみと坂西のキスの場面を蘭子（**石井里花**）が、見てしまい、校舎の階段を駆け上がり、美沙に「お蝶サマの子猫ちゃんが！」と言いつける。そのシーンをスチールの連写で構成。撮影時間を短縮する意味もあったが、『仁義なき戦い』で〝ヤクザの盃外交的説明シーン〟をスチール構成にしてテンポを出すフカサク・テクニックの真似である。

石原裕次郎の時代からのベテランスチールマンである**井本俊康**さんが組付きスチールで就いており、このシーンを画コンテ通り5カット撮って、紙焼きを壁に貼って撮影した。それを編集の冨田功さんがとても面白がってストップアニメ的に編集した。「ネコちゃん、これ最高だよ！　面白い面白い」と。冨田さんは、〝面白がり屋〟というか、本当に映画の編集が好きな人だった。

美沙は坂西とひろみを引き離すために彼を吉祥寺のホテルに誘い、「ひろみには手を出さないって約束して」と言って濃厚〝絡み〟シーンになる。ここで井本さんには〝親指グッド〟された。ロマンポルノのスチールマンは、宣伝スチールのため〝絡み〟シーンでは照明換え直前に「スチールください」と前に出て、映画本編とは少しだけ違う角度で〝カメラに見せる〟ポーズを作って撮るので〝絡み〟のときにはカメラのすぐ脇にいて見ているが、井本さんは僕に親指を立て〝今のは、なかなかエロチックに撮れてるよ、監督〟という仕草をしてくれた。この他にも何回か、井本さんの親指を確認してOKを出した。今見ると意外に〝ポルノ度〟が高いのは井本さんのおかげかも知れない。新人監督が女優に気を使い過ぎてポルノ度を弱めてしまうというのは、ありがちなので〝監督、自信を持て〟というベテランからの励ましだ。

冨田さんも僕に自信をくれた。『ゴジラ・モスラ・キングギドラ 大怪獣総攻撃』を編集した後、

45歳で亡くなるまで、僕の映画をとても面白がって繋いでくれたのだった。ありがとう冨田さん。

井本さんも、その後の一般映画にも何本か就いて現場スチールを豪華アルバムにしてプレゼントしてくれた。引退後も裕次郎写真展を開き「伝説のスチールマン」などと呼ばれたが、2020年89歳で亡くなった。井本さんに「自分で脱ぐ美沙がリボンを外して髪を振り乱す演出が上手いよ、監督は」と褒められたこのシーンだが、相手を先にイカせ「こんなことじゃ、プレイボーイの名が泣くわよ」と、息を荒げながらもプライド高く言う亜里沙の芝居は上手いなと、僕は思った。

アフレコしたのは翌年だが、休憩時間に食堂で亜里沙にコーヒーに誘われ、おっ、ちょっとモテてんのかな？　と思ったところが、「(絡みが濃厚すぎて) イメージが崩れる」と、不満を言われ、やっぱ嫌われたかなと思ったものである。助監督始めてからこのときに至るまで、女優さんから〝好かれている実感〟というものは無かったよなー。

玉本はホテル屋上から命綱を着け、ビデオを担いで外壁を降りていき窓から美沙と坂西の行為を撮る。そのシーンは、実際に屋上から地面に向けて撮った。スタントもいないから本人の相当危険な撮影だが、普通にやってもらった。玉本はひろみに生徒会室でそのビデオを見せ、ひろみは固まる。

だがビデオの中で行為の後、美沙が「あたくしのひろみに手を出さないで」と言うのを聞いたひろみは、坂西が美沙を口説いている場に駆けつけて坂西をどつく。そのけな気さに感動した美沙がひろみにキスするのをイドーでここぞとばかりにガーっと寄ってゆく。これが撮りたかった！　とばかりに。2人は夕陽の屋上に上がる。このとき、本当に夕陽がどんどん落ちて時間も無く焦ったが、夕陽を浴びた2人を綺麗に撮れたのが嬉しかった。

そして、グラウンドに特訓に行ったひろみは、コーチに浴室に連れて行かれる。そのシーンは12月29日の最終日、撮影所内の浴室で撮影した。

シャワーは「雨天練習」で、ユニホームが重いと訴えるひろみに「だったら脱げ！」と裸にして腰を触って動きを指導。そこへ、トレーニングを終えた美沙が入った瞬間、コーチが発射して顔にひっかかる。このときの亜里沙の怒りの表情は美しく、撮っていて見惚れた。

呆れて立ち去るお蝶に追いすがるひろみは「腰の訓練なんです」、美沙「汚らわしい。あなたには、テニスをする資格なんてない」と言って立ち去る。次の日、美沙から見捨てられたと絶望し屋上から飛び降りようとするひろみを、玉本は止めて一緒に倒れ、自分も股間を打って「折れたあ！」となり、眼鏡は割れる。このとき、ひろみの持っていた「テニスラケットが屋上から落ちる」というカットをスローモーションで撮った。蓮實重彦の「映画と落ちること」という映画評論を読んで、〝落ちるカットは俯瞰で撮るべきだ〟と信じて、画コンテでは横からだったが俯瞰にしたのだった。

10年後の『ガメラ 大怪獣空中決戦』吊り橋のシーンで、中山忍の靴が吊り橋から川に落ちてゆくカットのときに、このラケット落下のカットを思い出して撮っていた。

（しかし、人間の落下のカットになると、日本映画ではなかなか思うようには撮れないもので、40年経った『ゴールド・ボーイ』でも難しかった）

★ラスト、行きます！　ネタバレバレです
玉本はのたうちまわり、「死ぬ！」と叫ぶが、ひろみが「ダメよ死んじゃ」とパンツを下ろすと玉本のアレには後光が差していた。「触ってくれ」と玉本に頼まれ、恥ずかしそうに触ろうとすると、次のカットはグラウンドでテニスラケットを握りしめている両手のアップにモンタージュし、カメラ引いてひろみの1ショットとなり、さらに引いて美沙と対峙した2ショットになる。そのワンカットのなかで美沙は怒りの表情から好敵手と戦うときの微笑へと変化し、2人は両サイドに切れて試合が始まる。コミカルな場面転換をした後に、両者の関係性の変化を芝居で見せた演出は評価してあげよう、金子くん。

試合の全行程は見せられないから、画コンテではひろみからサーブして美沙が打ち返す20カットを現場で9カットに減らし、ひろみ渾身の一撃をハイスピードにすると、これがバウンドして美沙の股間に入り込み回転してめり込み〝感じ過ぎた〟美沙はガクっと膝を折って立てなくなりひろみの勝利！という試合展開。奈津子のスポーティな動きが溌剌として見え、彼女の魅力が全身のスタイルから溢れている。これが山本奈津子の魅力だ！

立ち上がることが出来ない美沙を見て、割れたままの眼鏡をかけている玉本が「やった！　エースを取った！」と叫んでテニスコートに走ってゆくところで『太陽がくれた季節』を再びかけ、玉本はひろみに抱きつき2人を円の中心にしてカメラが回転してゆくワンカットは『男と女』のようにグルグル回るが、想いは公開が'81年のブライアン・デ・パルマの『ミッドナイトクロス』（が、ルルーシュの真似している訳だが）。杉やんは興奮して「デ・パルマだぁ！」と言って撮っていた。

そして回転したまま、ひろみの部屋のベッドへ倒れ込む、という繋ぎ。

勢い溢れる1回目、続いて2回戦目をしながらベッドから床に倒れ込むと、カメラはカーテンの掛かった窓へパンアップ、パッとカーテンが開いてコーチが現れ「俺にもやらせろ」。劇場では爆笑だった。……これは、現場で思いついたんだっけ。

次に星空バックにひろみ、玉本、コーチを立たせ、天空を指差したコーチ「あれがお前の星だ。世界に羽ばたけ」で、ひろみのキラキラ笑顔のアップで「終」。ダビングで讃美歌を入れた。穴の開いた黒幕の後ろからライトを当てて作った星空は、大林宣彦版『時をかける少女』のファーストシーンみたいにバレバレの合成的な画にしたかった。

6日間と命じられていた撮影期間は、結局8日間まで延びてしまった。尺も55分に。

誰も咎める人はいなかった。6日目の27日は撮影所忘年会で、8日目の29日には会社は仕事納めしていたから、金子組の他に撮影所には誰もいない。みんな疲れていたし年末なんで、浴室でクランクアップしたらお疲れ様〜、帰ろ帰ろという感じで、飲み会も何もなく、流れ解散になった。

翌日の30日には、今関あきよし監督35ミリ商業映画デビュー作『アイコ十六歳』と、その現場ドキュメント『グッドバイ夏のうさぎ』を新宿名画座ミラノに見に行って、同じ新人監督でもずいぶん環境が違うよなと思ったが、嫉妬した訳ではない。

ちょっと、まぶしかったが……映画の中の青空が。

年越して'84年1月1日、恒例のアジア旅行で朝10時に成田発、台北→香港→クアラルンプールというルートで、那須夫妻が待っているマレーシアのペナンへ向かった。制作調整デスクの新津岳人もいるはずだ。5日までの滞在で僕だけ戻る。タクシーピックに苦労してペナンのホテルに辿り着くと、真知子さんがパラソルの下で原稿を書いており「那須たち、ビーチに行ってるわよ」と言うので砂浜に行って、那須さんと新津君を見つけ、熱帯のまぶしい太陽の下で、いっきに『濡れて打つ』現場の話を大声でした。とにかく那須さんに話したかったのだ。那須さんは、嬉しそうに聞いてくれた。「ペナンで日活の話してるって、おっかしいよな」と。

話しきった後、夕方近くになっているのに3人でゴムボートに乗って沖に出た。円形のボートだった気がする。那須さんと新津くんの両方の顔が見えていたから。かなり沖に出てから突然、モーターにトラブルがあったらしく、ボートが海上で止まった。モーター音が消えると不気味な静けさがあった。波がうねってボートが大きく揺れた。わ、こりゃマズい、と不安な気持ちになった。岸に戻れないぞ。岸から相当遠くまで来ていて、海に落ちたら泳いで戻れる距離ではない。さらに他の船で起こされた大波に揺られ、転覆しそうに傾き、オットッと……そのとき、那須さんが、「死んだらどうすんだよ」とゲラゲラ笑いだして、僕も笑った。このまま幸せな気分と危険な気分のまま死ぬかも知れない、と思った。那須さんは、恐怖があると笑うのか。僕も、思い切り笑った。

『宇能鴻一郎の 濡れて打つ』完成！
『メイン・テーマ』で再び助監督に戻ってムクれる

1月1日と2日はペナンに泊まり、3日那須さんたちと別れて僕だけイポーに向かい、クアラルンプールを経て5日にペナンに戻って→香港→台北→成田へ夜10時に帰り着いて、翌日朝9時からアフレコ。10日の編集ラッシュ（オールラッシュの前段階。まだ会社には見せない）では、「初めて繋がった作品を見て、こんなことなら5年半も助監督やる必要があったのかいな、と痛切に感じた。8ミリを撮っていた話法の延長線上にある訳で、この程度の作品なら23歳のオレにも作れたと思う。こんなもののために何年も出番を待っていたのか。もっと噴出するような何かはなかったのか、ボーゼンとした気分だ」とダイアリーに書いている。

これは今読むと、確かに思ったことなのだろうが、少しは「ヤッタ！」感があったとしても、わざと冷静になろうとして自分を客観視し、殊更分析的、否定的に書いたのではないかと思う。6年間の助監督生活への八つ当たりもあったのか……（この本もそうか）。

11日の第2回編集ラッシュでは「まあまあ、面白いんではないか、と思った」

12日のオールラッシュでは「3回目ともなると、アラばっかり目についた。役者が動いてないのがいけない。しかし総ラッシュはまあまあ好評。三浦朗が突然現れて『合格点だと思う。しかし、もっと人間観察を』とか説教たれるのには頭にきた」と記述している。

すみません、40年前の若造のセリフですからぁ。でも宇能鴻一郎で人間観察って三浦さん……。

怖い武田本部長は何かの都合で来られなかったから、合評会は笑いがあって和気藹々《あいあい》な雰囲気であった。その後、個人的に見た本部長が食堂で面と向かい「なかなか良い青春映画だった。懐かしい感じもあって」と言ってくれた。間近だと、そんなに恵比寿顔にはならず、普通の笑顔だった。あれって、周りに対するパフォーマンスもあるのだろう。

ダビングは18日、19日の2日だが、20日には「森田組スタッフ打ち合わせ」となっている。『濡れて打つ』完成前に『メイン・テーマ』の打ち合わせがもう入って来たのだ。

監督になったばかり、完成もまだなのに森田組チーフ助監督に逆戻りというのでムクれたが、周囲は〝角川映画の大作なんだから喜んでやるだろう〟という目をしているのがさらにイヤで……。

23日『メイン・テーマ』千葉ロケハン。24日『宇能鴻一郎の濡れて打つ』0号試写（東映化工現像所）。25日『メイン・テーマ』記者会見。27日『宇能鴻一郎の濡れて打つ』初号（撮影所）、仙川で打ち上げ。奈津子が上機嫌で、スタッフにビールを注いで回っていた。2月1日から沖縄にロケハン5日間。

10日、薬師丸ひろ子、桃井かおりと森田監督との初顔合わせで、隣席して挨拶。

11日、島田満さんと満員のテアトル池袋で一所懸命に席取りし『家族ゲーム』と『転校生』を見て、「ライオン」でギネスビールから「オランダ屋敷」へ終電間際まで飲んだ。「うかれちゃって酔っ払っちゃった」と島田さんに言われた。胸キュンだぁ！

野田秀樹も日活試写に来てくれたのを、企画の栗原いそみさんから聞いた。こちらも紀伊國屋ホールに出世した「夢の遊眠社」の『瓶詰のナポレオン』を観に行ったからな。

『宇能鴻一郎の濡れて打つ』は中原俊監督の『縄姉妹 奇妙な果実』と同時上映でヒット、2月18日新宿にっかつで舞台挨拶を後部席で立って見ていると「なんと、監督が来てます！」と舞台上の奈津子が僕を見つけて手を振って、「来て、こっち来て～」と言われて上げられた。僕は初の舞台挨拶で、何て言ったのかは覚えていないが、笑って口が耳まで裂けていたのは分かった。

その翌日の19日『メイン・テーマ』お祓い。24日イン。

5月7日の石垣島追加撮影で「メイン・テーマ」がオールアップすると、5月10日、撮影所で斎藤博、山田耕大と打ち合わせしている。監督昇進2作目『OL百合族19歳』が決まっていたのだ。『宇能鴻一郎の 濡れて打つ』の会社評価は、かなり高かったようだ。

佐々木志郎企画部長から「那須を超えられるんだろうな、金子は」と聞かれ、え？ となった。那須さんは『百合族』の3作目を作ることなく、次の大きなステージである夏の大作『ルージュ』に挑むことになっている。僕が那須さんを超えるって、別にそんなつもりは無いんだけどな、と思いながら、自分なりの百合族を考えていた。違うものを作らなきゃダメだ。

『宇能鴻一郎の 濡れて打つ』が『姿三四郎』なら、次のやつは『酔いどれ天使』かな、と自分を黒澤明になぞらえていた。『酔いどれ天使』も、人生の先輩の話だ。先輩に導かれないで自滅する男の話。百合族も同性愛だが、先輩、後輩の話でもある。同性の先輩に憧れて嫉妬するという。

どうも、そういう世界に僕はずっと惹かれていたようである。人生の先輩との……小学校の先生の影響かな。学芸大卒の先生で、ちょっと普通ではなくて……と、書き出すと膨大なことになるが、この先生、小学生に「士は己を知る者のために死す」なんて話をしていたことがあるから。

ペナンで大笑いしてから22年経って……

2005年2月28日の朝、「那須さんが死んだって！」と慌てた妻が寝室に飛び込んで来た。嘘か間違いかと思ったがネットで確認しても余りに衝撃的な驚きで涙にもならず、半日過ぎて饅頭を食べてたとき、突然こみあげた。那須さん53歳。僕が50歳のとき。

僕は映画は25本目を撮り、TV『ウルトラマンマックス』を準備していた。『あずみ2』のキャンペーンで大阪に行かねばならず、かけつけられないうち、通夜、告別式の案内がFAXで来た。夜の大阪を車で移動中、セントラル・アーツの**黒澤満**さん（旧・日活撮影所長で、『ビー・バップ・ハイスクール』や『あぶない刑事』プロデューサー）からの電話を受け、告別式で弔辞を読んでくれ、と言われ、何を言うか考えると涙が溢れた。三鷹、実家近くの禅林寺での通夜に行くと真知子さんが「連絡しようとしたんだけどね、那須が、金子が来たら、オレが死ぬみたいじゃねえかよ、と言われて電話出来なかったの、ごめんなさいね」と、言った。那須さんは医者から病名と余命を告げられていたが、最後まで回復するつもりで果敢に闘病していたので周囲には伝えられなかったということであった。通夜席では、こんなに悪いとは知らなかった、入院すら知らなかった、という人々の声が多く聞かれた。

3月3日の告別式では、黒澤満さん、**仲村トオル**さんに続いて弔辞を読んだ。

「昭和53年、日活撮影所に助監督として入社し、映画の現場で、先輩助監督の那須さんと出会いました。カチンコの叩き方を教わりました。バイクの乗り方も教わりました。愛用の50ｃｃを下げてもらいました。撮影所から、2台のバイクで、一緒に帰るときもありました。正月休みを使って、真知子さんと3人で、インドに旅行に行きました。僕にとっては、初めての海外旅行でした。タイにも3人で行きましたね。タイの荒れた道を、バイクでぶっ飛ばしましたよねえ。那須さんといると、本当に楽しかったんです。お葬式は、死を受け入れるための儀式ですから、何か、言わねばならない、と思って考えると、僕の、この人生は『那須さんと会った』という人生だった、という言葉が、思い浮かびました。いろいろ教えて頂き、本当にありがとうございました。何ひとつ御恩に報いることが出来ず、申し訳ありません。撮影所からバイクで帰る別れ道、那須さんは、ちょっと笑って振り返り、大声で『じゃあな！』と言って走って行きました」

このとき、家が近い母が内緒で来ていて僕の弔辞で泣いたと言っていた。その母も'08年に亡くなった。父は'07年に。「那須を超えられるのか」と言った佐々木志郎さんも、最初に書いた脚本を「神棚にしまっておいてください」と言った成田尚哉さんも、武田本部長、三浦朗さん、ファンキーさん、ムッシュ、小沼さん、島田さん……みんな……そりゃ、年月経ってますからねぇ。

でも、この弔辞で思い浮かんでいたバイクに乗った後ろ姿で去ってゆく那須さんの姿より、ペナンの海で「死ぬかもしれない」ってゲラゲラ笑っている顔を、今は思い出しながら無能助監督日記を締めたい気持ちです。明るい気持ちで一緒に笑いたい。恐怖に立ち向かう笑いって凄いんじゃないか。那須さんは、やっぱり凄かった。

「どうする、おい、死んだらどうするんだよ、ワハハ！」って笑った那須さん。

……僕は「人生の先輩」との戦いを映画のテーマにしていたのか、と考えると、まとめようとしてコジツケ過ぎだろうか。

「それは笑うぜ、金子くん、そんなことばっかりじゃねえだろ」

とか言われてしまいそうだな。

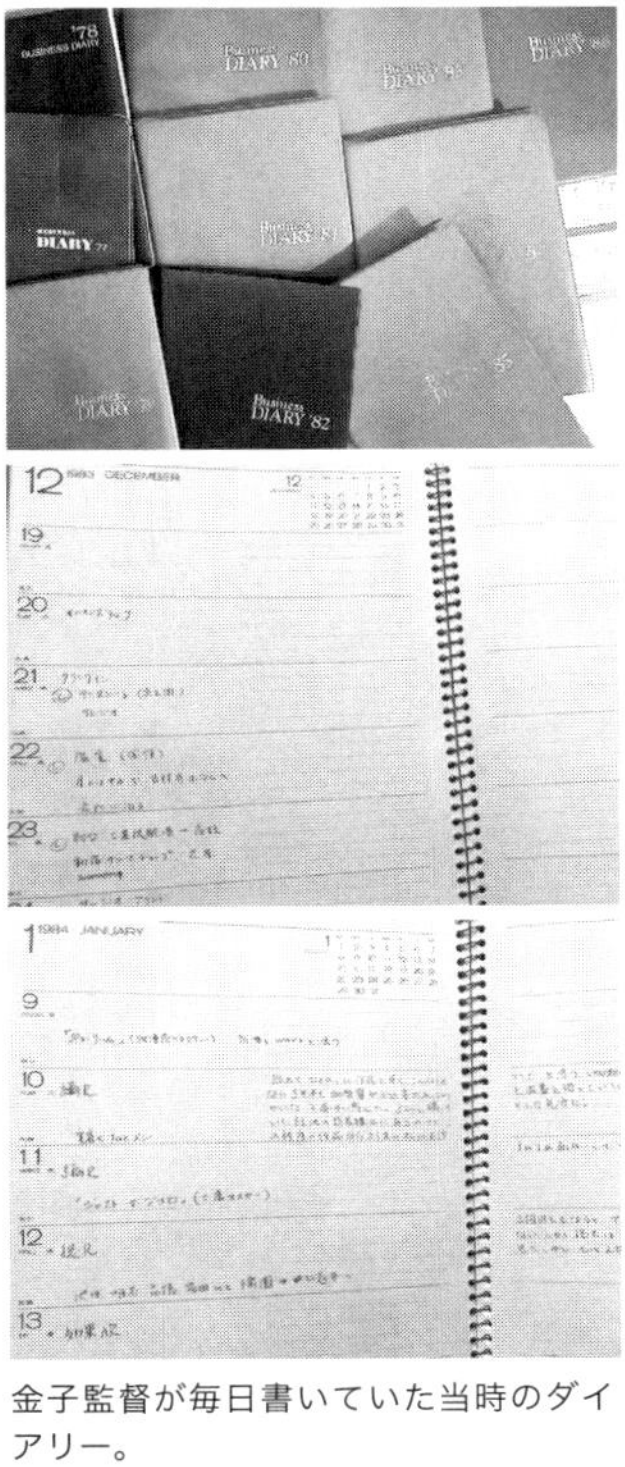

金子監督が毎日書いていた当時のダイアリー。

おわりに

65歳でコロナ禍を迎え、リアルに「死」の接近を意識し、先に逝った人たちとの関わり、特に那須さんとの関わりや、助監督時代のことなど、何も書いておかなければ誰にも知られずに消えてゆくのかな、面白いこともあったのに、と思うと、記憶が鮮明なうちに残したくなり、ビジネスダイアリーをめくってみたら、メモ書きから、当時の気分や音や映像が蘇って来た。思い出せないことも数多くあったけれど。

いろいろな人たちと関わって影響を受けていながら、当時の自分は……「アホだった」とか「純粋だった」とか「計算高かった」とか決めつけたくないので書き続け、やっぱり反省もしました。後悔はというと、特にないス。

だが、当たり前だったことが40年以上経つと当たり前ではなくなり、今の時代にどう説明してよいか分からないこと、書いても通じないことがあるのに気づき混乱し出した。最も大きな違いは、映像がこんなに簡単に綺麗に誰もが撮れるようになったこと。その時代が始まったのがこの本の冒頭で、オレの8ミリを見ろと息巻いたが、まだまだ希少な本物のムービーカメラでは、映像は強い光の当たるところしか写らないことを知り……なんだか「超」昔話をしている気がして来た。充分、昔話だ。

映画の意味や、ロマンポルノの受け取り方も、相当に違って、普通に書いても傷つけてしまう人がいたらどうしよう、と恐れ始め、「不適切」と叱られるようなことを書いたかも知れないが、極力、嘘のないように表現したかった。

想いは「映画」に立ち向かった我々の仲間や先輩の、僕自身の目で見た姿を残したい。その姿は、未来の人にも何か感じてもらえるのではなかろうか。

そんな人々への表現を許してくれた皆さんに心から感謝致します。間違いを正してくれた方々にも。

そして、楽しい画で装丁してくれた宮崎祐治さん（三鷹高校では隣りのクラスでした）、ありがとう。

応援の言葉を頂いた町山智浩さん、顧みると18歳から影響を受けまくっていた押井守さん、22歳からは那須真知子さん、ありがとうございます。

膨大な作業に関わり、様々なご苦労をかけて並走して頂いた編集部の方々にも感謝致します。

もちろん、読んで頂いた皆さんには、特別感謝申し上げます。

どうもありがとうございました。

金子修介

日活ロマンポルノ ヒストリー 1971－2022

1971年

11月20日◆日活ロマンポルノ第1作として白川和子主演、西村昭五郎監督作『団地妻 昼下りの情事』、小川節子主演、林功監督作『色暦大奥秘話』が2本立てで公開。

12月1日◆加藤彰監督作『恋狂い』公開。

12月18日◆小沼勝監督デビュー作『花芯の誘い』、曽根中生監督デビュー作『色暦女浮世絵師』公開。

1972年

1月29日◆絵沢萠子主演、神代辰巳監督初のロマンポルノ作品『濡れた唇』公開。

2月9日◆田中登監督デビュー作『花弁のしずく』公開。

3月1日◆小川節子が主演した小原宏裕監督デビュー作『情炎お七恋唄』公開。

5月17日◆田中登監督第2作『牝猫たちの夜』公開。

6月7日◆第46回キネマ旬報ベストテン第10位となる伊佐山ひろ子主演、村川透初監督作『白い指の戯れ』が公開。

8月16日◆藤田敏八監督初のロマンポルノ作品『八月はエロスの匂い』公開。

8月26日◆藤井克彦監督作『艶説女侠伝 お万乱れ肌』公開。

9月 ◆ロマンポルノ4作品が警視庁から猥褻物として摘発され、ロマンポルノが「芸術か猥褻か」が議論となる。

1973年

10月7日 ◆藤田敏八監督のエロス・シリーズ第2作『エロスの誘惑』、のちに第46回キネマ旬報ベストテン第8位となる神代辰巳監督作『一条さゆり 濡れた欲情』が公開。

11月29日 ◆沢田幸弘監督のニューアクション・ポルノ『セックス・ハンター 濡れた標的』公開。

3月24日 ◆藤田敏八監督エロス・シリーズ第3作『エロスは甘き香り』公開。

7月7日 ◆西村昭五郎が監督した日活スウェーデン・ポルノ『淫獣の宿』公開。

7月25日 ◆宮下順子主演、加藤彰監督作『愛に濡れたわたし』公開。

9月22日 ◆加藤彰が監督した日活スウェーデン・ポルノ『蜜のしたたり』公開。

11月3日 ◆のちにフランソワ・トリュフォーが「ジャン・ルノワールのよう」と称えた（『トリュフォー 最後のインタビュー』平凡社刊より）宮下順子主演、神代辰巳監督の『四畳半襖の裏張り』公開。

12月15日 ◆大和屋竺監督作『愛欲の罠』公開。

1974年

2月6日 ◆滋賀銀行9億円横領事件を基にした加藤彰監督の実録ポルノ『OL日記 濡れた札束』公開。

6月22日 ◆SMをテーマにした谷ナオミ主演、小沼勝監督の『花と蛇』公開。

9月11日 ◆のちに第78回ベネチア国際映画祭クラシック部門に日活ロマンポルノとして初選出された田中登監督作『㊙色情めす市場』公開。

10月26日 ◆谷ナオミと東てる美が共演した小沼勝監督作『生贄夫人』が公開。

1975年

2月8日 ◆第49回キネマ旬報ベストテン第10位となる宮下順子主演、田中登監督の『実録

1975年
8月9日◆谷ナオミ主演、神代辰巳監督作『黒薔薇昇天』公開。
8月23日◆岡本麗が主演デビューした曽根中生監督作『女高生100人㊙モーテル白書』公開。

1976年
2月7日◆長谷部安春監督のバイオレンスポルノ第1作『犯す！』公開。

2月21日◆三井マリア主演、曽根中生監督作『わたしのSEX白書 絶頂度』公開。

6月12日◆のちに第50回キネマ旬報ベストテン第10位となる田中登監督作『江戸川乱歩猟奇館 屋根裏の散歩者』公開。

7月7日◆長谷部安春監督のバイオレンスポルノ第2作『暴行切り裂きジャック』公開。

8月11日◆泉じゅんが主演デビューした白鳥信一監督作『感じるんです』公開。

1977年
1月22日◆長谷部安春監督のバイオレンスポルノ第3作『レイプ25時 暴姦』が公開。

2月1日◆雑誌『シナリオ』公募当選作『あづき色の黄昏』を神代辰巳監督が映画化した『悶絶‼どんでん返し』公開。

2月12日◆長谷部安春にスカウトされた小川亜佐美が映画デビューを飾った小沼勝監督作『OL官能日記 あァ！私の中で』公開。

2月23日◆宮下順子主演、田中登監督作『発禁本「美人乱舞」より 責める！』が公開。

5月21日◆那須真知子の月刊『シナリオ』公募入選作品『ジャパニーズ・ソルジャー』を原作にした藤田敏八監督作『横須賀男狩り 少女・悦楽』が公開。

1978年
10月29日◆古尾谷康雅（雅人）が映画デビューした田中登監督作『女教師』が公開。
9月◆「株式会社にっかつ」に社名を変更。

1979年
1月6日◆曽根中生が監督したシリーズ第1作『天使のはらわた 赤い教室』が公開。

１９８０年　7月13日◆「日活ロマンポルノ裁判」に無罪判決。

１９８１年　8月7日◆東陽一が監督したにっかつロマンポルノ10周年記念作『ラブレター』が公開。

１９８２年　7月23日◆美保純主演、上垣保朗監督作『ピンクのカーテン』が公開。

１９８４年　2月17日◆金子修介監督作『宇能鴻一郎の濡れて打つ』が公開。

１９８５年　8月3日◆のちに第7回ヨコハマ映画祭にて作品賞に輝く、相米慎二監督作『ラブホテル』が公開。

１９８８年　5月28日◆日活ロマンポルノ最後の新作として、後藤大輔監督作『ベッド・パートナー』と、金澤克次監督作『ラブ・ゲームは終わらない』が公開。

１９９６年　◆「日活株式会社」に社名を変更。

２０１０年　2月13日◆「ロマンポルノ リターンズ」企画が立ち上がり、増本庄一郎監督が『後ろから前から』、中原俊監督が『団地妻 昼下がりの情事』をリメイク。

２０１６年　11月26日◆「日活ロマンポルノ リブートプロジェクト」企画が立ち上がり、行定勲監督作『ジムノペディに乱れる』が公開。塩田明彦監督作『風に濡れた女』、白石和彌監督作『牝猫たち』、園子温監督作『ＡＮＴＩＰＯＲＮＯ』、中田秀夫監督作『ホワイトリリー』が順次公開される。

２０２２年　9月16日◆「ＲＯＭＡＮ ＰＯＲＮＯ ＮＯＷ」企画が立ち上がり、松居大悟監督作『手』が公開。白石晃士監督作『愛してる！』、金子修介監督作『百合の雨音』が順次公開される。

金子修介 フィルモグラフィ 1978-2024

助監督作品

㊙肉体調教師 1

1978年5月20日公開【現場見学】
スタッフ：監督＝白井伸明　製作＝三浦朗　脚本＝村田晴彦　撮影＝安藤庄平　照明＝岡田菊夫　編集＝井上治　助監督＝村井良雄
キャスト：渚りな　中島葵　島村謙次　益富信孝　橘雪子　浅見小四郎　兼松隆　堀礼文
解説：ED、変態、倦怠期の夫婦相手に、肉体調教師が実践指導するコメディ。
オンデマンドDVD：あり　デジタル配信あり

オリオンの殺意より 情事の方程式

1978年6月3日公開【サード助監督】
スタッフ：監督＝根岸吉太郎　製作＝岡田裕　原作＝勝目梓　脚本＝いどあきお　撮影＝森勝　助監督＝上垣保朗　那須博之
キャスト：山口美也子　亜湖　戸浦六宏　吉川哲唱　根岸明美　高橋明　加納省吾
解説：財力で人を抑えこもうとするエゴイストの父を殺そうとする若者の姿を描く。
BD&DVD：未発売　デジタル配信あり

人妻集団暴行致死事件

1978年7月8日公開【サード助監督】
スタッフ：監督＝田中登　製作＝三浦朗　原案＝長部日出雄　脚本＝佐治乾　撮影＝森勝　助監督＝中川好久　児玉高志
キャスト：室田日出男　黒沢のり子　志方亜紀子　古尾谷康雅（雅人）　深見博　酒井昭
解説：社会からドロップアウトした3人の若者に人生を踏みにじられる中年夫婦の悲哀。
DVD：廃版　デジタル配信あり

高校大パニック

1978年8月19日公開【フォース助監督】
スタッフ：監督／原作＝石井聰亙（岳龍）　監督＝沢田幸弘　助監督＝菅野隆　鈴木潤一（すずきじゅんいち）　那須博之　松井良彦
キャスト：山本茂　浅野温子　遠藤薫　寺尾理恵　桑崎晃男　内田憲一　門間一浩
解説：過剰な受験ストレスがはびこる学校に、ライフルを手にした高校生が反乱の叫びを上げる。
DVD：廃版　デジタル配信あり

白い肌の狩人 蝶の骨

1978年9月23日公開【サード助監督】
スタッフ：監督＝西村昭五郎　原作＝赤江瀑　脚本＝白坂依志夫　撮影＝山崎善弘　編集＝鈴木晄　助監督＝伊藤秀裕　白石宏一
キャスト：野平ゆき　山口美也子　戸浦六宏　鋳堂連　山村裕　中原潤　益田愛子
解説：地味で控えめな女子大生が、大学卒業後、容貌を変え、洗練されていく姿を描く。
BD&DVD：未発売

暴(や)る!

1978年11月18日公開【サード助監督】

スタッフ：監督／脚本＝長谷部安春　脚本＝桂千穂　撮影＝前田米造　助監督＝根岸吉太郎　鈴木潤一（すずきじゅんいち）

キャスト：八城夏子　青山涼子　今井健二　花上晃　岡尚美　椎谷建治　加藤寿

解説：野獣のような男たちの凌辱の検問にさらされる女性を描いたバイオレンスポルノ。

BD&DVD：未発売　デジタル配信あり

団鬼六 縄化粧 2

1978年12月2日公開【サード助監督】

スタッフ：監督＝西村昭五郎　製作＝結城良煕　原作＝団鬼六　脚本＝いどあきお　撮影＝前田米造　助監督＝伊藤秀裕　堀内靖博

キャスト：谷ナオミ　中島葵　山田克朗　日夏たより　高橋明

解説：緊縛、ムチ責め、磔などの責め苦が、停滞した夫婦生活に注ぎ込まれるSMドラマ。

DVD：日活／ハピネット・メディアマーケティング　デジタル配信あり

炎の舞

1978年12月16日公開【サード助監督】

スタッフ：監督＝河崎義祐　原作＝加茂菖子　脚本＝山田信夫　渋谷正行　助監督＝中川好久　那須博之　白石宏一　手塚昌明

キャスト：山口百恵　三浦友和　細川俊夫　木暮実千代　能勢慶子　荒木道子　岡本達哉

解説：戦場で傷を負って病院に送還された男と、彼に献身的な愛を注ぐ女の姿を描く。

DVD：廃版　デジタル配信あり

宇能鴻一郎の 看護婦寮日記

1979年3月3日公開【セカンド助監督】

スタッフ：監督＝白鳥信一　製作＝三浦朗　原作＝宇能鴻一郎　脚本＝宮下教雄　撮影＝水野尾信正　助監督＝岡本孝二

キャスト：水島美奈子　片桐夕子　坂本長利　井上博一　堀礼文　吉原正皓　相川圭子

解説：男子禁制の白い天使の館、看護婦寮に珍入した男が大騒動を起こす。

BD&DVD：未発売

1 ㊙肉体調教師

2 団鬼六 縄化粧

3 桃尻娘 ラブアタック

4 看護婦日記
—いたずらな指—

桃尻娘 ラブアタック 3

1979年4月28日公開【サード助監督／出演】

スタッフ：監督＝小原宏裕　製作＝岡田裕　原作＝橋本治　脚本＝金子成人　撮影＝安藤庄平　助監督＝浅田真男　白石宏一

キャスト：竹田かほり　亜湖　山下洵一郎　一谷伸江　上野山浩一　小松方正　吉原正皓

解説：大人になるのが待ちきれないシティガールの大胆な学園生活を描く青春エロス。

DVD：廃版　デジタル配信あり

悪女の仮面 扉の陰に誰かが……

1980年1月12日、土曜ワイド劇場で放送。'15年3月15日上映【サード助監督】

スタッフ：監督＝神代辰巳　原作＝シャーロット・アームストロング　脚本＝田中陽造　伊藤秀裕　助監督＝伊藤秀裕

キャスト：いしだあゆみ　山本圭　酒井和歌子　浅野温子　中尾彬　河原崎長一郎

解説：裕福な夫婦の家に入り込んだ姉妹が、平和な家庭を恐怖のどん底に突き落とす。

BD&DVD：未発売

看護婦日記 ―いたずらな指― 4

1979年9月8日公開【セカンド助監督】

スタッフ：監督＝白鳥信一　製作＝海野義幸　企画＝山田耕大　脚本＝熊谷禄朗　撮影＝森勝　編集＝井上治　助監督＝菅野隆

キャスト：原悦子　小川亜佐美　宇南山宏　荒川保男　川島めぐ　高鳥亜美　久米歓児

解説：ひとり暮らしを始めた看護婦が巻き起こす性に奔放な日々を描いた官能コメディ。

DVD：日活／ハピネット・メディアマーケティング　デジタル配信あり

宇能鴻一郎の あつく湿って

1979年11月10日公開【セカンド助監督／出演】

スタッフ：監督＝加藤彰　製作＝海野義幸　原作＝宇能鴻一郎　脚本＝荒井晴彦　撮影＝水野尾信正　助監督＝斎藤信幸

キャスト：水島美奈子　青山恭子　田山涼成　風戸佑介　星野暁一　市村博　榊淳

解説：義兄との不倫後、生真面目な男と結婚した女性が他の男と次々と肉体関係を持つ。

BD&DVD：未発売　デジタル配信あり

桃子夫人の冒険

1979年12月22日公開【セカンド助監督】

スタッフ：監督＝小原宏裕　製作＝海野義幸　脚本＝出倉宏　撮影＝安藤庄平　編集＝鍋島惇　助監督＝鈴木潤一（すずきじゅんいち）

キャスト：日向明子　東郷亜希　梓ようこ　島村謙次　吉原正皓　東龍明　団鬼六

解説：17年の眠りから覚め、夫のもとに戻った桃子が、当たりかまわず男を悩殺する。

BD&DVD：未発売　デジタル配信あり

昭和エロチカ 薔薇の貴婦人 5

1980年2月2日公開【セカンド助監督】

スタッフ：監督＝藤井克彦　製作＝村井良雄　企画＝山田耕大　脚本＝宮下教雄　撮影＝安藤庄平　編集＝山田真司　助監督＝浅田真男

キャスト：宮井えりな　飛鳥裕子　麻吹淳子　大河内稔　市村博　八代康二　高橋明

解説：太平洋戦争前夜の東京を舞台に、子爵夫妻の乱れた生活を描く官能サスペンス。

DVD：日活／ハピネット・メディアマーケティング　デジタル配信あり

少女娼婦 けものみち

1980年3月29日公開【セカンド助監督】

スタッフ：監督／脚本＝神代辰巳　製作＝三浦朗　脚本＝岸田理生　撮影＝姫田真佐久　編集＝井上治　助監督＝伊藤秀裕

キャスト：吉村彩子　水島美奈子　無双紋　高橋明　三谷昇　珠瑠美　内田裕也

解説：同級生と初体験を済ませた女子高生が、中年男とも肉体関係を結んだ後に妊娠する。

DVD：日活／ハピネット・メディアマーケティング　デジタル配信あり

朝はダメよ！

1980年6月21日公開【セカンド助監督】

スタッフ：監督＝根岸吉太郎　企画＝山田耕大　原作＝丸川賀世子　脚本＝竹山洋　撮影

＝鈴木耕一　助監督＝那須博之
キャスト：鹿沼えり　江崎和代　大崎裕子　小松方正　堀礼文　北見敏之　市村博
解説：下着メーカー勤務の女性デザイナーが自由気ままなセックス・ライフを楽しむ。
BD&DVD：未発売　デジタル配信あり

若後家海女 うずく

1980年7月5日公開【セカンド助監督】
スタッフ：監督＝藤浦敦　製作＝村井良雄　企画＝奥村幸士　脚本＝池田正一　撮影＝山崎善弘　編集＝井上治　助監督＝伊藤秀裕
キャスト：佐々木美子　安西エリ　マリア茉莉　鈴々舎馬風　麻吹淳子　中原潤
解説：夫の死後、ピンクサロンを開いた若い海女と海の男たちの逞しい性を描く。
BD&DVD：未発売

お母さんのつうしんぼ

1980年10月18日公開【セカンド助監督】
スタッフ：監督＝武田一成　原作＝宮川ひろ　脚本＝勝目貴久　熊谷禄朗　撮影＝前田米造　編集＝山田真司　助監督＝黒沢直輔
キャスト：藤田弓子　二宮さよ子　佐野浅夫　桜むつ子　宮下順子　三谷昇　山口美也子
解説：夫を亡くし、働きながら2人の子どもを育てるシングルマザーの奮闘を描く感動作。
BD&DVD：未発売

クライマックス 犯される花嫁

1980年11月8日公開【セカンド助監督】
スタッフ：監督＝白鳥信一　製作＝中川好久　企画＝山田耕大　脚本＝熊谷禄朗　撮影＝米田実　編集＝山田真司　助監督＝児玉高志
キャスト：原悦子　寺島まゆみ　橘雪子　加藤大樹　片岡五郎　佐藤陽一　島村謙次
解説：ドライブインで働く娘と、彼女を取り巻くトラック野郎たちのエロティックな騒動。
BD&DVD：未発売　デジタル配信あり

セックスドック 淫らな治療

1980年12月5日公開【セカンド助監督】
スタッフ：監督＝藤浦敦　製作＝岡田裕　脚本＝大工原正泰　撮影＝水野尾信正　照明＝田島武志　編集＝鍋島惇　助監督＝川崎善広

5 昭和エロチカ
薔薇の貴婦人

6 団鬼六　ＯＬ縄奴隷

7 ズーム・アップ
ビニール本の女

8 制服体験トリオ
わたし熟れごろ

キャスト：志麻いづみ　渡辺とく子　安西エリ　マリア茉莉　江崎和代　砂塚秀夫
解説：集団治療と称してハレンチ・ドクターがセックスに悩む患者を面白半分に治療する。
BD&DVD：未発売　デジタル配信あり

百恵の唇 愛獣

1980年12月26日公開【セカンド助監督】
スタッフ：監督＝加藤彰　製作＝細越省吾　原作＝響京介　脚本＝桂千穂　撮影＝米田実　編集＝山田真司　助監督＝黒沢直輔
キャスト：日向明子　早川由美　村川めぐみ　成瀬昌彦　中田譲治　泉じゅん　小林稔侍
解説：スターのスキャンダルを暴く〝トリックガール〟の暗躍を描いた官能サスペンス。
BD&DVD：未発売　デジタル配信あり

団鬼六 OL縄奴隷 6

1981年1月23日公開【セカンド助監督】
スタッフ：監督＝藤井克彦　企画＝奥村幸士　山田耕大　原作＝団鬼六　脚本＝鈴木則文　撮影＝水野尾信正　助監督＝児玉高志
キャスト：麻吹淳子　小川亜佐美　梓ようこ　山地美貴　野上正義　浅見小四郎　島和廣
解説：クリーニング店の配達係に監禁された美人OLがSMの倒錯の世界に溺れていく。
DVD：日活／ハピネット・メディアマーケティング

ズーム・アップ ビニール本の女 7

1981年2月20日公開【セカンド助監督】
スタッフ：監督＝菅野隆　脚本＝桂千穂　撮影＝水野尾信正　編集＝川島章正　助監督＝鈴木潤一（すずきじゅんいち）
キャスト：麻吹淳子　早野久美子　佐々木美子　北見敏之　平光琢也　草薙良一
解説：ビニール本の世界を舞台に、モデルやカメラマンが繰り広げる愛欲地獄を描く。
DVD：日活／ハピネット・メディアマーケティング　デジタル配信あり

制服体験トリオ わたし熟れごろ 8

1981年4月3日公開【セカンド助監督】
スタッフ：監督＝西村昭五郎　製作＝結城良熙　脚本＝出倉宏　撮影＝山崎善弘　音楽＝甲斐八郎　編集＝鈴木晄　助監督＝菅野隆
キャスト：寺島まゆみ　北原理絵　太田あや子　汐路章　鶴岡修　草薙良一　橘雪子
解説：成熟した若い肢体を日々持て余していた3人の女子高生の性の目覚めを描く。
DVD：日活／ハピネット・メディアマーケティング　デジタル配信あり

宇能鴻一郎の 開いて写して

1981年5月29日公開【セカンド助監督】
スタッフ：監督＝西村昭五郎　原作＝宇能鴻一郎　脚本＝三井優　撮影＝森勝　編集＝鍋島惇　助監督＝川崎善広
キャスト：寺島まゆみ　早野久美子　佐竹一男　花上晃　村尾幸三　浅見小四郎　高木均
解説：マザー・テレサを尊敬する純粋な女子高生と彼女に群がる男たちとのエッチな騒動。
BD&DVD：未発売　デジタル配信あり

あそばれる女

1981年6月12日公開【セカンド助監督】
スタッフ：監督＝小沼勝　製作＝結城良熙　中川好久　脚本＝宮下教雄　撮影＝前田米造　編集＝鍋島惇　助監督＝加藤文彦
キャスト：風間舞子　高原リカ　梓ようこ　東龍明　益富信孝　影山英俊　小川亜佐美
解説：スワッピングでフェアな行為をしなかった夫婦が相手夫婦の嫌がらせを受ける。
BD&DVD：未発売　デジタル配信あり

セクシー・マリンブルー

【監督】
スタッフ：撮影＝樋田勝也（インフ）
BD&DVD：未発売

うる星やつら

1981年10月21日放送『宇宙ゆうびんテンちゃん到着！』『つばめさんとペンギンさん』、'82年1月6日放送『あたる源氏平安京にゆく』、2月10日放送『あ、個人教授』『戦りつの参

観日』【脚本】
BD：ワーナー・ブラザース・ホームエンターテイメント／NBCユニバーサル・エンターテイメント デジタル配信あり

銀河旋風ブライガー

1982年1月26日放送『怒りのクーガ』、'82年5月11日放送『祈りの銀河』【脚本】
BD：ベストフィールド／TCエンタテインメント デジタル配信あり

ズームアップ 聖子の太股 9

1982年2月26日公開【セカンド助監督／脚本】
スタッフ：監督＝小原宏裕 企画＝成田尚哉 撮影＝杉本一海 選曲＝伊藤晴康 照明＝川島晴雄 編集＝鍋島惇 助監督＝村上修
キャスト：寺島まゆみ 岸田麻里 浜口じゅん 山科ゆり 上野淳 宮本麻代 小原宏裕
解説：憧れの女性を尾行し、スカート内部を盗み撮りするカメラ青年の姿を描くコメディ。
DVD：日活／ハピネット・メディアマーケティング デジタル配信あり

私の一日レポート 検察庁日記

検察庁広報映画【チーフ助監督】
スタッフ：監督／脚本＝鈴木潤一（すずきじゅんいち）
BD&DVD：未発売

運命の殺意 北信濃母子心中

1982年4月29日、木曜ゴールデンドラマにて放送【セカンド助監督】
スタッフ：監督＝加藤彰 脚本＝高岡尚平 撮影＝前田米造 照明＝矢部一男 美術＝菊川芳江 編集＝川島章正 助監督＝黒沢直輔
キャスト：市原悦子 誠直也 山本学（學） 宝生あやこ 坂上忍 仲谷昇 稲葉義男
解説：夫の不在中に義理の弟に凌辱され、その子供を出産した女性の転落劇。
BD&DVD：未発売

白薔薇学園 そして全員犯された 10

1982年6月25日公開【セカンド助監督】

9 ズームアップ 聖子の太股

10 白薔薇学園 そして全員犯された

11 女教師狩り

12 絶頂姉妹 堕ちる

スタッフ：監督＝小原宏裕　企画＝成田尚哉　脚本＝伴一彦　撮影＝杉本一海　照明＝木村誠作　編集＝山田真司　助監督＝釜田千秋
キャスト：三崎奈美　太田あや子　山地美貴　織田倭歌　美野真琴　宮本麻代　港雄一
解説：研修旅行に向かう途中でバスジャックされた女教師、女生徒たちと犯人の争い。
DVD：日活／ハピネット・メディアマーケティング　デジタル配信あり

聖子の太股 ザ・チアガール

1982年7月23日公開【脚本】
スタッフ：監督＝川崎善広　企画＝進藤貴美男　撮影＝野田悌男　選曲＝林大輔　編集＝奥原好幸　助監督＝潮田昭治　金澤克次
キャスト：寺島まゆみ　森村陽子　青木美穂　恵杏里　浜口じゅん　平光琢也　麿のぼる
解説：名門大学のチアガール3人が、相手チームの応援団員らをセックスで骨抜きにする。
BD&DVD：未発売　デジタル配信あり

11 女教師狩り

1982年8月28日公開【チーフ助監督】
スタッフ：監督＝鈴木潤一（すずきじゅんいち）　脚本＝斎藤博　撮影＝前田米造　編集＝西村豊治　助監督＝池田賢一
キャスト：風祭ゆき　梓ようこ　伊藤京子　井上肇　鋳堂連　石神一　石山雄大
解説：生徒と妻子ある中年男性との狭間で揺れ動く女教師の二面性と実像を描く官能作。
DVD：日活／ハピネット・メディアマーケティング　デジタル配信あり

12 絶頂姉妹 堕ちる

1982年10月15日公開【チーフ助監督】
スタッフ：監督＝黒沢直輔　企画＝進藤貴美男　脚本＝いどあきお　撮影＝森勝　編集＝山田真司　助監督＝北浦嗣巳
キャスト：倉吉朝子　江崎和代　趙方豪（豪田遊）　中丸信　絵沢萠子　小林稔侍
解説：まともな生活をしようとするも、体を売る元の生活へと落ちていく母子を描く。
DVD：日活／ハピネット・メディアマーケティング　デジタル配信あり

13 実録色事師 ザ・ジゴロ

1982年10月15日公開【チーフ助監督】
スタッフ：監督＝小原宏裕　原案＝伏見直樹　脚本＝佐伯俊道　撮影＝杉本一海　照明＝野口素胖　編集＝鍋島惇　助監督＝池田賢一
キャスト：渡辺良子　水沢陽子　梓ようこ　滝川昌良　美堂竜馬　遊木雅巳　一色秀樹
解説：新宿を根城に金と女と欲望をモノにする、ヒモのプロフェッショナルたちを活写。
DVD：日活／ハピネット・メディアマーケティング　デジタル配信あり

14 OH！タカラヅカ

1982年12月24日公開【チーフ助監督】
スタッフ：監督＝小原宏裕　原作＝史村翔　小野新二　脚本＝高田純　撮影＝杉本一海　編集＝鍋島惇　助監督＝後藤大輔
キャスト：美保純　冨家規政（ノリマサ）　岡本かおり　江崎和代　森村陽子
解説：セックス産業が盛んな宝塚島にある女子高の教師になった男性のハーレム生活。
DVD：日活／ハピネット・メディアマーケティング　デジタル配信あり

15 ピンクカット 太く愛して深く愛して

1983年1月21日公開【チーフ助監督】
スタッフ：監督／脚本＝森田芳光　脚本＝木村智美　撮影＝鈴木耕一　美術＝中澤克巳　編集＝川島章正　助監督＝池田賢一
キャスト：寺島まゆみ　井上麻衣　山口千枝　麻生みちこ　山地美貴　山田克朗　小林宏史
解説：セクシーな女の子たちが働く理容室を舞台に、ある男子学生の恋の顛末を見つめる。
BD&DVD：日活／ハピネット・メディアマーケティング　デジタル配信あり

16 家族ゲーム

1983年6月4日公開【チーフ助監督】
スタッフ：監督／脚本＝森田芳光　企画＝多賀祥介　山田耕大　原作＝本間洋平　撮影＝

前田米造　助監督＝酒井直人　明石知幸
キャスト：松田優作　伊丹十三　由紀さおり　宮川一朗太　辻田順一　阿木燿子　戸川純
解説：平凡な中流家庭を舞台に、高校受験を控えた次男のもとにやってきた型破りな家庭教師が巻き起こす騒動をシニカルな笑いと共に描く。
BD&DVD：キングレコード　デジタル配信あり

宇能鴻一郎の 濡れて学ぶ

1983年6月10日公開　【チーフ助監督／脚本】
スタッフ：監督＝鈴木潤一（すずきじゅんいち）　企画＝小松裕司　撮影＝野田悌男　編集＝西村豊治　助監督＝石田和彦　芳田秀明
キャスト：岡本かおり　水月円　島崎加奈子　鶴田忍　永田豪史　錆堂連　島村謙次
解説：セックス・アルバイトに明け暮れる女子大生の奔放な生活を描写したロマンポルノ。
BD&DVD：未発売　デジタル配信あり

少女暴行事件 赤い靴　17

1983年7月22日公開　【チーフ助監督】
スタッフ：監督＝上垣保朗　脚本＝佐伯俊道　望月六郎　撮影＝野田悌男　編集＝山田真司　助監督＝明石知幸　両沢和幸
キャスト：井上麻衣　小泉ゆか　島崎加奈子　中根徹　吉川敏夫　野上正義　吉原正皓
解説：同年代の少年少女と遊び回り、新宿で売春、そして訳もなく殺される少女の青春。
DVD：日活／ハピネット・メディアマーケティング　デジタル配信あり

魔法の天使クリィミーマミ

1983年8月19日放送『渚のミラクルデュエット』、'84年1月20日放送『ロープウェイ・パニック』【脚本】
BD&DVD：バンダイナムコフィルムワークス　デジタル配信あり

白い涙

1984年8月20日、月曜ワイド劇場にて放送【チーフ助監督】
スタッフ：監督＝佐伯孚治　脚本＝窪田篤人

13 実録色事師 ザ・ジゴロ

14 OH！タカラヅカ

15 ピンクカット
太く愛して深く愛して

16 家族ゲーム

撮影＝森勝　美術＝菊川芳江　照明＝田島武志　録音＝宮本久幸　編集＝井上治
キャスト：中井貴恵　高橋昌也　岡本富士太　白川和子　西田健　高松英郎　神山繁
解説：脳死した女性の体内で成長を続ける胎児が誕生するまでを実話を基に描く。
BD&DVD：未発売

のぞき

1983年9月16日公開【脚本ノンクレジット】
スタッフ：監督＝武田一成　脚本＝磯村一路　撮影＝鈴木耕一　美術＝菊川芳江　編集＝山田真司　助監督＝高橋安信　金澤克次
キャスト：井上麻衣　美野真琴　鶴田忍　北見敏之　越村公一　坂田祥一郎　三谷昇
解説：娘の痴態を覗き見した父が、親としての立場と、男としての部分の葛藤に悩む。
BD&DVD：未発売　デジタル配信あり

ファイナル・スキャンダル 奥様はお固いのがお好き 18

1983年12月23日公開【チーフ助監督／脚本】
スタッフ：監督＝小沼勝　企画＝成田尚哉　脚本＝出倉宏　撮影＝森勝　照明＝内田勝成　編集＝山田真司　助監督＝後藤大輔　川越修
キャスト：五月みどり　岡本かおり　朝吹ケイト　天田俊明　青空はるお　久我太郎
解説：質屋と下宿を営む熟年女主人と彼女を慕う下宿大学生たちのエロティックな関係。
BD&DVD：日活／ハピネット・メディアマーケティング

井上麻衣 ブルーレイプ 襲(や)られる

1984年4月10日ビデオ化【監督／脚本】
スタッフ：撮影＝青柳勝義　照明＝山田茂　助監督＝明石知幸
キャスト：井上麻衣　大沢ゆかり　上野淳　井沢清秀　宇南山宏
解説：テニスコートで襲われ、処女を失った女性が2年後、レイプ犯と再び関係を持つ。
BD&DVD：未発売

メイン・テーマ 19

1984年7月14日公開【チーフ助監督】
スタッフ：監督／脚本＝森田芳光　原作＝片岡義男　撮影＝前田米造　照明＝矢部一男　美術＝中澤克巳　編集＝川島章正
キャスト：薬師丸ひろ子　野村宏伸　財津和夫　渡辺真知子　太田裕美　戸川純
解説：共に旅をすることになった元幼稚園教師の女性とマジシャン見習いの青年が、日本を南下していく中で次第に恋心を育んでいく。
BD&DVD：KADOKAWA　デジタル配信あり

長編映画監督作

宇能鴻一郎の 濡れて打つ 20

1984年2月17日公開【監督】
スタッフ：企画＝小松裕司　原作＝宇能鴻一郎　脚本＝木村智美　撮影＝杉本一海　助監督＝池田賢一　明石知幸　川越修
キャスト：山本奈津子　林亜里沙　石井里花　沢田情児　原田悟　高山成夫
解説：テニス部に入った女子新入部員のセックス・ライフを描くスポーツ・コメディ。
DVD：日活／ハピネット・メディアマーケティング　デジタル配信あり

OL百合族19歳

1984年7月27日公開【監督】
スタッフ：企画＝山田耕大　脚本＝斎藤博　撮影＝片岡二郎　照明＝矢部一男　美術＝金田克美　助監督＝栃原広昭　寄田勝也
キャスト：小田かおる　山本奈津子　久我冴子　山本伸吾　大島崇史　木村孝雄
解説：高校を卒業し、OLになっても離れられない2人の百合族のラブ・ストーリー。
DVD：日活／ハピネット・メディアマーケティング　デジタル配信あり

イヴちゃんの姫

1984年11月3日公開【監督】
スタッフ：企画＝半沢浩　栗原いそみ　脚本＝佐伯俊道　撮影＝米田実　照明＝内田勝成　編集＝川島章正　助監督＝池田賢一
キャスト：イヴ　木築沙絵子　志水季里子　生駒正美　小松方正　丹古母鬼馬二
解説：ある高校の新任教師となったイヴが同僚教師や生徒とドタバタ騒動を繰り広げる。
DVD：日活／ハピネット・メディアマーケティング　デジタル配信あり

みんなあげちゃう♡

1985年4月20日公開【監督】
スタッフ：企画＝栗原いそみ　原作＝弓月光　脚本＝井上敏樹　撮影＝杉本一海　照明＝木村誠作　助監督＝栃原広昭　明石知幸
キャスト：浅野なつみ　岡竜也　木田三千雄　宮本悦朗　木村夏江　山田隆夫　宍戸錠
解説：エッチなことに興味津々な大富豪の令嬢が予備校生と運命の恋に落ちるコメディ。
DVD：日活／ハピネット・メディアマーケティング　デジタル配信あり

いたずらロリータ 後ろからバージン

1986年7月12日公開【監督】
スタッフ：企画＝大畑信政　作田貴志　脚本＝菅良幸　撮影＝山崎善弘　照明＝加藤松作　編集＝奥原好幸　助監督＝明石知幸　秋山豊
キャスト：水島裕子　三東ルシア　中川みず穂　小川美那子　阿部雅彦　河原さぶ
解説：夕方になると人間の女性になる人形と、人形をゴミ捨て場で拾った青年の愛を描く。
DVD：日活／ハピネット・メディアマーケティング　デジタル配信あり

恐怖のヤッちゃん

1987年7月4日公開【監督】
スタッフ：企画＝佐藤雅夫　脚本＝一色伸幸　撮影＝北坂清　照明＝安藤清人　音楽：梅林茂　編集＝玉木濬夫　助監督＝比嘉一郎
キャスト：山本陽一　松田洋治　南渕一輝　土田由美　三宅裕司　小倉久寛　佐藤忠志
解説：ヤッちゃん軍団の組長のひとり娘に一目惚れした男子高校生の愛と抗争の日々。
DVD：東映ビデオ　デジタル配信あり

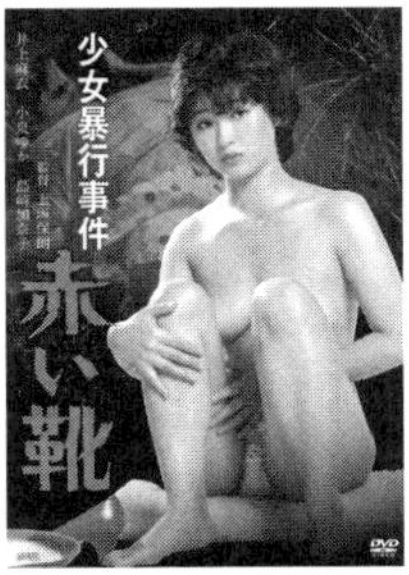

17 少女暴行事件 赤い靴

18 ファイナル・スキャンダル 奥様はお固いのがお好き

19 メイン・テーマ

20 宇能鴻一郎の 濡れて打つ

1 3 DVD各4180円、2 6 15 20 DVD各3080円、4 5 7 11 12 13 DVD各2200円、8 9 10 14 17 18 DVD各3300円、16 BD2750円、19 BD2200円

山田村ワルツ

1988年2月11日公開【監督】

スタッフ：企画＝本間文子　鈴木ワタル　脚本＝一色伸幸　撮影＝高間賢治　照明＝高屋齋　編集＝飯塚勝　助監督＝栃原広昭

キャスト：天宮良　米山善吉　我王銀次　上杉祥三　西川弘志　小沢なつき　北村谷栄

解説：過疎化で嫁不足に悩む農村を舞台に、独身の青年団が巻き起こす集団見合い騒動。

DVD：廃版　デジタル配信あり

1999年の夏休み

1988年3月26日公開【監督】

スタッフ：製作＝岡田裕　岸栄司　脚本＝岸田理生　撮影＝高間賢治　音楽＝中村由利子　編集＝冨田功　助監督＝栃原広昭

キャスト：宮島依里　大寶智子　中野みゆき　水原里絵（深津絵里）

解説：自殺した少年そっくりの転校生が現れたことから全寮制の学院に不穏な空気が漂う。

DVD：廃版

ラスト・キャバレー

1988年4月23日公開【監督】

スタッフ：企画＝作田貴志　松井進　脚本＝じんのひろあき　撮影＝高間賢治　塩谷真　助監督＝栃原広昭　猪腰弘之　村上秀晃

キャスト：かとうみゆき　大地康雄　渡辺航　橋本杏子　高樹陽子　風祭ゆき　岡本麗

解説：閉店となるキャバレーの経営者がホステスにさよならパーティの参加を呼びかける。

DVD：日活／ハピネット・メディアマーケティング　デジタル配信あり

どっちにするの。

1989年8月27日公開【監督／脚本】

スタッフ：製作＝藤峰貞利　原作＝赤川次郎　撮影＝高間賢治　照明＝吉角荘介　音楽＝川崎真弘　編集＝冨田功　助監督＝栃原広昭

キャスト：中山美穂　風間トオル　宮沢りえ　伊藤智恵理　石橋蓮司　小林克也　真田広之

解説：コンピュータのミスで、突然副社長に抜擢されたOLの恋と冒険を描くコメディ。

BD&DVD：未発売

香港パラダイス

1990年4月28日公開【監督／脚本】

スタッフ：製作＝藤峰貞利　脚本＝高橋正康　長谷川隆　撮影＝高間賢治　音楽＝梅林茂　編集＝冨田功　助監督＝栃原広昭

キャスト：斉藤由貴　大沢誉志幸　相原勇　井森美幸　グロリア・イップ　段田安則

解説：記憶喪失になった香港旅行の女性コンダクターが秘宝争奪戦に巻き込まれる。

BD&DVD：未発売

就職戦線異状なし

1991年6月22日公開【監督／脚本】

スタッフ：原作＝杉元伶一　脚本＝福田卓郎　脚本協力＝坂元裕二　撮影＝高間賢治　音楽＝大谷幸　編集＝冨田功　助監督＝猪腰弘之

キャスト：織田裕二　仙道敦子　的場浩司　和久井映見　坂上忍　羽田美智子　鶴田真由

解説：激化する就職戦線に一喜一憂する学生たちが内定を獲得するまでをコミカルに描く。

BD&DVD：未発売

咬みつきたい

1991年6月1日公開【監督／脚本】

スタッフ：製作＝佐藤光夫　脚本＝塩田千種　脚本協力＝金子二郎　福田卓郎　撮影＝川上皓市　編集＝冨田功　助監督＝宮城仙雅

キャスト：緒形拳　安田成美　石田ひかり　森本毅郎　吉田日出子　串田和美　天本英世

解説：ドラキュラの血液を輸血され不本意ながら吸血鬼になった中年男と美しい女医の愛。

BD&DVD：未発売

ネクロノミカン

1994年8月13日公開【監督】

スタッフ：監督／製作／脚本＝ブライアン・ユズナ　監督／脚本＝クリストフ・ガンズ　原作＝H・P・ラヴクラフト　脚本＝伊藤和典　ブレント・V・フリードマン

キャスト：デニス・クリストファー　デヴィッド・ワーナー　ベス・メイヤー　ミリー・パーキンス
解説：3話オムニバス。不老不死の研究者のラブ・ストーリー「ザ・コールド」を担当。
DVD：廃版

卒業旅行 ニホンから来ました

1993年9月4日公開【監督】
スタッフ：製作＝山田耕大　原作／脚本＝一色伸幸　撮影＝高瀬比呂志　音楽＝大谷幸　編集＝冨田功　助監督＝富樫森
キャスト：織田裕二　鹿賀丈史　鶴田真由　小坂一也　水野久美　広岡由里子　有福正志
解説：アジアの架空の王国で突然スターに祭り上げられた日本人青年の戸惑いと成長。
BD&DVD：未発売

毎日が夏休み

1994年6月11日公開【監督／脚本】
スタッフ：原作＝大島弓子　撮影＝柴崎幸三　照明＝吉角荘介　美術＝及川一　音楽＝大谷幸　編集＝冨田功　助監督＝猪腰弘之
キャスト：佐野史郎　佐伯日菜子　高橋ひとみ　益岡徹　黒田福美　上田耕一
解説：登校拒否を繰り返す娘と出社拒否に陥る父、ホステス勤めを始める母の日常生活。
DVD：廃版

ガメラ 大怪獣空中決戦

1995年3月11日公開【監督】
スタッフ：脚本＝伊藤和典　撮影＝戸澤潤一　撮影補佐＝高間賢治　特技監督＝樋口真嗣　音楽＝大谷幸　助監督＝片島章三
キャスト：伊原剛志　小野寺昭　中山忍　藤谷文子　螢雪次朗　本田博太郎　長谷川初範
解説：守護神ガメラと超遺伝子獣ギャオスが激闘を繰り広げる「平成ガメラ」第1作。
UHD&BD&DVD：KADOKAWA　デジタル配信あり

ガメラ2 レギオン襲来

1996年7月13日公開【監督】
スタッフ：脚本＝伊藤和典　撮影＝戸澤潤一　特技監督＝樋口真嗣　音楽＝大谷幸　編集＝荒川鎮雄　助監督＝片島章三
キャスト：永島敏行　水野美紀　石橋保　吹越満　藤谷文子　川津祐介　長谷川初範
解説：地球に飛来した謎の宇宙生命体レギオンとガメラの闘いを描いたシリーズ第2作。
UHD&BD&DVD：KADOKAWA　デジタル配信あり

学校の怪談3

1997年7月19日公開【監督／脚本】
スタッフ：脚本＝しまだみちる（島田満）　撮影＝柴崎幸三　美術＝及川一　音楽＝大谷幸　編集＝川島章正　助監督＝片島章三
キャスト：西田尚美　黒木瞳　前田亜季　吉澤拓真　ヒガタケル　米澤史織　野田秀樹
解説：二人三脚で転ぶと幽霊に鏡の世界に連れ去られる怪談エピソードを基にしたホラー。
DVD：東宝　デジタル配信あり

F【エフ】

1998年3月14日公開【監督／脚本】
スタッフ：原作＝鷺沢萠　脚本＝松尾奈津　撮影＝佐々木原保志　照明＝岩崎豊　音楽＝大谷幸　編集＝冨田功　助監督＝片島章三
キャスト：羽田美智子　熊川哲也　野村宏伸　村上里佳子（RIKACO）　戸田菜穂
解説：恋に臆病なOLが足を負傷した世界的なバレエ・ダンサーと運命的な恋に落ちる。
DVD：廃版　デジタル配信あり

ガメラ3 邪神〈イリス〉覚醒

1999年3月6日公開【監督／脚本】
スタッフ：脚本＝伊藤和典　撮影＝戸澤潤一　特技監督＝樋口真嗣　美術＝及川一　音楽＝大谷幸　編集＝冨田功　助監督＝村上秀晃
キャスト：前田愛　藤谷文子　山咲千里　手塚とおる　安藤希　小山優　螢雪次朗
解説：ガメラを憎む少女の怨念が生み出した怪獣イリスとガメラが戦うシリーズ第3作。
UHD&BD&DVD：KADOKAWA　デジタル配信あり

クロスファイア

２０００年６月10日公開【監督／脚本】

スタッフ：原作＝宮部みゆき　脚本＝山田耕大　横谷昌宏　撮影＝高間賢治　音楽＝大谷幸　編集＝冨田功　助監督＝村上秀晃

キャスト：矢田亜希子　伊藤英明　永島敏行　桃井かおり　原田龍二　長澤まさみ　吉沢悠

解説：念力発火能力をもつＯＬが、同僚の妹を殺した者へ復讐するため能力を解放する。

ＤＶＤ：東宝

ゴジラ モスラ キングギドラ 大怪獣総攻撃

２００１年12月15日公開【監督／脚本】

スタッフ：脚本＝長谷川圭一　横谷昌宏　撮影＝岸本正広　美術＝清水剛　音楽＝大谷幸　編集＝冨田功　冨田伸子　助監督＝村上正晃

キャスト：新山千春　宇崎竜童　小林正寛　佐野史郎　天本英世　大和田伸也　津川雅彦　仁科貴

解説：護国三聖獣のキングギドラ、モスラ、バラゴンがゴジラ撃退に立ち上がる。

ＢＤ＆ＤＶＤ：東宝　デジタル配信あり

恋に唄えば♪

２００２年11月16日公開【監督】

スタッフ：ミュージカル監督＝アンドリュー・ランカスター　脚本＝中村義洋　鈴木謙一　撮影＝渡部眞　助監督＝村上秀晃

キャスト：優香　竹中直人　玉山鉄二　篠原ともえ　梅宮万紗子　田口浩正　古田新太

解説：失恋したＯＬが、不思議な壺の中から現れた魔法使いの中年男を伴い元彼を探す。

ＤＶＤ：東映ビデオ

あずみ２ Death or Love

２００５年３月12日公開【監督】

スタッフ：原作＝小山ゆう　脚本＝水島力也　川尻善昭　撮影＝阪本善尚　照明＝大久保武志　美術＝稲垣尚夫　助監督＝西山太郎

キャスト：上戸彩　石垣佑磨　栗山千明　小栗旬　遠藤憲一　永澤俊矢　神山繁

解説：女剣士あずみが初恋相手に似た男の出現に心揺れながらも使命を遂行しようとする。

ＤＶＤ：ショウゲート、小学館／アミューズソフト　デジタル配信あり

DEATH NOTE デスノート

２００６年６月17日公開【監督／脚本】

スタッフ：原作＝大場つぐみ　小畑健　脚本＝大石哲也　撮影＝高瀬比呂志　音楽＝川井憲次　助監督＝山口晃二　井原眞治　大津是

キャスト：藤原竜也　松山ケンイチ　瀬戸朝香　香椎由宇　細川茂樹　戸田恵梨香　満島ひかり　青山草太

解説：名前を書かれた人間が死ぬノートを手に入れた男と、彼の逮捕を目指す探偵の戦い。

ＢＤ＆ＤＶＤ：バップ　デジタル配信あり

神の左手 悪魔の右手

２００６年７月22日公開【監督】

スタッフ：原作＝楳図かずお　脚本＝松枝佳紀　撮影＝高間賢治　視覚効果＝松本肇　美術＝及川一　録音＝岩丸恒　編集＝矢船陽介

キャスト：渋谷飛鳥　清水萌々子　小林翼　前田愛　紗綾　菅原大吉　山本奈津子

解説：人間の悪意を夢で予知する力に悩む弟を救うために姉が夢に現われる殺人鬼と戦う。

ＤＶＤ：松竹

DEATH NOTE デスノート the Last name

２００６年11月３日公開【監督／脚本】

スタッフ：原作＝大場つぐみ　小畑健　脚本＝大石哲也　撮影＝高間賢治　音楽＝川井憲次　助監督＝山口晃二　井原眞治　大津是

キャスト：藤原竜也　松山ケンイチ　戸田恵梨香　片瀬那奈　マギー　上原さくら　満島ひかり　青山草太

解説：名前を書かれた人間が死ぬデスノートを巡る２人の天才の戦いが決着する第２作。

ＢＤ＆ＤＶＤ：バップ　デジタル配信あり

プライド

2009年1月17日公開【監督】
スタッフ：原作＝一条ゆかり　脚本＝高橋美幸　伊藤秀裕　撮影＝高間賢治　音楽＝清水信之　編集＝矢船陽介　助監督＝猪腰弘之
キャスト：ステファニー　満島ひかり　渡辺大　及川光博　高島礼子　ジョン・カビラ
解説：育った環境の対照的な女性2人が、オペラ歌手を目指して歌や恋愛で激しく争う。
DVD：廃版

ばかもの

2010年12月18日公開【監督】
スタッフ：エグゼクティブ・プロデューサー＝奥山和由　原作＝絲山秋子　脚本＝高橋美幸　撮影＝釘宮慎治　音楽＝MOKU　編集＝洲崎千恵子　助監督＝猪腰弘之
キャスト：成宮寛貴　内田有紀　白石美帆　中村ゆり　浅見れいな　岡本奈月　池内博之　浅田美代子
解説：自由奔放な大学生と強気な年上女性との10年に及ぶ剝き出しの愛を描く。
DVD：TCエンタテインメント　デジタル配信あり

ポールダンシングボーイ☆ず

2011年5月28日公開【監督】
スタッフ：企画＝伊藤秀裕　脚本＝吉田ウーロン太　撮影＝釘宮慎治　音楽＝MOKU　編集＝洲崎千恵子　助監督＝清水勇気
キャスト：荒井敦史　阿久津慎太郎　上鶴徹　山口賢貴　近江陽一郎　三津谷亮　西井幸人
解説：6人の冴えない若者が金を稼ぐためにポールダンス・ショーを行おうと奮闘する。
DVD：廃版

メサイア

2011年10月15日公開【監督】
スタッフ：原作／脚本＝黒田洋介　原案＝高殿円　撮影＝釘宮慎治　音楽＝中村由利子　編集＝冨田伸子　助監督＝村上秀晃
キャスト：荒井敦史　井上正大　木ノ本嶺浩　陳内将　松田悟志　高橋龍輝　逢沢りな
解説：テロリストの弟を監視するために、弟が通う高校に潜入したスパイの孤独な戦い。
DVD：廃版

青いソラ白い雲

2012年3月31日公開【監督／脚本】
スタッフ：製作総指揮＝樋口湧二　大森一隆　製作＝坂井洋一　新津岳人　脚本＝金子二郎　荻原恵礼　撮影＝釘宮慎二　音楽＝山崎一稔　助監督：山口晃二
キャスト：森星　大沢樹生　渡辺裕之　畑中葉子　村田唯　近江陽一郎　仁科貴
解説：東日本大震災を境に家もお金も失ったお嬢様が逆境に立ち向かう青春ドラマ。
DVD：廃版

百年の時計

2013年5月24日公開【監督】
スタッフ：脚本＝港岳彦　撮影＝釘宮慎治　照明＝田辺浩　音楽＝中村由利子　編集＝田辺賢治　助監督＝村上秀晃　島田伊智郎
キャスト：木南晴夏　ミッキー・カーチス　中村ゆり　木内晶子　鈴木裕樹　近江陽一郎
解説：ひとつの懐中時計を巡って、美術館学芸員の女性と年老いた芸術家が交流する。
BD&DVD：未発売

生贄のジレンマ

2013年7月13日公開【監督】
スタッフ：原作＝土橋真二郎　脚本＝小林弘利　撮影＝釘宮慎治　照明＝杉本周士　視覚効果＝松本肇　音楽＝MOKU
キャスト：須賀健太　竹富聖花　木ノ本嶺浩　山本ひかる　菅野莉央　柳喬之　清野菜名
解説：生存のために同級生から生贄を選ぶ死のゲームに巻き込まれた高校生たちの選択。
DVD：NBCユニバーサル・エンターテイメント　デジタル配信あり

ジェリー・フィッシュ

2013年8月31日公開【監督】
スタッフ：原作＝雛倉さりえ　脚本＝高橋美幸　撮影＝鏡早智　照明＝岡元みゆき　編集＝洲崎千恵子　助監督＝井上雄介

キャスト：大谷澪　花井瑠美　川田広樹　川村亮介　奥菜恵　秋本奈緒美　竹中直人
解説：水族館で運命的に出会った思春期少女たちの愛と嫉妬の日々をつづった青春映画。
DVD：よしもとミュージック　デジタル配信あり

少女は異世界で戦った -DANGER DOLLS-

2014年9月27日公開【監督／原案】
スタッフ：脚本＝小林弘利　白土勉　撮影＝釘宮慎治　視覚効果＝松本肇　音楽＝MOKU　編集＝藤田真一　助監督＝村上秀晃
キャスト：花井瑠美　武田梨奈　清野菜名　加弥乃　岡田浩暉　金子昇　戸塚純貴
解説：2つの世界が存在する近未来を舞台に、女剣士たちの活躍を描くSFアクション。
DVD：東映ビデオ　デジタル配信あり

スキャナー 記憶のカケラをよむ男

2016年4月29日公開【監督】
スタッフ：脚本＝古沢良太　撮影＝釘宮慎治　照明＝田辺浩　視覚効果＝松本肇　音楽＝池頼広　編集＝大畑英亮　助監督＝村上秀晃
キャスト：野村萬斎　宮迫博之　安田章大　杉咲花　木村文乃　ちすん（智順）　梶原善
解説：人の残留思念を読み取る能力を持つ男とお笑いコンビの元相方が殺人事件を解決。
DVD：東映ビデオ

リンキング・ラブ

2017年10月28日公開【監督／脚本】
スタッフ：原作＝萩島宏　脚本＝長谷川隆　撮影＝釘宮慎治　音楽＝MOKU　編集＝矢船陽介　助監督＝村上秀晃　山口晃二
キャスト：田野優花　石橋杏奈　白洲迅　中尾明慶　落合モトキ　加藤諒　木下隆行　眞嶋優　浅田美代子
解説：2017年から'91年にタイム・スリップした大学生が、若き日の両親と出会う。
BD&DVD：キングレコード　デジタル配信あり

こいのわ 婚活クルージング

2017年11月18日公開【監督／脚本】
スタッフ：脚本＝牧五百音　撮影＝釘宮慎治　照明＝守利賢一　音楽＝中村由利子　編集＝大畑英亮　助監督＝山口晃二
キャスト：風間杜夫　片瀬那奈　海老瀬はな　城みちる　及川奈央　八嶋智人　藤田朋子　町田啓太　小橋めぐみ　白石美帆　中山忍　山本浩二
解説：第二の人生のパートナーを探す65歳の実業家と35歳の独身女性の婚活の行方。
DVD：KADOKAWA　デジタル配信あり

信虎

2021年11月12日公開【監督】
スタッフ：共同監督／製作総指揮／企画／脚本／美術＝宮下玄覇　撮影＝上野彰吾　音楽＝池辺晋一郎　照明＝赤津淳一　助監督＝村上秀晃　西山太郎
キャスト：寺田農　谷村美月　矢野聖人　荒井敦史　榎木孝明　永島敏行　渡辺裕之
解説：武田信玄によって甲斐国を追放された父、信虎が再び武田家での復権を目指す。
BD&DVD：日活、ミヤオビピクチャーズ／ハピネット・メディアマーケティング　デジタル配信あり

百合の雨音

2022年10月14日公開【監督】
スタッフ：脚本＝高橋美幸　撮影＝上野彰吾　照明＝赤津淳一　音楽＝中村由利子　編集＝洲崎千恵子　助監督＝出射均
キャスト：小宮一葉　花澄　百合沙　行平あい佳　大宮二郎　宮崎吐夢　星野花菜里
解説：過去のトラウマから恋に臆病な女性編集者と、彼女が憧れる人妻である上司の愛。
BD&DVD：日活／ハピネット・メディアマーケティング　デジタル配信あり

ゴールド・ボーイ

2024年3月8日公開【監督】
スタッフ：原作＝ズー・ジンチェン　脚本＝港岳彦　撮影＝柳島克己　音楽＝谷口尚久　編集＝洲崎千恵子　助監督＝村上秀晃

キャスト：岡田将生　羽村仁成　黒木華　星乃あんな　前出燿志　松井玲奈　江口洋介
解説：凶悪な殺人犯と、金を求めて殺人犯を脅す少年たちの二転三転する駆け引き。
BD&DVD：チームジョイ／ハピネット・メディアマーケティング　デジタル配信あり

ＴＶ＆配信ドラマ参加作品

ザ・サムライ
1986年2月24日、月曜ドラマランドにて放送【監督】
キャスト：沖田浩之　大場久美子　江藤博利　北原佐和子
BD&DVD：未発売

マイ・フェアレディース お嬢様を探せ
1986年12月30日放送【監督】
スタッフ：原作＝トニー・ケンリック　脚本＝那須真知子
キャスト：柴田恭兵　田中美佐子　沖直美　寺田農
BD&DVD：未発売

スカイハイ2
2004年1月16日放送『第一死　星に願いを』、1月23日放送『第二死　バロック』【監督】
DVD：テレビ朝日／アミューズソフト

ウルトラQ dark fantasy
2004年4月20日放送『あなた誰ですか?』、5月18日『綺亞羅』【監督】
DVD：エイベックス・エンタテインメント

ホーリーランド
2005年4月2日～6月25日放送【総監督／第1&2&5&6&13話エピソード監督】
DVD：バンダイナムコフィルムワークス
デジタル配信あり

ウルトラマンマックス
2005年7月2日放送『ウルトラマンマックス誕生!』、7月9日放送『怪獣を飼う女』、9月10日放送『バラージの預言』、9月17日放送『超音速の追撃』、'06年2月25日放送『M32星雲のアダムとイブ』、3月4日放送『イジゲンセカイ』【監督】
DVD：バンダイナムコフィルムワークス
デジタル配信あり

結婚詐欺師
2007年11月18日、WOWOWドラマWにて放送【監督】
スタッフ：原作＝乃南アサ　脚本＝福田卓郎
キャスト：加藤雅也　内村光良　鶴田真由　星野真里
DVD：廃版　デジタル配信あり

ヒットメーカー 阿久悠物語
2008年8月1日放送【監督／脚本】
キャスト：田辺誠一　及川光博　池内博之　鈴木愛理　高橋愛　新垣里沙　星野真里　太賀（仲野太賀）
BD&DVD：未発売

ケータイ捜査官7
2008年10月15日放送『網島家最大の危機』、10月29日放送『ニャンたる忍者!』【監督】
DVD：バンダイナムコフィルムワークス
デジタル配信あり

危険なカンケイ
2013年7月1日～8月21日配信【監督】
キャスト：深田恭子　福士誠治　香椎由宇　団時郎　西岡徳馬　加賀丈史
DVD：廃版

夏休みなんかいらない
2014年7月21日～9月22日配信【総監修／原作】

スタッフ：監督＝山口晃二
キャスト：加弥乃　池田エライザ　柿本光太郎　金子鈴幸
DVD：バップ

おそろし〜三島屋変調百物語

2014年8月30日〜9月27日放送【第1〜3&5話演出／第1〜5話脚本】
キャスト：波瑠　佐野史郎　宮崎美子　満島真之介　磨赤兒　村上淳　豊原功補
BD&DVD：未発売　デジタル配信あり

このミステリーがすごい！ ベストセラー作家からの挑戦状

2014年12月29日放送『残されたセンリツ』【監督】
キャスト：川口春奈　とよた真帆　イッセー尾形　佐藤二朗
BD&DVD：未発売　デジタル配信あり

オリジナル作品参加作品

希望の党☆

2005年製作。総務省・明るい選挙推進協会製作【監督】
キャスト：渋谷飛鳥　木下ほうか　山本奈津子　椋図かずお
BD&DVD：未発売

ウルトラQ 怪獣伝説 —万城目淳の告白—

2005年製作【監督】
DVD：NBCユニバーサル・エンターテイメント

ウルトラマン怪獣伝説 —40年目の真実—

2005年製作【監督】
DVD：NBCユニバーサル・エンターテイメント

金子修介（かねこしゅうすけ）
1955年6月8日、東京・渋谷区初台生まれ。都立三鷹高校1年（'71年）の時にクラスメートと8ミリ映画を制作し、映画監督を志す。東京学芸大学小学校教員養成課程卒業後、'78年助監督として日活に入社。'84年『宇能鴻一郎の 濡れて打つ』で監督デビュー。主な監督作に『1999年の夏休み』('88)、『就職戦線異状なし』('91)、『平成ガメラ３部作』（'95、'96、'99）、『デスノート』２部作（'06）など。2022年ロマンポルノ50周年記念プロジェクト「ROMAN PORNO NOW」の1本となる『百合の雨音』を監督。最新監督作は中国人気小説「悪童たち」を映画化した『ゴールド・ボーイ』('24)。

無能助監督日記

2025年4月10日 初版発行

著　者　金子修介
発行者　山下直久

発　行　株式会社KADOKAWA
〒102-8177 東京都千代田区富士見2-13-3
電話 0570-002-301（ナビダイヤル）

印刷・製本　株式会社ＤＮＰ出版プロダクツ

●お問い合わせ
https://www.kadokawa.co.jp/
(「お問い合わせ」へお進みください)
※内容によっては、お答えできない場合があります。
※サポートは日本国内のみとさせていただきます。
※Japanese text only

ISBN978-4-04-737723-3　C0095
Printed in Japan
定価はカバーに表示してあります。

■BOOK STAFF

編集	赤澤信之(株式会社 サードアイ)
ブックデザイン	高田康稔
イラストレーション	宮崎祐治
表紙画	金子修介(1982年絵コンテより)
校正	麦秋アートセンター

■写真提供　日活株式会社
株式会社KADOKAWA
キングレコード株式会社

参考文献

・「日活 1971－1988　撮影所が育んだ才能たち」
ワイズ出版編集部・編／ワイズ出版
・「わが人生 わが日活ロマンポルノ」
小沼 勝／国書刊行会
・「日活ロマン・ポルノ入門」
千葉 慶／ワイズ出版
・「デビュー作の風景 日本映画監督77人の青春」
野村正昭／DU BOOKS
・「シナリオ別冊 日活ロマンポルノ外伝　昼下りの青春」
山田耕大／シナリオ作家協会
・「新編 ロマンポルノの時代」
寺脇 研／光文社

本書は1978～1984年の約6年間にわたり著者が書きとめた日記をもとに、追記し再構成をしたものです。

一部、現在では配慮すべき表現が含まれておりますが、書かれた時代背景、オリジナルを尊重しております。

ご了承ください。